UNE

VIE D'ARTISTE

CHRONIQUE DE CHARLEMAGNE — PRAXÈDE

PARIS. — IMPRIMERIE DES ARTS ET MANUFACTURES, 12, RUE PAUL-LELONG

ALEXANDRE DUMAS

UNE VIE D'ARTISTE

CHRONIQUE DE CHARLEMAGNE — PRAXÈDE

ÉDITION ILLUSTRÉE PAR J.-A. BEAUCÉ ET ED. COPPIN

PARIS
CALMANN LÉVY, ÉDITEUR
ANCIENNE MAISON MICHEL-LÉVY FRÈRES
3, RUE AUBER, 3

1889

Droits de reproduction et de traduction réservés.

UNE VIE D'ARTISTE

PAR

ALEXANDRE DUMAS

INTRODUCTION

ers le commencement de 1832 ou 33, qu'on me permette de ne pas donner une date précise à la visite que je vais raconter, je craindrais de commettre une erreur de quelques jours et même de quelques mois. Vers le commencement de 1832 ou 33, disais-je, mon domestique entra dans ma chambre, et, comme il était encore d'assez bonne heure, débuta par ces paroles sacramentelles :

— Monsieur peut-il recevoir?

Je le regardai.

— C'est selon, lui dis-je.

— Voilà ce que je me suis dit.

— Qui est là?

— Un beau garçon, monsieur.

— C'est déjà quelque chose. J'aime les beaux visages, mais ce n'est pas assez.

— C'est ce que je me suis dit, monsieur.

Ces mots : « C'est ce que je me suis dit, » étaient une locution familière à un nouveau domestique que je venais de prendre, et qui s'appelait Louis.

— Si vous vous êtes dit cela, Louis, répondis-je, vous lui avez demandé son nom ?

— Certainement, monsieur.

— Eh bien, comment s'appelle-t-il ?

— Oh ! monsieur, il ne s'appelle pas.

— Comment, il ne s'appelle pas ?

— Dame, enfin, monsieur, ce n'est pas un nom, — M. Gustave.

— M. Gustave qui ?

— C'est ce que je me suis dit, monsieur.

— Vous auriez mieux fait de le dire à lui que de vous le dire à vous.

— Je le lui ai dit, monsieur. Oh ! je ne me suis pas gêné.

— Et qu'a-t-il répondu ?

— Il a répondu : « Dites à M. Dumas que je viens de Rouen, et que je lui apporte une lettre de madame Dorval. »

— Une lettre de Dorval ! Ah çà ! mais, animal, comment ne commenciez-vous point par me dire cela ?

Et je courus moi-même à la porte.

— Excusez-moi, monsieur, criai-je à la cantonnade ; mais j'ai un nouveau valet de chambre, et il ne connaît pas encore mes vieux amis ; vous serez de ceux-là un jour, je l'espère, puisque vous venez de la part de ma bonne Dorval.

Et je tendis la main au jeune homme, que je distinguais encore assez mal dans l'ombre.

Le jeune homme la prit, la serra franchement et cordialement.

— Ma foi, monsieur, me dit-il, votre accueil ne m'étonne pas, si bienveillant qu'il soit ; madame Dorval m'avait prévenu que ce serait ainsi que vous me recevriez.

— Elle est toujours à Rouen ?

— Oui, monsieur.

— Fait-elle de l'argent ?

— Elle a beaucoup de succès.

— Ce n'est pas précisément cela que je vous demande.

— L'époque n'est pas fameuse pour les théâtres.

— Allons, vous êtes son ami et vous ne voulez pas m'avouer qu'elle ne fait pas le sou ; — vous dites donc qu'elle m'a écrit ?

— Voici sa lettre.

Le jeune homme me présenta une lettre qu'il tenait, non pas entre le pouce et l'index, comme eût fait un facteur ou un commis marchand, mais entre l'index et le médium.

Quand je vois un homme pour la première fois, je remarque tout, et la moindre chose me frappe.

La main qui me présentait la lettre était belle, fine, allongée ; elle avait le pouce un peu long, signe artistique, les phalanges fines, signe de distinction dans l'art.

Cette main sortait d'un manteau tombant avec des plis pareils à une draperie de statue.

Le jeune homme n'avait pas quitté son manteau dans l'antichambre ; avec une apparence de laisser-aller, il était donc timide, doutant de lui, peu confiant dans sa personne, puisque, malgré la lettre de Dorval, il s'attendait à ne rester qu'un instant.

Il vit que je le regardais, et d'un mouvement d'épaule rajusta deux plis brisés de son manteau.

Le jeune homme ressemblait à un statuaire.

Comme il avait attendu un instant dans l'antichambre, il avait, en attendant, roulé une cigarette entre ses doigts ; cette cigarette, il la tenait comme il eût tenu un crayon.

Était-il donc peintre ou dessinateur ?

J'ouvris la lettre, persuadé que c'était le meilleur moyen de connaître sa profession.

Et je lus.

Il va sans dire que, tout en lisant, je regardais par-dessus le papier.

Voici ce que m'écrivait Dorval :

« Mon cher Dumas,

« Je t'adresse M. Gustave, qui vient de jouer « la comédie avec moi à Rouen. »

C'était un comédien ou plutôt un tragédien ; car, campé et drapé comme il l'était, il semblait modelé sur une statue.

Et cependant il y avait dans ce garçon-là bien plus de moyen âge que d'antiquité, bien plus du siècle de Léon X que du siècle de Périclès.

Je continuai la lettre.

« C'est, comme tu vois, un beau premier « rôle, plein d'inexpérience et de bonne vo-
« lonté, et qui a sa place marquée à la Porte-
« Saint-Martin. »

C'était en effet un magnifique cavalier, dans le sens qu'on donnait sous Louis XIII à ce mot, avec de longs cheveux, des yeux magnifiques, un nez droit, d'une belle proportion, de longs cheveux noirs et un teint d'une belle pâleur.

Le seul défaut de ce très-beau visage était peut-être un prolongement un peu marqué de la mâchoire inférieure; mais ce défaut se perdait dans une barbe noire, mêlée de tons roussâtres, comme il y en a dans les barbes du Titien.

Du reste, grand, portant la tête haute, et visiblement adroit de tout son corps.

En le regardant, en lui voyant à la main un feutre pointu, à larges bords, en revenant du feutre au visage, en passant du visage à la tournure, j'étais tout étonné de ne pas voir la coquille d'une épée sortir des plis si élégants de ce manteau.

« Quelque chose que tu fasses pour lui, il « est homme à te le rendre en te jouant un jour « tes rôles comme personne ne te les jouera. »

— Diable! murmurai-je, le fait est qu'avec cette tête et cette tournure-là, s'il y a dans l'homme un grain de talent, il peut aller loin.

« D'ailleurs, cause avec lui, dis-lui de te ra« conter sa vie, et tu verras que tu as affaire « à un véritable artiste.

« Ta bien bonne amie,
« Marie Dorval. »

P. S. — « S'il n'y avait point place pour « lui en ce moment au théâtre de la Porte« Saint-Martin, tâche de lui être utile en lui « faisant avoir un travail quelconque, comme « sculpteur ou comme peintre. »

— Ah çà! mais, monsieur Gustave, lui dis-je en riant, vous êtes donc l'artiste universel?

— Le fait est qu'on a essayé un peu de tout, répondit-il avec ce mouvement d'épaules familier à l'homme habitué à regarder la vie sous un certain point de vue philosophique, de tout, même un peu de danse de corde.

— Vous avez été bateleur?

— Pourquoi pas? Kean l'a bien été.

— Vous avez vu Kean?

— Hélas! non; mais, avec l'aide de Dieu, je le verrai bien un jour ou l'autre : la Manche n'est pas si large que l'Atlantique, et Londres si éloigné que la Guadeloupe.

— Vous avez été aux Antilles?

— J'en arrive tout courant.

— Je commence à croire que Dorval a raison de me dire de vous prier de me raconter votre vie.

— Oh! ce n'est pas bien intéressant, allez; le premier bohémien venu vous en dira autant que moi.

— Mais, ne vous y trompez pas, je ne serais pas fâché d'entendre la vie du premier bohémien venu racontée par lui-même.

— Ce sera bien long.

— Avez-vous répétition à onze heures pour le quart? demandai-je en riant.

— Malheureusement non.

— Eh bien, alors, nous avons le temps tous les deux; nous déjeunerons ensemble, et, après le déjeuner, vous me conterez cela. Je ne vous donnerai pas d'aussi bon café que vous en avez pris à la Martinique; mais je vous donnerai de meilleur thé que vous n'en prendrez nulle part, du thé de caravane, qui m'arrive de Pétersbourg, et qui me vient d'une jolie femme. Si vous allez en Russie, je vous recommanderai à elle comme Dorval vous a recommandé à moi. C'est dit, nous déjeunons ensemble, n'est-ce pas?

— Oh! je veux bien.

Je sonnai Louis. Louis entra.

— Louis, deux couverts, M. Gustave déjeune avec moi.

— C'est aussi ce que je m'étais dit. M. Gustave doit déjeuner avec monsieur.

— Eh bien, tant mieux! car alors vous avez dressé la table et mis quelque chose dessus.

— Non, monsieur, non, je ne me serais jamais permis cela.

— Vous avez eu tort. Allons, Louis, faites vite, j'ai répétition, moi.

Louis sortit.

— Oh! bien, me demanda le jeune homme, si avant le déjeuner je me débarrassais toujours d'une partie de mes bagages?

— Faites.

— Faut-il tout raconter?

— Tout.

— Même les bêtises?

— Les bêtises surtout. Ce que les autres appellent des bêtises, c'est ce que j'appelle le pittoresque, moi.

— C'est bien comme cela que je l'entends.

Il y a vingt ans que le récit que vous allez lire m'a été fait : ne vous étonnez donc pas, cher lecteur, que je me substitue au narrateur et que je dise *il* au lieu de *je*.

Depuis ce temps, M. Gustave est devenu un des artistes dramatiques les plus distingués de Paris. Les détails que vous allez lire ne seront donc pas, nous l'espérons, sans intérêt pour vous.

UNE VIE D'ARTISTE

I

M. Gustave. — Son nom d'affiche, son nom véritable. — Sa naissance, son père, sa mère, sa première jeunesse.

onsieur Gustave ne s'appelait Gustave que devant les hommes : c'était son nom d'affiche; devant Dieu, il s'appelait Étienne Marin.

Il était né à Caen, rue des Carmes, en 1808; il avait donc, en 1832 ou 1833, époque où je fis sa connaissance, vingt-quatre ou vingt-cinq ans.

Il est connu physiquement du lecteur; je n'ai donc pas besoin de refaire son portrait.

En interrogeant ses souvenirs, au plus loin qu'il se voyait, c'était dans les bras d'une bonne femme, avec son frère cadet Adolphe, âgé de deux ans moins que lui.

La bonne femme et les deux enfants étaient debout près d'un lit d'agonie.

Dans ce lit, une mourante était couchée, les yeux fiévreux de délire, les dents serrées, les lèvres pâles. Cette femme écartait de ce groupe qu'elle ne reconnaissait pas une grappe de raisin, en disant d'une voix brève et saccadée :

— C'est pour mes enfants! c'est pour mes enfants!

Un homme en costume presque militaire, assis sur un banc près de la cheminée, tenait sa tête enfoncée dans ses mains.

Cette femme, c'était la mère du petit Étienne et du petit Adolphe.

Cet homme, c'était leur père.

Nous laisserons à l'enfant son nom d'Etienne, jusqu'à ce qu'il se débaptise lui-même, pour prendre celui de Gustave.

L'enfant n'avait pas d'autre souvenir de sa mère que celui qui lui apparaissait à vingt ans de distance à travers l'obscurité de cette nuit d'agonie.

Mais ce souvenir était si présent, qu'il eût pu, disait-il, après vingt ans, dessiner cette scène et faire sa mère d'une ressemblance parfaite.

Au reste, il ne se rappelait rien autre chose, ni l'extrême-onction, ni la mort, ni l'enterrement, soit qu'on l'eût enlevé, en l'éloignant, à la série de ces tristes spectacles, soit que sa mémoire trop faible les eût laissé échapper, comme la main laisse, à travers la fissure des doigts, couler goutte à goutte l'eau qu'elle a puisée dans un ruisseau.

Le père, que l'on n'appelait jamais de son nom de famille, mais le *Père*, était, à l'époque où nous le voyons apparaître, un homme de quarante à quarante-cinq ans, volontaire de 92, soldat du camp de la Lune, acteur jouant son rôle dans nos premières victoires.

Il avait quitté le service en 1806, s'était marié à celle qui venait de mourir si prématurément. Il en avait eu deux enfants, dont l'un devait, à peu de distance, suivre sa mère dans la tombe, dont l'autre est notre héros.

C'était un homme de grande taille, à la voix forte, au regard puissant et fixateur; il avait les cheveux déjà blancs; mais ses sourcils et sa barbe, parfaitement noirs, indiquaient qu'il était encore dans la force de l'âge.

Jamais ses enfants ne le virent rire une seule fois.

Nous raconterons plus tard pourquoi cet homme ne riait plus.

Cette forme était celle d'une haute tour. — Page 8.

En sortant du service, il avait obtenu un poste de douanier, aux appointements de six cents francs. A cette époque, les douaniers étaient des espèces de soldats : ils portaient l'habit vert, le chapeau à trois cornes, le sabre au côté, la carabine sur l'épaule, les pistolets à la ceinture. Il fallait qu'ils fussent prêts à chaque instant, sur les côtes de Normandie surtout, à faire le coup de feu avec les corsaires et les contrebandiers anglais, toujours prêts eux-mêmes à débarquer sur nos côtes.

Son service, qui était rude, car il le tenait parfois huit jours, parfois quinze jours, parfois un mois, éloigné de sa maison; son service, disons-nous, qui était rude, et qu'il faisait scrupuleusement, il le faisait, lui, cet homme qu'on n'avait jamais vu rire, avec un fredon presque éternel à la bouche. Il est vrai que l'air, qu'il marronnait plutôt qu'il ne chantait, était un air terrible qui, à Valmy et à Jemmapes, frappa de mort ceux qui l'entendirent.

Cet air, c'était la *Marseillaise*.

Quand les Bourbons succédèrent à l'Empire, le Père continua de chanter son air. Mais on était si bien habitué à ne pas voir l'un sans entendre l'autre, que personne n'y faisait attention.

Quand il n'était pas de service aux côtes, et, après 1815, lorsque la paix fut signée avec l'Angleterre, le service devint beaucoup moins rude; quand il n'était pas de service, c'était lui qui avait soin des enfants, et jamais femme de chambre ou gouvernante de grande maison ne donna des soins meilleurs à des enfants de prince.

Les enfants étaient toujours vêtus d'une façon uniforme, d'un costume qui avait quelque chose de militaire. C'étaient des vestes de marin, avec deux rangs de boutons ronds à la hussarde, des pantalons de couleur foncée et des sabots l'hiver, des pantalons blancs et des souliers l'été.

Seulement les sabots affectaient une coquetterie particulière qui flattait beaucoup les enfants, en ce qu'ils les distinguaient des autres bonshommes du même âge: le devant, dans sa partie supérieure, était recouvert d'un morceau de cuir, emprunté à de vieilles tiges de bottes, et verni à la cire anglaise. Il va sans dire que le vieux grenadier faisait lui-même sa cire, et la composait d'ingrédients à lui connus, amis et bienfaiteurs du cuir, qu'ils conservaient et adoucissaient.

Tous les ans, à Pâques, les enfants quittaient les vieux sabots pour une paire de souliers neufs.

Ces souliers devaient aller jusqu'à l'hiver.

Mais aussi quels soins le Père avait-il de ces habits à boutons de cuivre, de ces sabots à collets de cuir, de ces souliers neufs à Pâques, et qui étaient usés, mais toujours luisants, à la Toussaint !

Chaque matin il était levé avant le jour.

Habits et pantalons, sabots ou souliers, étaient tirés hors de la maison, souliers ou sabots cirés, pantalons et habits brossés, boutons passés à la patience.

Tout cela reluisait aux rayons du soleil levant. Puis on faisait sortir les enfants du lit. Eté ou hiver, on les passait à l'eau froide, et, la peau rouge l'hiver, la peau blanche l'été, ils rentraient dans leurs vêtements.

Maintenant, passons de l'hôte principal à la maison.

La maison mérite bien de son côté une mention particulière.

Ce sera un tableau de Gerardow ou de Miéris qui fera, nous l'espérons, attendre patiemment une gravure de Callot.

II

La maison du Père.

L'intérieur de la maison se composait d'une grande pièce et d'un cabinet.

Cette pièce était chauffée par une immense cheminée.

Cette cheminée était ornée d'une pendule en carton avec un *oignon* au milieu; de chaque côté de la pendule et les yeux fixés sur elle, s'accroupissaient deux lions en sapin, avec des crinières frisées et des queues à bouffettes, répandant autour d'eux une agréable odeur de résine. Un peu plus loin, la pendule étant toujours le centre de cette ornementation, se dressaient deux chandeliers de cuivre, brillants comme des miroirs, et dans ces flambeaux deux bougies que l'enfant ne se rappelle avoir vu allumées qu'une seule fois; nous dirons dans quelle circonstance. Cette garniture était complétée par une petite bouteille et un petit vase de Chine.

Tout l'attirail du feu était en fer et brillait comme le canon de la carabine et des pistolets du Père. Le garde-feu était un quart de cercle qui avait autrefois ferré une roue. Le serrurier l'avait repassé à la forge, avait rebouché les trous à coups de marteau et l'avait poli, tout en lui laissant sa forme cintrée, pour qu'il pût se tenir seul.

Un immense lit en chêne, vu en perspective du seuil de orte, se détachait, avec ses rideaux de serge verte, sur un mur qui n'avait jamais été couvert de papier, mais seulement recrépi au sable et à la chaux. De temps en temps, une petite coquille, qui faisait partie du monde éteint qui avait autrefois habité ce sable, attirait l'œil des enfants, qui, avec la pointe d'un couteau, s'amusaient alors à la déchausser et à l'extirper de la muraille.

Dans l'autre angle, parallèlement au grand lit, était le lit plus étroit et surtout plus court des deux enfants qui couchaient ensemble.

Une grande table d'acajou massif s'élevait au milieu de l'appartement ; elle était entourée de chaises de paille dont le bois était peint en gris bleu. Il y avait une douzaine de chaises invariablement placées ainsi : trois autour de la table, sept le long de la muraille, une devant un secrétaire sur lequel le Père écrivait ses rapports, une près la cheminée, faisant face à un petit banc de bois qui adopte le genre féminin et prend le nom de bancelle.

Si ces chaises étaient dérangées pour une cause quelconque, comme par une visite, un déjeuner, un dîner ou même un simple rafraîchissement, la cause du dérangement disparue, les chaises reprenaient invariablement leur poste accoutumé, et l'on eût dit que, comme dans les féeries, elles retournaient d'elles-mêmes à leur place.

Quatre cadres de bois noir, renfermant quatre gravures représentant les *Quatre Saisons*, formaient l'ornement artistique des quatre murailles.

L'ornement militaire se composait d'un trophée comprenant la carabine, les deux pistolets et le sabre du Père.

Une grande armoire en chêne complétait l'ameublement.

La mère morte, — cette mort devait remonter à 1811 à peu près, — la mère morte, et le Père de service sur les côtes, on fermait la maison, et les enfants étaient mis en pension chez deux demoiselles qui tenaient une école à Caen. — On les nommait mademoiselle Meulan et mademoiselle Poupinelle.

Les deux enfants, qui faisaient surcroît, couchaient alors avec les deux vieilles filles.

Mais, nous l'avons dit, ces absences cessèrent avec l'empire.

La paix permit aux côtes de se garder toutes seules, ou tout au moins avec leur garde ordinaire, et les tournées de service les plus longues ne furent plus que de vingt-quatre, quarante-huit ou soixante-douze heures au plus.

Pendant ces tournées, les enfants passaient les journées chez les deux maîtresses d'école ; mais on les ramenait le soir, et alors ils couchaient dans le grand lit, ce qui était fête pour eux.

Souvent alors le Père rentrait pendant la nuit ; mais, moitié grâce à ce bon sommeil qui est l'ange réparateur des forces de l'enfance, moitié grâce aux précautions que le vieux soldat, tendre comme une mère, prenait de ne pas réveiller ses deux fils, ceux-ci ne s'apercevaient du retour du Père que lorsque, le lendemain, ils voyaient à terre la défroque boueuse du douanier, sur la table d'acajou son sabre, sa carabine, ses pistolets, et, dans le lit des enfants, le douanier lui-même, dont les jambes, posées sur une chaise, dépassaient d'un pied et demi les matelas, et qui leur paraissait plus grand encore par la comparaison.

Et les enfants alors se levaient demi-nus, descendaient à leur tour sans bruit du grand lit de chêne, s'approchaient du petit, et regardaient avec des yeux démesurés le géant républicain, étonnés comme ces paysans de Virgile à l'aspect des grands os que le soc de la charrue tirait des champs de bataille.

Le Père était indévot pour lui-même ; il appelait les prêtres des *calotins* et les mystères de la religion des *bêtises*. Cependant il allait parfois à la messe militaire et envoyait régulièrement les enfants à la grand'messe. Les enfants ne manquaient pas d'en rapporter un morceau de pain bénit. Le Père alors déposait sa pipe sur la table d'acajou ou sur le secrétaire, prenait le pain bénit délicatement entre l'index et le pouce de la main droite, de la main gauche levait, soit son bonnet de police, soit son chapeau, faisait le signe de la croix avec le pain bénit, l'introduisait dans sa bouche, et l'avalait, en le broyant le moins possible.

Tout cela se faisait en trois temps, à la façon militaire.

Alors les enfants avaient grandi, et n'allaient plus chez les deux vieilles demoiselles, mais chez un ancien sous-officier qui, ayant épousé la fille d'un professeur, avait fondé une école où le beau-père enseignait le latin et le français, tandis que le gendre donnait des leçons de géographie et de mathématiques.

Les soirs où le Père n'était pas de service, père et enfants se couchaient à huit heures en hiver et à neuf heures en été, et tout allait ainsi jusqu'au jour, qui d'habitude rouvrait à son premier rayon les yeux de tout le monde.

Les jours ou plutôt les nuits où le Père veillait, les enfants allaient au jour tombant lui faire une visite au corps de garde, situé au bord de la rivière, dans une île formée par la rivière.

Puis, à dix heures, parfois à onze heures, et même à minuit par grâce spéciale et quand les douaniers, camarades du Père, s'amusaient du babillage des deux enfants, on les renvoyait se coucher à la maison dont on leur confiait la clef, à la condition qu'ils n'allumeraient ni feu ni chandelle.

Les enfants s'éloignaient alors, mais avec une répugnance visible : ils demandaient à rester à coucher sur le lit de camp, demande qui leur était impitoyablement refusée.

La réverbération du foyer éclairait ces deux figures, immobiles comme des statues. — Page 10.

Le Père les reconduisait en ce cas à la porte, et leur disait, *allez*. Les enfants partaient sans oser regimber davantage, et le Père fermait la porte derrière eux.

Alors ils marchaient d'abord doucement, cherchant, pendant les nuits sombres et brumeuses, une forme indécise qui se dessinait sur le ciel, — n'ayant besoin de rien chercher pendant les nuits éclairées par la lune, — cette forme se détachant en vigueur ou en clair, selon qu'elle était dans l'ombre ou dans la lumière, sur l'azur pailleté d'étoiles du firmament.

Cette forme était celle d'une haute tour, et il arrivait parfois que les deux fenêtres de son sommet, éclairées d'un feu rougeâtre, brillaient comme des yeux d'ogre.

Force était aux deux enfants de passer au pied de cette tour.

Quand ils n'étaient plus qu'à cinquante pas du géant de granit, qui se dressait dans l'ombre avec la majesté des choses immobiles, ils se prenaient par la main, et alors, sans une parole, sans autre bruit que celui qui s'échappait de leur poitrine haletante, ils couraient à toute haleine, jusqu'à ce qu'ils fussent arrivés à la maison. Là seulement ils s'arrêtaient, celui qui tenait la clef l'introduisait d'une main tremblante dans la serrure, la clef tournait accrochant le pêne; la porte s'ouvrait, et les enfants rentraient vivement, le plus brave, c'est-à-dire l'aîné, refermant la porte.

Puis on se déshabillait rapidement, on se couchait en un tour de main, on babillait un instant tout bas; mais bientôt les babillements s'éteignaient, et étaient suivis d'une double respiration, douce et pure comme celle de deux colombes endormies.

Maintenant, pourquoi cette tour faisait-elle si grand'peur aux enfants? Qu'avait donc cette tour de plus terrible que tout autre bâtiment? D'où venait que les deux enfants, qui d'habitude n'étaient pas timides cependant, tremblaient si fort, et couraient si vite lorsqu'il fallait passer au pied de cette tour?

Nous allons vous le dire.

C'est que cette tour s'appelait la tour de l'amphithéâtre. C'est que, dans cette tour, pour dépecer les morts des hôpitaux de Caen, les élèves en médecine se réunissaient. C'est que la tradition voulait que non-seulement ces ardents écoliers de la science étudiassent *in anima vili*, mais encore que des profanateurs de cimetières leur livrassent des morts, trépassés de maladies plus aristocratiques que celles qui ont l'habitude de frapper le pauvre, et qui règnent dans les hôpitaux.

Ces deux yeux brillants de la tour étaient enflammés par la lumière intérieure à la clarté de laquelle ils travaillaient.

Ces corbeaux noirs et croassants, qui, depuis le matin jusqu'au soir, tournaient au sommet de la tour comme un vaste tourbillon noir, que venaient-ils y chercher? que demandaient-ils à grands cris, quand on le leur faisait attendre?

Les lambeaux de chair humaine qui leur faisaient une si abondante nourriture, qu'ayant leur table mise au sommet de la tour, ils n'avaient pas besoin d'aller chercher pâture ailleurs.

Voilà ce qui épouvantait les enfants quand ils passaient au pied de cette tour, voilà ce qui les faisait devenir plus pâles, voilà ce qui faisait couler une sueur plus abondante sur leurs fronts glacés, surtout quand ils rencontraient sur leur route quelque travailleur attardé, portant un fardeau. C'est qu'ils prenaient ce travailleur pour un voleur de morts; c'est qu'ils prenaient ce fardeau pour un cadavre.

Au reste, une chanson des gens du port, chanson immonde et terrible comme le fait auquel elle se rapportait, constatait la tradition et l'élevait au rang de légende.

Voici cette chanson :

> C'est à l'amphithéâtre
> Qu'il y a des écorcheux,
> Tant mieux!
> Qu'écorchent les bell' dames,
> Ainsi qu' les beaux messieurs,
> Tant mieux!

De même que le Père fredonnait jour et nuit la *Marseillaise*, cette malheureuse chanson des *Écorcheux* s'éveillait, avec la lueur des premières étoiles, dans l'esprit des enfants, qui, s'ils ne la fredonnaient pas, l'avaient, du moins, toujours présente au souvenir.

Cependant l'aîné des enfants venait d'atteindre sa douzième année, et le cadet allait atteindre sa dixième, lorsque celui-ci se plaignit un soir d'un violent mal de tête, et se coucha plus tôt que de coutume.

On prit ce mal de tête pour une indisposition sans conséquence, et l'on n'y fit pas grande attention.

Le lendemain, Adolphe voulut se lever. On fit selon son désir; mais il ne put rester qu'une heure debout.

Au bout d'une heure, il regagna son lit, tout chancelant. Cinq minutes après, ses dents claquaient; il avait la fièvre. La nuit suivante il chantait la chanson des *Écorcheux*. Il avait le délire.

On fit venir le médecin. L'enfant était atteint d'une fièvre cérébrale.

Quelque chose que fît l'homme de science, il était trop tard. Le cinquième jour de la maladie, il déclara au père que toute espèce d'espoir de sauver l'enfant était perdue.

Le Père inclina sous cette parole une tête qu'il n'avait jamais inclinée sous le sifflement des boulets, essuya une larme, la seule que le petit Étienne lui ait jamais vu verser, et, se tournant vers la femme qui avait approché les deux enfants du lit de leur mère, cette nuit où leur mère avait le délire :

— Allez chercher les prêtres, dit-il.

La femme sortit.

Un quart d'heure après, la sonnette de l'extrême-onction tintait dans la rue des Carmes; la porte de la grande chambre s'ouvrait, découvrant dans sa plus large profondeur le petit lit des enfants, éclairé par les deux bougies vierges de la cheminée, lesquelles brûlaient, l'une à la tête, l'autre au pied du lit, dans leurs grands chandeliers de cuivre, posés chacun sur une chaise.

Il était neuf heures du soir; la fièvre avait quitté l'enfant, qui semblait assoupi.

Le prêtre entra, suivi des deux enfants de chœur portant des cierges, et du bedeau portant la croix.

Derrière eux marchait cette pieuse partie de la population, toujours prête à porter ses prières au chevet du lit des mourants.

Le Père se découvrit à la vue du prêtre, des enfants de chœur et du bedeau, et s'agenouilla, faisant agenouiller Étienne à son côté.

La cérémonie sainte s'accomplit; les pieds et le front du mourant furent oints du saint chrême; puis le prêtre sortit, comme il était entré, suivi des enfants de chœur et des douze ou quinze fidèles qui étaient venus demander pour l'enfant un passage heureux et facile de ce monde dans l'autre.

La porte se referma derrière le dernier assistant.

Le Père et le frère aîné restèrent seuls avec le moribond.

Le Père alors se releva, alla éteindre les deux bougies, embrassa l'enfant au front, revint poser sur la cheminée les chandeliers à leur place accoutumée, et s'assit sur la bancelle, en face du feu qui resta seul pour éclairer la chambre.

Le petit Étienne s'assit près de son père.

Le Père avait les coudes appuyés sur ses genoux, la tête enfoncée entre ses deux mains : son visage était voilé comme celui de l'*Agamemnon* de Timanthe.

L'enfant était assis, les deux mains allongées sur ses genoux.

La réverbération du foyer éclairait ces deux figures, immobiles comme des statues, et allait se jouer tremblante sur la muraille en face.

Seulement, elle ne s'étendait pas assez loin pour dissiper les ténèbres de l'angle où était le lit de l'enfant.

Tout faisait silence dans cette chambre, où veillait cette double douleur.

Ce silence dura quelques minutes, froid et solennel.

On sentait que la mort n'était pas loin.

Tout à coup, au milieu de ce silence funèbre, une petite voix douce, caressante et claire s'éleva venant du petit lit.

C'était celle de l'enfant.

— Père, dit-elle avec un accent de terreur impossible à décrire, est-ce que les écorcheux de l'amphithéâtre qui écorchent les beaux messieurs et les belles dames écorchent aussi les petits garçons comme moi?

Étienne frissonna et se prit à pleurer.

Le Père se leva, et, la main à la gorge, comme s'il en eût voulu écarter une tenaille invisible, il alla s'abattre sur le lit de l'enfant, en disant :

— Non, mon enfant, non, sois tranquille : d'ailleurs je veille sur toi.

— Merci, père, répondit la douce voix de l'enfant.

Ce furent les dernières paroles qu'Étienne entendit prononcer à son frère.

Une heure après, le moribond commença de râler.

— Va chez ta tante, dit à Étienne le Père, qui ne voulait point qu'il fût témoin de l'agonie et de la mort de son frère.

L'enfant obéit sans dire une parole.

Par bonheur, pour aller chez la tante, il n'était pas besoin de passer au pied de la tour.

Après ce qu'Étienne venait d'entendre dire à son frère, il aurait plutôt passé la nuit sur le seuil de la porte qu'il n'eût affronté le géant de pierre aux yeux de flamme.

Il arriva tout courant chez sa tante, et raconta ce qui venait de se passer.

Quant au Père, il était resté près de l'enfant.

Dieu seul fut en tiers dans l'agonie.

Le lendemain, vers midi, la porte de la tante s'ouvrit.

Le Père parut sur le seuil.

Il était pâle et muet.

Il referma la porte lentement et doucement, puis, toujours silencieux, alla s'asseoir dans un coin.

Personne n'osait l'interroger.

Enfin, au bout d'un instant, le petit Étienne se tourna de son côté.

— Père, demanda-t-il, comment va mon frère?

— Mieux, répondit le vieux soldat, avec une voix dont il est impossible de rendre l'accent.

L'enfant était mort!

Le lendemain, les funérailles eurent lieu dans un petit cimetière extérieur qui appartenait bien plus à la banlieue de Caen qu'à la ville elle-même.

Il y avait peu de monde. Le père, le frère, la tante, et trois ou quatre bonnes âmes dont les prières appartiennent à toutes les douleurs, puis les douaniers, camarades du père.

Le prêtre, les deux enfants de chœur et le bedeau, qui étaient venus quarante-huit heures auparavant apporter l'extrême-onction à l'enfant, marchaient en tête du convoi.

On sait avec quelle rapidité les prières se disent sur la fosse des pauvres gens.

Le prêtre dit ces rapides prières, secoua avec un goupillon quelques gouttes d'eau bénite sur la bière, passa le goupillon aux assistants, et se retira avec les enfants de chœur et le bedeau.

Les assistants défilèrent le long de la fosse, se passant tour à tour le goupillon, et le secouant l'un après l'autre.

Contre l'habitude, le Père resta le dernier.

Le petit Étienne voulait demeurer avec lui ; mais le Père dit quelques mots tout bas à un douanier, qui l'emmena.

Il n'y avait plus dans le cimetière que le cadavre déposé au fond de la fosse, et de chaque côté du trou le Père et le fossoyeur.

Le fossoyeur s'apprêta à faire rouler sur le cercueil la première pelletée de terre.

Le Père l'arrêta.

— Qu'y a-t-il? demanda le fossoyeur.

— Une dernière précaution à prendre, dit le Père.

— Laquelle?

— Descends dans la fosse, lève le couvercle du cercueil.

— Mais, monsieur...

— Fais ce que je te dis.

Le fossoyeur crut que ce père, veuf de sa femme et de son fils, voulait revoir une dernière fois son enfant.

Il descendit dans la fosse, leva le couvercle de la bière, et écarta le linceul.

L'enfant était blanc comme l'albâtre.

— Maintenant, dit le Père, ouvre la poitrine de l'enfant avec ton couteau.

Le fossoyeur releva sa tête tout effaré.

— Fais ce que je te dis, continua le Père d'une voix de plus en plus impérative.

Le fossoyeur obéit. Une longue blessure fut bientôt ouverte du sternum au nombril.

— Après? demanda le fossoyeur.

— Après, dit le Père en tirant une bouteille de chacune de ses poches, vide-lui dans la poitrine ces deux bouteilles de vitriol. Je n'ai pas envie que les voleurs de cadavres viennent prendre le corps de mon fils pour le vendre aux écorcheux.

Le fossoyeur prit les deux bouteilles et les vida dans la poitrine de l'enfant. Puis, laissant faire à la liqueur corrosive son œuvre de destruction, il referma le cercueil et s'apprêta à combler la fosse.

Mais le Père tenait déjà la bêche, et, repoussant le fossoyeur de la main :

— Ceci, c'est mon affaire, dit-il.

Et il combla la fosse, sur laquelle il marcha jusqu'à ce qu'elle fût aplanie au niveau du sol.

Puis il s'éloigna sans dire une parole, la tête basse et les bras croisés.

Pendant un mois, les douaniers de la brigade veillèrent, chacun son tour, dans le cimetière, de peur que les voleurs de cadavres ne vinssent voler le corps de l'enfant pour le vendre aux écorcheux

---

III

L'éducation du petit Étienne. — La classe de dessin. — L'école de sculpture. — Un premier prix. — Récompense paternelle. — Les écuyers. — Les saltimbanques.

Sans que le Père poussât une plainte, sans qu'il répandît une larme, sans que rien parût changé dans sa vie, sa douleur fut si profonde, que le petit Étienne se figura que son père voulait se tuer, et s'attacha, sans rien dire, à ses pas, le suivant partout où il allait, ne le quittant pas plus que son ombre.

Il ignorait qu'un père ne se donne pas la mort quand il lui reste un enfant à qui donner sa vie.

Ce ne fut qu'au bout de six semaines ou deux mois que l'enfant se rassura peu à peu.

Au reste, jamais le Père ne parlait de l'absent. On eût dit qu'il n'avait jamais eu qu'un fils, si, de temps en temps, ses yeux ne se fussent fixés avec une profonde douleur sur le lit où le petit Adolphe avait rendu le dernier soupir.

Mais peu à peu tout reprit dans la maison l'allure ordinaire, et le petit Étienne se figura que son père commençait d'oublier, parce qu'il oubliait lui-même.

L'année suivante, l'herbe avait poussé sur la tombe. Et quel œil, à l'exception de celui d'un père et d'une mère, s'inquiète de ce qu'il y a sous l'herbe d'un tombeau?

Étienne était resté seul, il est vrai, mais, avec la solitude, le goût de la lecture lui était venu. Pendant les longues soirées de l'hiver de 1821 il resta à la maison, lisant, soit ces romans à couvertures bleues, qui reportent chacun de nous aux premiers jours de sa jeunesse, soit ces récits de voyage qu'on eût pu rendre amusants avec la moitié du talent qu'on a mis à les rendre ennuyeux. Ces récits d'excursions dans les quatre parties du monde lui donnèrent d'abord l'idée d'être marin. Mais, comme la première condition que la nature met à la profession de marin, c'est qu'un marin puisse supporter la mer, on décida qu'Étienne serait du premier voyage que son père ferait avec la patache.

Depuis le moment où la patache quitta la rivière, jusqu'au moment où elle y entra, le futur marin ne fit que vomir.

Le Père, à qui il allait assez que le petit Étienne fût marin, ne se tint point pour battu dans la personne de son fils. On fit un second essai ; mais le second essai fut plus malheureux encore que le premier. La première fois, l'enfant n'avait vomi que jusqu'à la bile ; la seconde fois, il vomit jusqu'au sang.

Cette fois on résolut de chercher autre chose.

Mais, autre chose, c'était difficile à trouver.

Les récits du Père, si succincts qu'ils fussent ; les récits de voyages de M. Laharpe, si peu attrayants qu'ils soient, avaient infiltré dans l'esprit de l'enfant une véritable vocation pour le vagabondage.

Il proposa à son père de se faire soldat.

Mais celui-ci secoua la tête.

Il était d'avis qu'il est permis de se faire soldat quand il y a la guerre. Le seul attrait de la vie du soldat, c'est le risque d'être tué ; mais, en temps de paix, l'état de soldat était, selon lui, le dernier des états.

Mais il y avait un état qui le séduisait bien autrement que celui de marin ou celui de soldat, c'était celui de saltimbanque.

Hélas ! il faut le dire, toute l'ambition du petit Étienne, à l'âge de quatorze ans, c'était de battre la caisse, avec un habit rouge, à l'entrée d'une baraque, ou de danser sur la corde et de faire le grand écart à l'intérieur.

Il y avait aussi l'état d'écuyer qui le tentait fort. C'était bien séduisant de se tenir debout sur un cheval, en envoyant des baisers aux dames, ou de passer à travers des tambours de papier, en retombant en selle sur les deux genoux.

Mais, plus que tout cela, l'enfant eût désiré être acteur sur un vrai théâtre. Seulement cette ambition lui paraissait rentrer dans les aspirations surhumaines.

Au reste, de ces entraînements vers la bohème, on n'osait point en faire part au Père.

D'ailleurs, le bonhomme avait commencé une espèce de carrière pour laquelle il était bien loin d'avoir de la répugnance, quoique, dans son appréciation, elle ne vînt qu'après celle de saltimbanque, d'écuyer et de comédien.

Il avait commencé de dessiner à l'école de dessin de la ville.

Voilà comment l'idée était venue au Père de le mettre à cette école.

L'année qui suivit la mort du petit Adolphe, on avait été, pendant l'été, habiter une baraque au bord de la mer. Le lieutenant de la douane avait une énorme tabatière, sur le couvercle de laquelle était une petite lithographie du Grenadier de Waterloo.

Tous les hommes de mon âge se rappellent avoir vu, de 1820 à 1825, à tous les étalages de marchands de gravures, une lithographie représentant un grenadier, tenant son drapeau sur sa poitrine, et défendant, en étendant un sabre au-dessus de lui, un de ses compagnons blessé à la tête, et qui l'entoure de ses deux bras.

C'est ce qu'on appelait le Grenadier de Waterloo.

Le lieutenant était assez heureux pour posséder sur sa tabatière une réduction de ce dessin.

Le petit Étienne s'escrima si bien, tantôt avec un crayon, tantôt avec une plume, qu'il parvint à faire quelque chose qui ressemblait à une copie du Grenadier de Waterloo.

— Il faut envoyer ce gaillard-là à l'école de dessin de la ville, avait dit le lieutenant ; il a les plus belles dispositions.

Et, à son retour à la rue des Carmes, ce conseil avait été suivi par le Père.

Mais, malgré la prédiction du lieutenant, malgré la bonne volonté de l'élève, l'élève ne faisait aucun progrès.

Il restait des heures entières devant des nez, des yeux et des oreilles dix fois plus gros que nature ; et ses nez étaient toujours les plus bossus, ses oreilles les plus difformes, ses yeux les moins d'accord entre eux de toute la classe.

Les enfants travaillaient le soir, car il ne fallait point les distraire des états qu'ils exerçaient dans la journée : ils étaient rangés sur deux files, éclairés du haut par des quinquets à deux branches, suspendus au-dessus de leur tête. — En outre, ils avaient chacun une chandelle, protégée par un abat-jour, dans le genre de celles qu'ont les marchandes d'oranges sur le boulevard.

Au bout d'une demi-heure qu'ils étaient occupés à noircir leur papier avec du crayon et à le blanchir avec de la mie de pain, le professeur entrait.

Le professeur se nommait M. Élouis.

Il entrait, l'air digne, le bougeoir à la main, les lunettes sur le nez, s'arrêtait au pupitre de chaque élève et faisait tout haut ses réflexions.

Mais pour le jeune Étienne, dont les mains étaient toujours les mains les plus noires, dont le papier était toujours le papier le plus gras, il n'avait que trois exclamations, toujours les mêmes, et notées sur la gamme ascendante de la douleur au désespoir :

— Oh! monsieur! oh! monsieur! oh! monsieur!!!

Et il passait.

Ces trois exclamations n'encourageaient pas l'enfant le moins du monde.

Cependant, jusqu'à la fin de l'année, il resta dans la classe de dessin.

Pour utiliser sa journée et pour lui faire apprendre un état, on l'avait envoyé chez un sculpteur en bois.

Ce sculpteur en bois faisait particulièrement pour les menuisiers ces grandes armoires en noyer, à colombes, que les bourgeois et les riches paysans normands donnent à leurs enfants, quand ils se marient, comme des symboles de tendresse et d'union.

L'enfant mordait assez à la sculpture.

Il en résulta que, comme il y avait deux cours : un de sculpture, un de dessin, on fit, au premier jour de l'an, passer le petit Étienne du dessin à la sculpture.

Ce cours de sculpture était dirigé par un Italien, homme de quarante à quarante-cinq ans, fort beau, et surtout plein de dignité artistique : il portait la tête haute, secouant de temps en temps de magnifiques cheveux.

Quelque chose de grand et de poétique comme François Arago, sa virilité.

Il était à la fois sculpteur, dessinateur, architecte et musicien.

Il se nommait Odelli.

Il était venu à Caen pour exécuter une chapelle de la Vierge, à l'église Saint-Pierre. La chapelle achevée, le conseil municipal lui proposa de rester à Caen comme professeur de sculpture et d'architecture de la ville.

Il accepta.

M. Odelli dirigeait donc le cours de sculpture parallèlement à Élouis, qui dirigeait le cours de dessin.

Nous disons parallèlement, parce que les deux salles étaient parallèles.

Le 1er octobre, le petit Étienne se présenta à la classe de M. Odelli.

— D'où venez-vous? demanda celui-ci.

— De la maison, monsieur.

L'Italien sourit.

— Je ne vous demande pas cela. Je vous demande si vous avez déjà étudié?

— J'ai suivi pendant huit mois le cours de dessin de M. Élouis.

— Venez avec moi.

L'Italien conduisit l'enfant dans un cabinet où étaient les cartons de modèles, et, lui donnant une gravure, représentant un fragment de chapiteau antique :

— Vous sentez-vous capable de faire cela? demanda-t-il.

— Oui, monsieur, répondit résolûment l'enfant.

— Alors, venez demain, et installez-vous là.

Et le professeur indiqua à l'enfant une table et une chaise.

Sans doute voulait-il que son nouvel élève exécutât son travail dans la solitude, afin que, personne n'étant là pour l'aider ni du crayon ni du conseil, il pût mieux juger de la valeur de sa composition.

Le lendemain, le petit Étienne arriva avant l'heure dite. Mais, une fois face à face avec le dessin, une fois aux prises avec la difficulté, il sentit la sueur lui monter au front : il était parfaitement incapable.

Par bonheur il était seul.

Ne pouvant copier le dessin, il le décalqua.

A peine venait-il d'achever ce travail, et commençait-il à ombrer certaines parties, qu'il entendit la porte s'ouvrir et se refermer.

Il n'osa tourner la tête.

Un pas s'approcha de lui.

Il se tint coi.

Une main s'appuya sur son épaule.

Il attendit.

— C'est très-bien, mon ami, dit la voix de M. Odelli, parfaitement dans le sentiment. — Venez, je vais vous donner autre chose.

L'enfant commença seulement alors à respirer.

M. Odelli s'occupa dès ce moment tout particulièrement du petit Étienne, et, malgré les fugues fréquentes de l'enfant, malgré ses visites aux saltimbanques, pendant la foire de Pâques, il fut désigné pour le premier prix.

C'est une grande solennité, que la distribution des prix de dessin et de sculpture dans une grande ville de province. Le maire est là, le conseil municipal est là, la musique est là, les tambours sont là.

Le Père y était aussi.

On appela le petit Étienne.

Il s'avança, prêt à pleurer, tant cette solennité lui prenait tout le cœur. Le maire proclama son nom et l'embrassa : les applaudissements éclatèrent ; la musique joua *Où peut-on être mieux...* ; les tambours battirent un ban.

L'enfant revenait chez lui avec sa branche de laurier dans une main, sa médaille d'argent dans l'autre, marchant à côté du Père, quand celui-ci, se ravisant, s'écria tout à coup :

— Bon ! et M. Odelli, que je n'ai pas remercié !

— Tiens, c'est vrai.

— Rentre à la maison, et attends-moi.

L'enfant continua sa route vers la rue des Carmes, et le Père revint à l'hôtel de ville.

C'était une mauvaise idée qui était venue là au Père.

M. Odelli lui sut gré du sentiment, mais il lui avoua qu'en son âme et conscience le petit Étienne n'avait eu le prix que parce qu'il n'y en avait pas de plus fort que lui. Mais il ajouta :

— Ah ! si le petit drôle voulait travailler...

— Comment, s'écria le Père ; mais il ne travaille donc pas ?

— Il travaille, certainement, pardieu !... Il faut bien que tout le monde travaille ; mais il pourrait travailler davantage.

— Mais, alors, que fait-il donc ?

— Ah ! demandez cela aux écuyers du Cirque et aux saltimbanques de la grande place, pour lesquels il fait des dessins de costumes.

— Voyez-vous le drôle ! On m'a déjà dit cela... il va me le payer.

— Mais, monsieur, aujourd'hui...

— Oh ! il n'y a pas d'aujourd'hui. Heureusement je sais où le trouver, soyez tranquille.

Et le Père partit tout courant pour la rue des Carmes.

L'enfant était occupé à entrelacer son laurier dans la carabine et les pistolets de son père.

Le Père rentra, vit celui qu'il cherchait juché sur un échafaudage qu'il s'était fait avec la table d'acajou et une chaise.

Il prit une règle qu'il cacha derrière son dos, et s'approcha de la table.

Mais l'enfant l'avait vu faire, et cela non pas sans inquiétude.

— Tiens, Père, dit l'enfant, vois-tu où j'ai mis mon laurier ?

— Très-bien. Descends.

— Pourquoi faire ?

— Tu le sauras quand tu seras à terre.

— Mais, Père...

— Descends.

— Mais, Père...

— Descendras-tu !

— Me voilà, Père.

Le Père l'attrapa par le collet de sa veste, et, le fouettant de sa règle sur les parties charnues :

— Ah ! drôle !

— Mais, Père, j'ai eu le grand prix. Aïe !

— Ah ! paresseux !

— Mais, Père, j'ai eu le grand prix. Aïe ! aïe !

— Je t'apprendrai à perdre ton temps avec les écuyers !

— Mais, Père, puisque j'ai eu le grand prix. Aïe ! aïe ! aïe !

— A dessiner des costumes pour les saltimbanques !

— Aïe ! aïe !! aïe !!!

En ce moment, comme pour faire accompagnement à ces cris de ténor, on entendit un roulement de tambour.

Puis, une voix de basse qui criait :

« C'est pour avoir l'honneur de saluer monsieur Etienne... premier prix de sculpture de la ville de Caen. »

Rantamplan, — rantamplan, — rantamplan.

Le jeune lauréat n'a jamais oublié cette aubade, ni la position étrange où il était quand elle lui fut donnée.

Cependant il n'en garda pas rancune à M. Odelli.

Quant au Père, comme il avait l'habitude, lorsqu'il administrait une correction dans le genre de celle que le lauréat venait de recevoir, de répéter à chaque reprise :

— C'est pour ton bien, c'est pour ton bien, c'est pour ton bien,

L'enfant avait pris l'habitude de répéter les mêmes paroles ; et il avait une telle confiance dans la justice corrective de son père, que, lorsque les commères lui disaient :

— Eh bien, ton père t'a donc battu, Étienne ?

Il se contentait de répondre :
— C'est pour mon bien.

La rossée porta ses fruits; l'enfant se mit au travail avec plus d'ardeur. Mais la foire de Pâques revint.

Elle revenait toutes les années, et elle durait quinze jours officiellement, quinze autres par tolérance.

Malheureusement, le Père se trouva être de service extraordinaire.

Quelle belle occasion pour débuter comme écuyer ou comme saltimbanque!

Le jeune homme commença par l'équitation.

Mais le jeune Étienne allait avoir seize ans; il était déjà grand comme père et mère, trop grand pour le *travail debout*.

On le mit à la voltige.

Mais, en essayant de sauter par-dessus un cheval, son pied accrocha la croupe, et il tomba à plat ventre de l'autre côté.

Cette seule chute suffit pour guérir le jeune écuyer de l'équitation, comme une seule course dans la patache avait suffi pour guérir le marin de la mer.

Il passa dans la baraque voisine.

Elle était tenue par le grand Gringalet de Rouen, c'est-à-dire par une des célébrités provinciales de l'époque.

Trois jours de suite il figura dans une pantomime comme premier garçon de noce. C'est lui qui attachait les guirlandes à la maison de la fiancée.

Tout cela le détournait tant soit peu de l'école de sculpture.

— Que diable faites-vous donc de votre temps? demandait M. Odelli.

— Monsieur, répondait l'apprenti comédien, c'est mon maître qui m'occupe à reporter de l'ouvrage.

— Ah!

Un jour, M. Odelli répéta pour la dixième fois la même demande, et pour la dixième fois reçut la même réponse.

— Eh bien, dit le professeur, qui peut-être se doutait de quelque chose, et qui voyait avec douleur un élève, plein de dispositions, s'éloigner de lui, — eh bien, la première fois qu'on vous enverra reporter de l'ouvrage, montrez-moi donc cet ouvrage, afin que je juge par moi-même de ce que vous faites lorsque je ne suis plus là pour vous diriger.

Il n'y avait pas moyen de reculer. D'ailleurs la foire était finie, et les écuyers et les saltimbanques partis.

La première fois que le jeune homme, — car le temps marchait, et peu à peu le petit Étienne se faisait le jeune Étienne; — la première fois que le jeune homme sortit avec un haut d'armoire représentant deux colombes se becquetant dans une couronne de myrthe, il apporta cette sculpture à M. Odelli.

M. Odelli regarda les deux colombes avec attention, puis, au bout d'un instant :
— C'est affreux! dit-il.
— Vous trouvez? demanda l'élève.
— C'est-à-dire que vous ne devez pas rester un jour de plus chez un pareil manœuvre.
— Comment donc faire?
— Il faut n'y plus aller.
— Mais le Père veut que j'y aille.
— Alors, faites-vous mettre à la porte par votre maître.
— Si mon maître me met à la porte, mon père me battra.
— Laissez-vous battre.

La réponse parut héroïque au jeune homme : elle lui rappela le *frappe, mais écoute*, du général athénien. Seulement, c'était sur le Thémistocle qu'on frappait, et non sur le prochain; ce qui donnait à la réponse quelque chose de plus grandiose.

Le jeune homme n'en médita pas moins le *laisse-toi battre...* cela rentrait dans ses capacités.

Un jour, il se présenta chez son maître, résolu à tout affronter.

Peut-être est-il bon de dire ce qui lui était arrivé la veille, et ce qui lui donnait le courage de braver la verge paternelle.

IV

Baptême et sacre d'Étienne.

Voici ce qui était arrivé la veille :

La veille, en flânant, — nous avons avoué que le jeune Étienne flânait beaucoup, — la veille, en flânant sur la place de la Comédie, en regardant de loin le monument, en regardant de près les affiches, l'élève de M. Odelli s'était trouvé en face d'une espèce de ruelle boueuse qui s'enfonçait entre une des faces latérales du théâtre et un pâté de maisons.

Il s'était engagé dans cette ruelle, tout cela, comprenez-vous bien, dans le seul but de se frotter à des pierres qui entendaient jouer la comédie.

Vous connaissez le proverbe : « Les murs ont des oreilles. »

A gauche, le jeune Etienne trouva une entrée sombre comme celle de la caverne d'Ali-Baba.

Terrain glissant, murailles humides, gouttes d'eau traçant des rigoles diamantées le long des murailles, rien n'y manquait.

Quant au concierge qui se tenait là habituellement, il n'y était plus.

La gueule noire de la caverne semblait l'avoir dévoré.

Le jeune homme se hasarda à descendre trois marches, puis à en monter vingt, laissant le jour derrière lui, et s'enfonçant à chaque pas qu'il faisait dans des ténèbres plus épaisses.

Au haut de l'escalier, il poussa une porte. Cette porte donnait sur les entrailles du monstre.

Jamais Jonas, dans le ventre de la baleine, ne jeta un coup d'œil plus émerveillé sur l'épine dorsale, sur les côtes, sur la vessie, grosse comme un ballon Godard, sur les cinq cents pieds d'intestins grêles, et sur la trappe, qui, au lointain, donnait dans la mer, que ne le fit notre jeune homme en regardant la herse, les portants aux échelons de fer, les fils sans nombre descendant du plafond, et la porte gigantesque par laquelle entrent les châssis.

Il marchait pas à pas, dans cette obscurité et dans cette solitude, appuyant le plus légèrement qu'il pouvait sur l'orteil, afin de ne pas éveiller le moindre bruit, lorsqu'il sentit une large et puissante main se poser sur son épaule.

Il se crut tombé sous la griffe d'un géant.

Il se retourna avec terreur; puis, tout à coup, poussant un cri de surprise dans lequel la joie avait sa bonne part :

— Tiens, dit-il, c'est M. Aubin aîné.

C'était ainsi qu'on appelait, pour le distinguer de son frère cadet, le plus âgé des fils d'un sculpteur, qui avait son magasin sur la place de la Comédie.

— Eh bien, oui, répondit Aubin, c'est moi... après ?

— Après?... Je suis bien aise que ce soit vous.

— Pourquoi cela ?

— Parce que vous, vous ne me mettrez pas à la porte.

— A la porte de quoi ?

— A la porte du théâtre.

— Tu avais peur qu'on ne te mît à la porte ?

— Certainement.

— Est-ce que cela t'intéresse de voir un théâtre ?

— Beaucoup. Il y a fièrement longtemps que j'en avais envie, allez.

— Tu voudrais donc être comédien ?

— Oh ! monsieur Aubin, je crois bien que je voudrais l'être !

— Qui t'en empêche ?

— Le Père. Si vous saviez comme il m'a rossé quand il a su que j'avais figuré dans la pantomime de Gringalet de Rouen.

— Et, malgré les coups, tu as conservé la vocation ?

— Plus que jamais. C'est-à-dire que je crois que j'en enragerai si je ne suis pas un jour comédien.

— Alors, viens ici.

— Me voilà, monsieur Aubin.

— Mets-toi à genoux.

— Pourquoi faire ?

— Mets-toi à genoux.

— Me voilà à genoux.

— Attends.

Il prit un godet plein d'huile.

— Au nom de Talma, de Garrik et de Roscius, je te baptise comédien, dit-il au jeune homme.

Et il lui versa le godet d'huile sur la tête.

— Ah ! que faites-vous donc, monsieur Aubin ?

— Il n'y a plus à s'en dédire; maintenant te voilà baptisé comédien : tu seras comédien, ou tu diras pourquoi.

Il était plus que baptisé, il était sacré.

Quand j'aurai nommé l'homme qui s'appelait alors le petit Étienne, on verra si le saint chrême a produit son effet.

Voilà ce qui était arrivé la veille. Voilà la prédiction sibylline qui donnait à l'élève de M. Odelli le courage de se faire chasser de chez son sculpteur.

Le lendemain de ce jour-là, on lui donna, à neuf heures du matin, deux pigeons sculptés à porter chez le menuisier.

Il y avait un quart d'heure, en calculant largement, à rester dehors, entre l'aller et le retour.

Au nom de Talma, de Garrick et de Roscius, je te baptise comédien. — Page 16.

Etienne resta héroïquement trois heures et demie.

Il rentra à midi quarante-cinq minutes.

— D'où viens-tu, flâneur? demanda le patron.

— Tiens, d'où je viens!

— Oui, je te le demande.

— Je viens d'où il me plaît, donc!

— Comment! d'où il te plaît!

— Ni plus ni moins.

— Ah! c'est comme cela que tu réponds?

— Il ne fallait rien me demander, je ne vous aurais rien répondu.

Si le patron avait eu une glace devant lui, il se serait regardé dans la glace, pour savoir s'il était bien éveillé.

— Mais tu veux donc te faire mettre à la porte?

— Oh! je n'ai pas besoin qu'on m'y mette à la porte. Soyez paisible, je m'y mettrai bien tout seul.

— Comment? petit drôle.

— D'abord, je ne m'appelle pas petit drôle, je m'appelle Étienne Marin.

— Comment dis-tu cela, brigand?

Et le patron ramassa deux colombes ébauchées pour les jeter à la tête de l'enfant.

L'enfant sauta par-dessus un établi, et en un instant fut à la porte.

— Ah! ton père va savoir cela. — Attends! attends!

Et le sculpteur mit sa casquette, ôta son tablier, passa sa redingote, et prit au pas gymnastique le chemin de la rue des Carmes.

Il n'y avait plus à s'en dédire. La volée à recevoir était sûre. C'était maintenant une affaire du plus ou moins, voilà tout.

Si stoïque que fût l'élève de M. Odelli, il était tout simple, en supposant qu'il y eût un choix à faire, et liberté dans ce choix, il était tout simple qu'il choisit le moins au détriment du plus.

Un instant il eut l'idée que peut-être il échapperait même à ce moins.

Le Père avait une tournée de nuit à faire. Ordinairement pour sa tournée de nuit, le Père sortait à sept heures du soir, laissant la clef sous la porte, afin qu'en sortant de chez M. Odelli l'enfant pût rentrer.

Toute la question était de ne tenter le retour qu'à huit heures; le père serait parti depuis une heure.

Le retardataire aurait toute la nuit devant lui.

Étienne se promena jusqu'à huit heures.

A huit heures, il s'achemina vers la rue des Carmes.

Au moment où, en rasant les murs, il atteignait la porte, la porte s'ouvrit, et le Père parut, la carabine sur l'épaule, les pistolets à la ceinture, le sabre au côté, et fredonnant la *Marseillaise*.

Le jeune homme demeura stupéfait et collé à la muraille.

Après avoir fait deux pas, le Père l'aperçut, et, se retournant tout en tirant son sabre :

— Ah! brigand! c'est toi! s'écria-t-il.

L'enfant s'élança dans l'allée, mais le Père s'y élança après lui.

En arrivant au premier degré de l'escalier, il l'avait rejoint et frappait sur lui à coups de plat de sabre.

Il le conduisit ainsi, frappant toujours, jusqu'au troisième étage.

Il n'y avait pas moyen d'aller plus loin, c'était là que finissait l'escalier. Il y avait un étage de moins que dans la fameuse chanson :

> Je loge au quatrième étage...

Force fut au pauvre battu de s'arrêter et de subir son châtiment.

Il fut long et sévère.

Le lendemain, à huit heures du matin, Étienne arriva chez M. Odelli, pâle et tout moulu de coups.

M. Odelli n'eut qu'à jeter un coup d'œil sur lui pour savoir ce qui s'était passé.

— Ah! dit-il, il paraît que c'est fini.

— Oui, monsieur, répondit piteusement l'écolier.

Et il ne fut plus question de rien.

Pendant un an tout entier, le jeune homme resta encore chez M. Odelli, étudiant la sculpture, mais faisant toujours l'école buissonnière au profit des théâtres, des cirques et des saltimbanques.

Ce qui lui valut un nombre si incalculable de volées de la part du Père, qu'il résolut, à quelque prix que ce fût, d'aller faire de l'art dans la capitale.

Quand les hommes ont leur place marquée dans l'avenir, il y a toujours une Providence qui, à un moment donné, emprunte un nom d'homme, prend l'élu par la main, et le conduit où il veut aller.

La Providence du jeune homme prit le nom de M. Lair.

M. Pierre-Aimé Lair était conseiller de préfecture. C'était un de ces hommes précieux pour les villes provinciales de second ordre, en ce qu'ils se mettent à la tête du progrès et prêtent la main à toutes les améliorations.

Disons ce qu'était au physique et au moral M. Pierre-Aimé Lair, que la ville de Caen a eu le malheur de perdre voilà deux ans à peu près.

Au physique, c'était un homme de taille moyenne, brun, maigre, grêlé, toujours très-bien rasé, ce qui lui faisait un bas de figure bleu cobalt. Son costume était celui d'un provincial arriéré, ce qui ne lui ôtait rien d'une grande distinction naturelle et acquise. Il était ordinairement vêtu d'un habit bleu, d'un gilet blanc et d'un pantalon de nankin l'été, de drap l'hiver; il mettait rarement des bottes, et, lorsqu'il n'en avait pas, de quelque couleur que fût son pantalon, il portait invariablement des bas bleus.

Au moral, c'était un homme d'une affabilité et d'une courtoisie si parfaites, qu'il avait dans ses manières quelque chose du prélat. Cette suprême politesse servait chez lui d'enveloppe à une puissante énergie.

Un jour que, vêtu d'un habit de conseiller de préfecture, bleu de roi brodé bleu clair, d'un pantalon de nankin, de ses bas bleus, le menton rasé de frais, encadré dans une cravate blanche, il assistait au tirage de la conscription, un pauvre gars normand tira le numéro 1. Le garçon n'avait aucun cas de réforme; il y avait donc grande chance pour qu'il partît; aussi, sa mère, qui était dans un coin de la salle de l'hôtel de ville, se mit-elle à jeter les hauts cris.

Ces cris affectèrent désagréablement le tympan du général qui assistait au tirage.

— Faites sortir cette braillarde! cria-t-il à haute voix.

Cette brutalité révolta M. Lair, et, de son ton le plus doux et le plus caressant :

— Ah! général, dit-il, respectez la douleur d'une mère.

Un murmure d'approbation suivit les paroles de M. Lair, contrastant avec le silence de glace qui avait suivi celles du général.

La leçon, courtoise de la part de M. Lair, était devenue sévère de la part du public.

Le général, ne pouvant s'en prendre au public, s'en prit à M. Lair.

Il renversa sa tête sur le dossier de son fauteuil, afin de pouvoir causer avec son aide de camp, placé derrière lui, et, assez haut pour être entendu de tous ceux qui l'entouraient, et par conséquent de M. Lair lui-même :

— Dites donc, un tel, lui demanda-t-il, savez-vous le nom de ce monsieur avec son menton bleu, son habit bleu brodé de bleu et ses bas bleus?

L'aide de camp se mit à rire d'une façon fort agréable à cette saillie de son général.

M. Lair ne sourcilla point. Tout le monde se tourna de son côté; lui seul parut n'avoir point entendu.

Seulement, lorsque le tirage fut fini, il s'approcha du général.

— Monsieur, lui dit-il avec cette courtoisie dont il semblait qu'il n'eût pu se départir, même quand il l'eût voulu, vous avez paru désirer savoir mon nom, puisque vous l'avez demandé à M. votre aide de camp, qui n'a pas pu vous le dire. Je vais vous l'apprendre, moi : Je me nomme Pierre-Aimé Lair.

— J'en suis bien aise, monsieur, répondit le général.

— Maintenant, quant à l'inspection que vous m'avez fait l'honneur de passer de ma personne et de mon costume, elle est très-exacte, à l'exception d'une chose cependant.

— De laquelle, monsieur?

— Mais de l'épée que je porte au côté, et dont j'espère vous faire sentir la pointe, où et quand il vous conviendra, général, afin qu'une autre fois vous ne l'oubliiez pas.

Si doucement qu'elle eût été faite, la provocation fut entendue; on s'interposa. C'était d'un trop mauvais exemple de voir battre un général et un conseiller de préfecture. Le duel n'eut pas lieu.

Dix ans plus tard, à l'âge de cinquante ans, il lui prit l'envie de faire son tour de France. Il était un des membres les plus distingués de la Société des Antiquaires de Normandie, et le voyage qu'il entreprenait avait pour but surtout des études archéologiques. Un beau matin il partit à pied, faisant six, huit et jusqu'à dix lieues par jour, et, sa canne à pomme d'or à la main, voyagea ainsi un an ou dix-huit mois.

Mais, par bonheur pour l'élève de M. Odelli, il n'était point en voyage l'an de grâce 1826.

Il visitait souvent l'école de dessin, causait affectueusement avec les élèves, surtout avec ceux qui donnaient des espérances, et, à ce titre, s'était arrêté plusieurs fois devant le jeune Étienne, et lui avait fait diverses questions sur ses désirs et ses espérances.

Le jeune homme lui avait dit que ses désirs et ses espérances se réunissaient en une seule ambition : *Aller à Paris*.

M. Lair se doutait bien qu'un des empêchements au voyage serait l'absence de la petite somme nécessaire au jeune voyageur.

Un jour, il lui dit :

— Avant votre départ, mon enfant, je désire vous acheter quelques-unes de vos études.

Le lendemain, il était rue des Carmes. Il avait choisi le moment où le Père ne pouvait manquer d'être là. Il parla longuement des dispositions du jeune homme, de la nécessité où il se trouverait bientôt d'aller poursuivre ses études à Paris, et acheta une tête de Sénèque et une tête de Cicéron, qu'il paya vingt francs chacune, plus un pied et une main gigantesques, qu'il estima chacun dix francs.

Le jeune homme avait soixante francs pour son argent de poche.

Devant une autorité comme celle de M. Lair, conseillant Paris, le Père ne fit aucune objection. Il acheta une malle, fit confectionner une *pelure complète*, — nous nous servons des termes dont il se servait, coucha la susdite pelure sur deux douzaines de chemises faisant fond de malle, compléta les cent francs, paya la place à la diligence, et, stoïque comme un Spartiate, conduisit son fils à la voiture.

Étienne pleura beaucoup. Au moment de se séparer de son père, il oubliait les nombreuses et sévères corrections qu'il en avait reçues, ou plutôt, en descendant au fond de sa conscience, il se disait que ces corrections n'étaient pas volées.

Le Père resta ferme comme un roc.

Le postillon fit claquer son fouet, la voiture s'ébranla, et la pesante machine partit au grand trot, allure qu'elle conserva tant qu'elle roula dans la ville. Le jeune homme, moitié triste, moitié joyeux, — cependant, pour être juste, plus joyeux que triste, — venait de faire ses premiers pas vers la postérité.

Puisque nous sommes partis avec lui, arrivons en même temps que lui.

Qui nous dit que les Talma, les Garrick et les Roscius futurs, — on se rappelle que le jeune homme avait été baptisé sous ce triple patronage, — ne trouveront pas un enseignement, comme art ou comme philosophie, dans cette vie vagabonde que nous allons essayer de raconter?

—⁂—

V

Arrivée à Paris. — Le théâtre de la Porte Saint-Martin. — L'hôtel de madame Carré. — Les locataires. — Les camarades de lit. — Hippolyte. — Les sculpteurs de la Madeleine. — Une représentation d'ami. — Les redingotes polonaises. — Engagement pour la province. — Le père Dumanoir. — Sa cassette. — Ferdinand le Cosaque.

Notre héros entra dans Paris vers cinq heures du soir, descendit à six rue Notre-Dame-des-Victoires, laissa sa malle au bureau, et, pressé de voir Paris, se mit à courir devant lui, sans savoir où il allait.

Au bout de dix minutes d'une course insensée, tant tout ce bruit, tout ce monde, toutes ces voitures l'enivraient, il se trouva en face d'une espèce de monument.

— Tiens, un théâtre! s'écria-t-il.

Et il s'arrêta, résolu ce soir-là à ne point aller plus loin.

Il n'avait pas dîné; il acheta un chausson, le dévora jusqu'à la dernière miette et entra au spectacle.

Vous figurez-vous la joie du jeune homme!

Il était dans ce Paris tant ambitionné; il était dans une salle de spectacle, sans crainte d'être ni battu, ni même grondé en rentrant chez lui. Hélas! pauvre enfant, il n'avait déjà plus de chez lui, et il avait cent francs dans sa poche!

Cent francs! c'est-à-dire de quoi bâtir un moulin sur le Pactole, un palais dans l'Eldorado!

A minuit moins un quart, le spectacle finit.

Notre héros sortit avec les autres spectateurs, seulement il était peut-être le seul qui ne sût point où il coucherait.

Il résolut de s'en remettre au hasard; le hasard l'avait conduit à la Porte-Saint-Martin, le hasard le conduirait bien à une auberge.

Il prit la première rue à droite.

Au bout de trois cents pas à peu près, il se trouva au bout de la petite rue Saint-Jean, et aperçut un transparent sur lequel était écrit :

Hôtel Carré. On loge à la nuit.

Étienne entra, demanda une chambre et un lit.

Par bonheur, il avait sur lui son passe-port, sans quoi le défaut de malle, de portemanteau ou de sac de nuit eût bien pu lui porter préjudice.

Le passe-port fut lu, reconnu bon; le voyageur fit sonner ses dix-neuf pièces de cinq francs dans sa poche; une déjà avait disparu depuis l'arrivée.

On lui donna, avec toutes sortes d'égards, la chambre et le lit demandés.

On n'avait pas l'habitude de voir des voyageurs demander une chambre et un lit pour une personne seule.

L'hôtel était habité par des sculpteurs, des ornemanistes et des peintres; en général, les hôtes de madame Carré, — car, quoiqu'il y eût un M. Carré, on avait l'habitude de dire l'hôtel de madame Carré; — en général les hôtes de madame Carré poussaient, sous prétexte de fraternité, l'économie jusqu'à coucher deux.

Dès le lendemain de son installation, la malle de l'élève sculpteur, apportée à l'hôtel du coin

L'entrée de Néron fut couverte d'applaudissements. Page 22.

de la petite rue Saint-Jean, comme celui-ci se plaignait de ce qu'on lui demandait la somme exorbitante de quinze sous pour la chambre et le lit, on le mit au courant des habitudes de la maison, libre à lui de prendre un camarade de chambrée et de lit, alors sa moitié de lit et de chambre lui reviendrait, pour sa part, à sept francs dix sous par mois.

Le même jour, à dîner, on présenta au nouvel arrivé un compagnon qui se trouvait dans la même situation que lui, c'est-à-dire qu'il cherchait une moitié de chambre et de lit.

Ce camarade s'appelait Hippolyte et était peintre sur porcelaine.

Les deux atomes s'accrochèrent et sont encore aujourd'hui deux amis.

Étienne ne voulait pas perdre son temps à flâner; il envoya chercher sa malle, endossa la *pelure* du père et commença incontinent ses visites aux entrepreneurs.

Le premier auquel il s'adressa se nommait M. Bochard.

M. Bochard était entrepreneur des sculptures de la Madeleine.

Il causa un instant avec le jeune artiste, et comme son ton et ses manières lui plaisaient :
— De quelle province êtes-vous ? lui demanda-t-il.
— Je suis Normand.
— De quelle ville ?
— De Caen.
— Je m'en doutais.
— Pourquoi cela ?
— Vous avez la main normande; en général, les Normands sont adroits. Prenez vos outils, demain matin, et allez à la Madeleine, vous vous trouverez en pays de connaissances.

Le lendemain, à huit heures du matin, le jeune homme était à la Madeleine.

Les ornemanistes étaient à l'ouvrage.
— Tiens ! dit l'un d'eux, voilà mon filleul.
— Comment, ton filleul ?
— Oui, c'est moi qui ai baptisé ce gaillard-là sur le théâtre de Caen, avec de l'huile à quinquet. — Viens ici, Talma.

Étienne s'approcha, et dans son interlocuteur reconnut Aubin aîné.

Près de lui était son frère.

Les deux Aubin tiennent aujourd'hui leur rang parmi les premiers ornemanistes de Paris.
— Allons, une tirade, dirent les sculpteurs.

Le nouveau venu déposa ses outils, mit le poing gauche sur la hanche, arrondit le bras droit et commença :

<small>N'en doutez pas, Burrhus, malgré ses injustices...</small>

L'entrée de Néron fut couverte d'applaudissements. Talma venait de mourir, et son successeur donnait les plus belles espérances.

En attendant, il fallait prendre le ciseau et le marteau. Le futur grand premier rôle du Théâtre-Français mit un masque à lunettes pour que les éclats de la pierre ne lui crevassent pas les yeux, et attaqua un chapiteau.

Là était le travail; mais chez la mère Carré était la récréation. Tout le monde, chez la mère Carré, disait des vers : peintres, sculpteurs, ornemanistes. Hippolyte, le camarade d'Étienne, était surtout enragé.

Il s'agissait de jouer la comédie à quelque prix que ce fût.

On s'occupa de monter une partie.

Que jouerait-on ?

Le choix tomba sur *Simple histoire*, de M. Eugène Scribe.

Étienne apprit le premier rôle, Hippolyte l'amoureux, et l'on alla répéter au théâtre de la rue Lesdiguières.

Le jour de la représentation arriva. Les deux jeunes gens, Étienne et Hippolyte, eurent les honneurs de la soirée.

A toutes les représentations qui se donnent sur ces sortes de théâtres, assistent ce qu'on appelle des monteurs de parties.

Un de ces monteurs de parties proposa aux amateurs de jouer devant un public payant.

Ces sortes de représentations offrent un avantage, c'est que, après deux ou trois succès, on trouve un engagement.

Un engagement de province, c'est vrai, — mais l'homme qui frappe sur sa poche, en disant : j'ai là mon engagement, — est bien fier, et bien considéré surtout.

D'ailleurs il n'a pas besoin de dire pour quelle ville est son engagement.

Il est vrai que toutes ces parties-là ne faisaient pas avancer la sculpture sur pierre dure et la peinture sur porcelaine.

Mais cela faisait faire un pas à la comédie.

Tous les arts ne peuvent pas marcher à la fois.

A cette époque, c'est-à-dire en 1827, les artistes qui revenaient de province se réunissaient particulièrement rue des Vieilles-Étuves, au café des Comédiens.

C'est là que les directeurs allaient embaucher leur troupe.

On portait beaucoup de polonaises à cette époque-là.

Pas un Trial, pas un Martin, pas un Elleviou qui n'eût sa polonaise.

L'ambition de nos deux jeunes gens était d'avoir une polonaise, — pas deux polonaises, bien entendu : deux polonaises coûtent la rançon d'un roi ; mais une polonaise pour deux, comme ils avaient une chambre pour deux, comme ils avaient un lit pour deux.

Ils iraient, chacun son tour, au café, et ils auraient l'air d'avoir chacun une polonaise.

La *pelure* du Père, qui n'avait été mise que trois ou quatre fois, fut portée chez un fripier et troquée contre une polonaise qui n'avait été mise que huit ou dix, à ce que disait le fripier lui-même.

En somme, la susdite polonaise de drap bleu de roi, avec des brandebourgs noirs, collet et poignets d'astracan, était encore fort présentable.

Elle fit, sur le dos d'Étienne le premier jour,

et sur le dos d'Hippolyte le second, un fort convenable effet.

La preuve est que tous deux traitèrent avec M. Dumanoir, directeur de la troisième troupe du premier arrondissement théâtral, comprenant la Flandre française.

Au besoin on ferait des excursions en Belgique.

On comprend que, pendant ce temps-là, la Madeleine s'achevait toute seule.

Le directeur était en retard; aussi pressait-il beaucoup ses pensionnaires.

On partit à pied; une charrette suivait ou précédait les bohémiens, portant les femmes et le bagage.

Jetons un coup d'œil sur la caravane, qui se déploie et s'allonge joyeusement sur la route d'Amiens, par un beau soleil du mois de mai.

Nous avons nous aussi, comme Scarron, notre chapitre du *Roman comique* à faire.

Le directeur véritable et privilégié, nous disons véritable et privilégié, parce que tout à l'heure nous allons avoir à parler de l'usurpation du régisseur, le directeur véritable et privilégié était, comme nous l'avons déjà dit, M. Dumanoir.

M. Dumanoir était une espèce de vieux marquis, ancien beau du Directoire, ayant pirouetté aux Tuileries et au Luxembourg, avec la culotte de nankin à flots de rubans, les bas rayés en travers, les souliers à boucle, les deux chaînes de montre, le gilet de basin, l'habit vert-pomme, la haute cravate de batiste, le chignon relevé au haut de la tête avec un peigne, le chapeau en arrière et la badine sous le bras.

C'était, à l'époque où, élevé à la dignité de directeur de *la troisième troupe du premier arrondissement*, il faisait sa sortie triomphale de Paris où il devait rentrer d'une façon si pénible, c'était, disons-nous, un homme de soixante ans, grand, sec, maigre, au corps osseux dont les aspérités apparaissaient à travers le drap d'une redingote trop large, et nous dirions trop longue, si l'on n'avait point à cette époque porté ce vêtement battant sur les talons. De son costume de 1798, il n'avait conservé que la partie la plus caractéristique, c'est-à-dire le chignon. Son ancienne chevelure, qui avait fait l'admiration des belles dames du temps, avait disparu au souffle des ans, ne laissant à l'ex-incroyable qu'une couronne ou plutôt un hémicycle de cheveux, épais à la nuque, plus rares sur les tempes. Mais on sait ce que peut produire d'illusion un reste de cheveux bien employés; ceux de la nuque étaient réunis en une tresse qui, à peu près semblable à une queue de homard, remontait du cou vers l'organe de la religiosité, embrassait le contour du crâne, et venait s'aplatir sur le haut du front.

A cette tresse, disons-nous, venaient se rattacher, laissant voir le crâne à travers leur tissu à maille lâche, les cheveux des tempes et de la partie intermédiaire qui s'étend des tempes à la nuque. Enfin, à l'extrémité de la tresse, apparaissait, à peu près comme le blaireau apparaît à l'extrémité de ce pinceau aplati qu'on appelle une queue de morue, à l'extrémité de la tresse apparaissait une touffe capillaire qui, lorsque le chapeau était mis, simulait assez bien, en s'échappant d'un demi-pouce sous sa forme, une chevelure absente.

Avec cela, M. Dumanoir était l'homme le plus poli du monde. A chaque personne ayant affaire à lui, cet homme, qui avait toutes sortes de raisons de rester couvert, ôtait son chapeau qu'il mettait entre ses deux genoux, puis, de ses deux mains, il écarquillait sa mèche, et se redressait de toute la hauteur de sa grande taille, en laissant son chapeau entre les genoux.

— Que désirez-vous, mon bien bon ami? demandait-il.

En route, il s'arrêtait invariablement à tous les magasins de coutellerie qu'il rencontrait, soit à la droite, soit à la gauche de son chemin, demeurait devant le magasin d'une façon inquiétante pour ses pensionnaires, qui auraient pu se croire abandonnés par lui, et qui, se retournant avec inquiétude, s'arrêtant de temps en temps pour l'attendre, le voyaient tout à coup poindre à l'horizon poudroyant sous ses longues jambes.

Notez ceci: qu'il portait sous son bras une petite cassette très-lourde, faite en manière de portemanteau; cassette qu'il n'abandonnait jamais, de sorte que l'on pouvait croire que, comme celle de l'avare, la cassette du père Dumanoir avait des yeux, et que le père Dumanoir était amoureux de ces yeux-là.

Un jour, il avait, contre son habitude, oublié pendant une seconde cette cassette à terre. Un de ses pensionnaires l'avait soulevée à grand'peine, et, la remettant en place, avait battu un entrechat, en disant:

— Plus de soixante livres, messieurs, plus de soixante livres!

Et tout le monde avait battu des mains, à

La route d'Amiens, par un beau soleil du mois de mai. — Page 23.

l'heureuse nouvelle, et témoigné une considération plus grande à M. Dumanoir.

D'où venaient cette joie imprévue et cette considération croissante ?

Cette légende s'était répandue dans la troupe, que la cassette du père Dumanoir contenait la caisse, et que c'était pour cela qu'il ne la quittait jamais.

Or, si cette cassette contenait la caisse, et qu'elle renfermât seulement soixante livres d'argent, c'était cinq mille neuf cents francs qu'il y avait dans la caisse; si elle renfermait de l'or, c'était quatre-vingt-douze mille francs qu'elle promettait.

C'était donc un Midas, un Crassus, un Rothschild, que le père Dumanoir!

Après le père Dumanoir, nous devrions dire avant, venait en seconde ligne, nous devrions peut-être dire en première, le régisseur général de la troupe :

M. Ferdinand.

En général, on ajoutait à ce nom M. Ferdinand, *dit le Cosaque*, parce que le susdit Ferdinand prétendait avoir été dans les corps francs, et avoir, en 1814 et 1815, exterminé des hordes entières de sujets de l'empereur Alexandre, nés aux bords du Don et du Tanaïs.

Comment, ayant exterminé des Cosaques, l'appelait-on Ferdinand le Cosaque ? C'est ce que lui-même expliquait mal, ou même n'expliquait pas du tout.

Mais enfin, c'était un fait. Le *fait* était qu'il s'appelait Ferdinand le Cosaque, et l'on doute d'un fait, on discute un fait, on s'afflige d'un fait; mais on ne l'explique pas.

Cela était ainsi, parce que cela n'était pas autrement, voilà tout.

Ferdinand le Cosaque, à part la petite cassette du père Dumanoir, dont on ignorait le contenu, était le seul qui eût un véritable bagage.

Ce bagage était une garde-robe, assez bien montée pour un comédien de province.

Aussi s'était-il taillé, dans les recettes futures, la part du lion.

La troupe ambulante comptait exploiter la Flandre française en société.

Voilà quelle était la position qu'avait exigée Ferdinand le Cosaque du père Dumanoir :

1° Part et demie pour son talent ;
2° Part entière pour sa femme ;
3° Part entière pour sa fille ;
4° Part pour sa régie ;
5° Enfin part pour son magasin de costumes.

Ce qui avait réduit le père Dumanoir à une simple part, et tous les autres à des demi-parts.

Ce qui n'empêchait pas toutes ces demi-parts, dont faisaient partie Étienne et Hippolyte, hommes et femmes, d'être joyeux comme le savetier de la fable avant qu'il eût fait fortune.

Hélas ! ce n'était point la richesse qui devait leur enlever cette bonne et juvénile gaieté, qui s'épanouissait, comme nous l'avons dit, aux deux côtés de la grande route du Nord, ouvrant ses deux ailes au soleil de mai, et gagnant le pays en sautillant et chantant, criant les uns comme des geais, chantant les autres comme des fauvettes, se rengorgeant ceux-là comme des coqs, roucoulant ceux-ci comme des tourtereaux.

VI

Débuts de la troupe Dumanoir à Valenciennes. — La troupe de M. Bertrand, dit Zozo du Nord. — Étienne passe dans cette dernière troupe sous le nom de Gustave. — La *petite banque* et la *haute banque*. — La vie des ménages de Bohème. — Rentrée de Gustave dans la troupe Dumanoir. — Campagne de Belgique. — Retraite. — Désastre.

On alla ainsi jusqu'à Valenciennes, toute cette folle caravane frappant, comme dit Horace, la terre d'un pied libre. Tout cela, riant, chantant, et, à part le père Dumanoir, qui avait soixante ans, et Ferdinand le Cosaque, qui en avait quarante, tout cela jeune comme le printemps, au milieu duquel toute la volée prenait son essor.

A Valenciennes, on s'arrêta. On désirait tâter le terrain; on annonça une représentation, et le lendemain on la donna.

Un jour que madame Dorval jouait à Anvers, pour me donner l'idée de l'impression qu'elle produisait sur les compatriotes de Van Artevelt, elle m'envoya un dessin représentant la façade du théâtre, avec une foule de rats jouant aux barres sous le péristyle, ce qui voulait dire qu'il n'y avait pas un chat dans la salle.

Étienne, qui avait eu un premier prix de dessin et de sculpture, eût pu envoyer au Père, qui l'en avait si bien récompensé, un dessin de la salle de Valenciennes, dans le genre de celui que Dorval m'envoyait de la salle d'Anvers.

On ne fit pas les frais.

La même nuit on partit. Il n'y avait pas un instant à perdre pour gagner une ville plus littéraire que ne l'était Valenciennes.

Valenciennes est cependant la patrie de mademoiselle Duchesnois et d'une pauvre enfant que la mort a prise à dix-neuf ans, et dont je raconterai plus tard l'histoire.

Dans la journée du lendemain, on gagna Saint-Amand. Il y avait kermesse. On comptait fort sur cette circonstance.

On joua *Palmerin ou le Solitaire des Gaules*.

On fit cent cinq francs.

Ferdinand le Cosaque s'en tira; ses cinq parts et demie lui donnèrent trente francs.

Le père Dumanoir eut dix francs pour sa part.

Les autres eurent cinq francs pour leur demi-part.

Ferdinand, sa femme et sa fille mangèrent beaucoup.

Le père Dumanoir mangea raisonnablement. Les autres mangèrent un peu.

C'était tout ce qu'il fallait pour faire prendre patience.

Cependant, comme on comptait donner une représentation tous les jours, il y avait encore moyen de vivre.

Et, en effet, pendant les trois premiers jours on vécut.

Mais, le quatrième jour, arriva la troupe de M. Bertrand, dit Zozo du Nord, premier acrobate de France.

Cette troupe, par sa réunion à celle de M. Colombier, était formidable.

La troupe *Dumanoir et Ferdinand* ne put lutter contre elle.

Elle dut crouler.

On parla de se séparer, en tirant qui à droite, qui à gauche, et d'utiliser chacun pour son compte les petits talents qu'on pourrait avoir.

Mais ce n'était point l'affaire de Ferdinand.

En société, il avait cinq parts et demie.

Seul avec sa femme et sa fille, il n'avait que trois parts.

Et quelles parts!

Il se fâcha, tira son sabre, menaça d'éventrer le premier qui parlerait de se retirer.

Étienne fut le premier à mettre en doute le fil du sabre de Ferdinand, et déclara tout haut que, ayant reçu des propositions de Zozo du Nord, comme Coriolan, il passait à l'ennemi.

Le même soir, Étienne était assis au foyer des Volsques, sous le nom victorieux de Gustave.

Tout le monde sait ce que c'est, depuis le *Roman comique* de Scarron, qu'une troupe de comédiens plus ou moins ambulants.

Mais on est en général moins bien renseigné sur l'existence pittoresque des saltimbanques.

Voici le personnel de la troupe de Bertrand, dit Zozo, premier acrobate de France, jointe à celle de Colombier.

Le personnel se composait d'abord:

Du grand-père Colombier, chef d'orchestre, artificier, metteur en scène, jouant de la clarinette dans le tour de ville, et du violon à l'orchestre;

De Bertrand, dit Zozo du Nord, pître à la parade et Pierrot dans les pantomimes;

De madame Bertrand, tournant sur un chandelier, la tête en bas, et tenant le contrôle;

De mademoiselle Bertrand aînée, jouant les Colombines, et dansant la gavotte et les pas de grâce sur la corde;

De mademoiselle Bertrand cadette, jouant la statue dans *Pygmalion*;

De M. Moustapha, dit le Petit-Diable, faisant toutes sortes de passes et de voltiges sur la corde;

De M. Flageolet, faisant sous la corde les mêmes exercices que M. Moustapha faisait dessus.

C'était au milieu de cette société nouvelle et inconnue que M. Gustave venait de s'exiler volontairement, à la suite de sa querelle avec Ferdinand le Cosaque.

L'engagement, verbal, bien entendu, *lui assurait* la nourriture et *lui promettait* cinquante francs par mois.

Zozo du Nord avait spirituellement ajouté qu'il aurait en outre le droit d'être voyagé à pied.

En échange d'un engagement si avantageux, il devait de son côté faire les enseignes, décorations et transparents sur calicot, représentant les principales scènes et les tours de force;

Jouer les premiers rôles dans les mélodrames et les vaudevilles;

Représenter les magiciens dans les pantomimes;

Enfin faire le *tour de ville* à cheval.

Dès le lendemain, Zozo du Nord résolut d'utiliser le nouveau venu.

L'affiche du soir annonça pour le lendemain un spectacle extraordinaire, dont le *tour de ville* donnerait connaissance.

En effet, le lendemain, à onze heures du matin, M. Gustave, en habit de général, monté sur un cheval dont le harnais était entièrement couvert de coquillages, précédé d'un tambour boiteux et suivi de la musique, commença sa tournée, s'arrêtant à toutes les places, sur tous les carrefours, au centre des principales rues, et criant à haute voix:

« Avec permission de M. le maire. »

Ici, il levait son chapeau.

« Habitants de la ville de Saint-Amand, nous avons l'honneur de vous prévenir que la grande troupe de M. Bertrand, dit Zozo du Nord, réunie à celle de M. Colombier, donnera ce soir, dans la grande loge, place du Marché, une représentation extraordinaire.

« Le spectacle se composera ainsi:

« *Madame Bertrand*, première tourneuse de France, tournera pendant cinq minutes sur un chandelier de fer, sans autre appui qu'une pièce de monnaie.

« *Mesdemoiselles Bertrand* danseront sur la

corde, l'aînée une gavotte, et la seconde un pas de grâce.

« M. *Moustapha*, surnommé le Petit Diable, fera ses exercices sur la corde roide, sans balancier, et terminera par le grand saut périlleux en avant et en arrière.

« M. *Flageolet* fera, sous la corde, les mêmes exercices que M. *Moustapha* fera dessus.

« M. *Gustave* jouera *Pygmalion*, scène lyrique de M. Jean-Jacques Rousseau.

« *Mademoiselle Bertrand* cadette représentera la statue.

« Après *Pygmalion*, nous aurons l'honneur de représenter *Arlequin Boule-Dogue*, grande pantomime à grand spectacle, avec costumes et décors analogues au sujet.

« Enfin, le spectacle sera terminé par le *Carnaval de Venise*, exécuté par toute la troupe. »

Une pareille annonce était faite pour piquer la curiosité; aussi la recette fut-elle satisfaisante.

Maintenant, laissons les curieux entrer dans la baraque de Bertrand, dit Zozo du Nord, et s'extasier devant ce splendide spectacle, et disons quelques mots des mystères de cette espèce de franc-maçonnerie de la banque, mystères auxquels M. Étienne, dit Gustave, a bien voulu nous initier.

On appelle la *Banque* tout ce qui fait partie de la grande famille bohème des saltimbanques.

Seulement, il y a la *haute banque* et la *petite banque*.

Les écuyers, les danseurs de corde, les comédiens en baraque, enfin tout ce qui a un talent quelconque, fait partie de la *haute banque*.

Les montreurs d'animaux, les montreurs d'enfants à deux têtes, de veaux à huit pattes, de phoques disant papa et maman, font partie de la *petite banque*.

La *haute banque*, c'est l'aristocratie.

La *petite banque*, c'est le peuple.

Tout ce qui a un talent quelconque est fort respecté. La *petite banque* ne parle à la *haute* que chapeau bas.

Maintenant, rien de plus paternel que l'autorité du directeur; rien de plus exemplaire que ces ménages de bohème; rien de mieux employé que le temps qui s'écoule entre les répétitions et les exercices.

Les femmes blanchissent le linge, teignent les maillots, taillent et cousent les costumes.

Les hommes travaillent à dresser la banque, préparent des feux du Bengale, bourrent des artifices.

D'autres font ce qu'on appelle des *illusions*.

— Qu'est-ce que c'est que faire des *illusions*? demandera le lecteur.

Nous allons le lui dire en deux mots :

Les *faiseurs d'illusions* trempent dans de l'étain et du plomb fondus ensemble une pierre de la grosseur d'un pois, taillée et fixée au bout d'un petit bâton; au bout de cette pierre il reste une paillette du métal en fusion. Cette paillette est enlevée et percée à l'instant même, pour être cousue sur les habits ou autour des casques.

Les autres soignent les chevaux.

Ceux qui savent lire apprennent leurs rôles à ceux qui ne le savent pas.

Tous, enfin, s'exercent à jouer d'un instrument, et, quand ils savent jouer convenablement de celui-là, ils passent à un autre.

Tous sont tambours de naissance.

Dans un moment de ruine, après une mauvaise campagne, on a été forcé de vendre les chariots, de mettre les chevaux en gage, de renvoyer les gagistes; quand enfin il ne reste plus que ce que l'on appelle la famille, on *s'égaye*, c'est-à-dire que l'on s'éparpille dans la campagne. Alors chacun a *son truc*; l'un fabrique du savon à détacher, l'autre de la pommade pour faire croître les cheveux, l'autre de la poudre pour blanchir les dents, l'autre du cirage pour faire reluire et entretenir la chaussure.

Enfin, les enfants s'en vont avec des tapis dans les cafés, marchent sur les mains, font les trois souplesses du corps, en avant, en arrière, et dansent la fricassée.

Puis tous les jours, tous les deux jours, tous les trois jours, selon la distance parcourue, chaque bohémien revient religieusement apporter au père et à la mère ce qu'il a gagné.

M. Gustave menait, depuis trois mois, cette vie pittoresque et aventureuse, convenablement nourri, mais sans avoir jamais touché un sou des cinquante francs promis, lorsqu'il reçut une lettre d'Hippolyte, contenant ces seuls mots :

« Reviens, le Cosaque est parti. »

M. Gustave ne dit rien; mais, comme il ne se croyait nullement engagé d'honneur à Zozo du Nord, qui ne tenait vis-à-vis de lui que la moitié de ses engagements, un beau soir, après une représentation de *Pygmalion* et des *Charbonniers de la forêt Noire*, il partit de son pied léger, sans dire adieu à personne, et prit le chemin d'Oudenarde, où campait pour le moment le père Dumanoir et sa troupe.

Et maintenant veut-on savoir ce que sont

devenus les principaux personnages de cette troupe, que nous quittons pour ne plus la revoir? Nous allons le dire.

Mademoiselle Bertrand aînée est devenue madame Thomassin; elle s'est tuée, il y a environ deux ans, en faisant une ascension sur la corde, aux Batignolles.

M. Flageolet, qui était étudiant en médecine, s'est fait recevoir officier de santé, chirurgien-dentiste, dans une grande ville de France.

Enfin M. Moustapha, qui s'appelait pour ses camarades du nom moins prétentieux de Fatiou, est le frère de Bastien Franconi, et a fait l'ouverture du Cirque-Franconi avec Lalanne, le célèbre professeur d'équitation de la rue des Fossés-du-Temple.

M. Gustave retrouva la troupe du père Dumanoir fort désorganisée; elle avait peut-être plus grand besoin de lui qu'il n'avait besoin d'elle.

Dès le soir même on tint conseil. Ferdinand le Cosaque, en enlevant sa garde-robe, avait anéanti toutes les ressources de la troupe. Le père Dumanoir, soit que sa cassette contînt de l'or, soit qu'elle contînt de l'argent, ne paraissait disposé à en faire l'ouverture qu'à la dernière extrémité. Il fallait donc que la troupe se tirât d'affaire avec ses propres ressources, — et, il faut le dire, les ressources de la troupe étaient médiocres.

Gustave et Hippolyte se mirent alors à inventer un répertoire de pièces militaires. Le répertoire n'était pas long; mais on ne donnerait que deux représentations dans chaque ville.

Il se composait de *Michel et Christine*, du *Château de mon Oncle*, de *Sans tambour ni trompette*, du *Mariage de raison* et d'*Adolphe et Clara*.

On jouait tout cela avec l'uniforme de la garnison des villes où l'on se trouvait, tantôt en dragons, tantôt en lanciers, tantôt en hussards.

Et comme les villes étaient belges, les uniformes étaient belges.

Au bout de trois mois, toutes les villes étaient, ce qu'on appelle en terme de théâtre, *brûlées*.

Et cependant on s'acharnait à glaner jusque dans les villages, avec un courage et une persistance dignes d'un meilleur sort.

Enfin il fallut se décider à la retraite.

L'hiver, dans toute sa rigueur, donnait à ce désastre une ressemblance plus grande encore avec celui de Moscou.

Les habits étaient dans un état déplorable, ceux du père Dumanoir comme ceux des autres; et cependant il ne parlait pas le moins du monde d'ouvrir la cassette sur laquelle il veillait avec une paternité plus active que jamais. M. Gustave en était à sa dernière chemise, et un beau jour cette dernière chemise se trouva être si usée, si déchirée, surtout si sale, que, n'osant point la suspendre dans l'église d'Oudenarde, comme Isabelle avait fait de la sienne dans la mosquée de Grenade, il la jeta entre les sillons d'une terre labourée.

Un col de papier remplaça le col de toile; la redingote, boutonnée depuis le haut jusqu'en bas, déroba aux regards l'absence du reste.

Enfin, on en arriva à une telle pénurie, qu'un jour la troupe tout entière n'eut à manger que les navets qu'elle arracha dans un champ.

Le père Dumanoir, sa cassette sous le bras, paissait avec les autres, et disait du légume à moitié gelé ce que Charles XII disait du pain de munition à moitié pourri :

« Ce n'est pas bon, mais c'est mangeable. »

On commençait à croire que ce n'était ni de l'or ni de l'argent qu'il avait dans sa cassette.

Mais alors, qu'était-ce donc?

VII

Disparition du père Dumanoir. — Gustave et Hippolyte se mettent à sa recherche. — Costume de Gustave. — Le chemin de traverse. — Marche forcée dans la neige — La faim. — La chaumière isolée. — Une brave femme et un mari peu hospitalier. — Une tartine de pain.

Un matin, il se trouva que le père Dumanoir avait disparu, laissant une lettre. Il donnait rendez-vous à toute sa troupe dans la ville d'Armentières, située, relativement à la position de nos héros, à trois lieues au delà de la ville de Lille.

Lorsque cette nouvelle, en se répandant, fit bondir hors d'un sommeil des plus agités Gustave et Hippolyte, ils n'avaient pas mangé depuis la veille à midi.

Deux heures se passèrent, comme il arrive dans toutes les circonstances où il faudrait une décision rapide pour faire face au mal, — deux heures se passèrent en étonnements, en discussions, en projets proposés, débattus, rejetés.

Enfin, on décida que, au risque de ne pas trouver le père Dumanoir au rendez-vous, le reste de la troupe, chacun par le chemin qui lui conviendrait et avec les ressources qu'il aurait l'intelligence de créer, se rendrait à Armentières.

Gustave et Hippolyte, c'est-à-dire Oreste et Pylade, résolurent de ne point se quitter, et d'épuiser ensemble ce que le sort leur gardait de nouvelles déceptions, et l'on pouvait même dire, au point où on était, de nouveaux désastres.

On commença par attendre jusqu'à midi, pour donner le temps d'arriver aux corbeaux, qui pourraient être chargés par la Providence d'apporter un déjeuner quelconque. Mais la Providence ne jugea point à propos de renouveler, pour des païens comme MM. Gustave et Hippolyte, le miracle qu'elle avait autorisé pour le digne prophète Élisée.

A midi on se mit en route.

Il y avait juste vingt-quatre heures que l'on n'avait mangé. Comme chaque minute devenait précieuse, on irait droit à Lille; à Lille on vendrait la seule chose qui restât à vendre, — et bientôt par le détail du costume on verra que nous ne mentons pas, — une paire de bas à trousse; on souperait et l'on coucherait avec cela; puis le lendemain, d'aussi bonne heure que l'on pourrait, on partirait pour Armentières.

Maintenant, comme nos lecteurs, un peu moins familiarisés que nous avec les termes de théâtre, pourraient nous demander ce que nous entendons par des bas à trousse, nous leur répondrons que des bas à trousse sont des demi-maillots, bleus, blancs, jaunes, verts, rouges, gris, chocolat, mi-partie, avec lesquels on peut jouer tous les personnages héroïques, depuis Achille jusqu'au maréchal de Saxe.

Vers midi, midi et demi, on se mit donc en route par un temps gris et bas, avec un pied de neige sous la semelle de ses souliers, avec un océan de neige au-dessus de la tête, avec un horizon de neige devant soi, derrière soi, autour de soi.

Qu'on nous permette de détailler le costume de M. Gustave, engagé pour les jeunes premiers élégants et les amoureux de vaudeville, par M. Dumanoir, et pour jouer les Pygmalion, par M. Bertrand, dit Zozo du Nord.

Grande redingote à la propriétaire, battant les talons, fermée derrière par une suite d'épingles noires qui ne lui permettaient pas de s'ouvrir.

Souliers éculés, sans bas ni chaussettes.

Chapeau qu'on était obligé de prendre par le fond en saluant, de peur que les bords ne restassent dans la main.

Bas de pantalon, formant guêtres lâches, attachés des deux côtés aux poches de la redingote par des épingles noires.

Gilet absent, chemise absente.

Nous avons dit que la description du costume de Gustave nous dispenserait de rendre compte du costume d'Hippolyte.

Tous deux marchaient donc tête basse sur la grande route de Lille, lorsque Gustave eut cette mauvaise pensée de dire, en mesurant des yeux un détour que faisait le chemin :

— Mais il doit y avoir, pour aller d'ici à Lille, un chemin de traverse qui nous abrégerait peut-être le voyage d'une heure ou deux?

— Parbleu! dit Hippolyte, il y a toujours des chemins de traverse.

— Eh bien, si tu veux, au premier paysan venu, nous demanderons ce chemin?

Un paysan apparut comme dans les féeries.

Il va sans dire que ce paysan, c'était le Diable.

— Voilà, fit Hippolyte.

Gustave s'avança, et, faisant le salut militaire pour ne point fatiguer inutilement les bords de son chapeau :

— Mon ami, demanda-t-il, ne connaissez-vous point un chemin de traverse qui abrège la route pour aller à Lille?

— Oui, mes beaux messieurs, dit le paysan, il y en a un qui raccourcit de deux lieues.

Gustave regarda Hippolyte d'un air qui voulait dire :

« Eh bien, tu vois que j'ai eu là une idée qui n'était pas maussade. »

— Et ce chemin, mon ami? demanda-t-il en se retournant vers le paysan.

— C'est le premier que vous trouverez à votre droite.

— Il n'y a pas à se tromper?

— Non, c'est un chemin où il passe des voitures.

— C'est qu'à cause de la neige, voyez-vous...

— Vous n'avez qu'à suivre mes pas. J'en viens, moi, de Lille.

— Alors, tout est pour le mieux. Merci, mon ami.

Et les deux jeunes gens continuèrent leur

voyage, n'ayant plus qu'une préoccupation : c'était de prendre le chemin à droite.

Au bout de cent cinquante pas, on trouva le chemin indiqué.

M. Gustave se retourna pour saluer le paysan d'un geste de la main; mais le paysan avait disparu.

On s'engagea sans hésiter dans le chemin de traverse.

La trace des pas y était visible. — On pouvait compter les clous des souliers.

Il n'y avait donc pas à se tromper.

On marcha une heure, guidé par les bienheureux vestiges; mais, comme depuis qu'on avait quitté la grande route la neige avait commencé de tomber peu à peu, sous la couche ouatée les traces disparaissaient.

Il était évident que le moment n'était pas éloigné où l'on n'aurait plus aucun indice pour se guider.

N'importe; il fallait arriver. On marchait donc toujours.

Le moment vint où les pas s'effacèrent tout à fait.

On marcha au hasard.

Au bout d'un quart de lieue, on sentit au bossellement du terrain qu'on avait quitté la grande route et qu'on marchait dans la terre labourée.

On quitta les souliers, aux trois quarts éculés, qui étaient plutôt une fatigue qu'un soulagement; mais, comme on ne pouvait pas entrer pieds nus dans la ville, on mit les souliers en poches.

Les poches battaient sur la peau.

Il y eut pour les deux jeunes gens un commencement de désespoir bien réel, en voyant le jour baisser, l'horizon se rétrécir, la neige redoubler.

Aussi loin que la vue pouvait s'étendre, la plaine était déserte : on eût cru être dans les steppes de la Sibérie.

Les deux voyageurs marchaient silencieux, courbés par la faim, la bise glaçant sur leurs joues les larmes qui coulaient de leurs yeux.

Ils n'osaient se regarder, de peur de lire le découragement sur leurs visages.

Ils se soutenaient l'un par l'autre. — Gustave voyait marcher Hippolyte; Hippolyte voyait marcher Gustave. — Tous deux marchaient. Mais l'un des deux tombant, l'autre tombait.

La nuit vint.

Jusqu'à la nuit on avait marché dans une direction probable.

La nuit venue, on erra à l'aventure.

Tout à coup Hippolyte s'arrêta.

— Je n'en puis plus, dit-il.

— Qu'as-tu? demanda Gustave.

— Je meurs de faim.

Il y avait plus de trente heures que les jeunes gens n'avaient mangé.

— Prends mon bras, et marchons.

Hippolyte prit le bras de Gustave. Mais tous deux sentirent bientôt que le terrain raboteux faisait une fatigue à tous deux de cette aide que l'un prêtait à l'autre.

Hippolyte quitta le bras de Gustave et se mit à marcher seul. C'est-à-dire on ne marchait plus, on se traînait.

La neige était devenue un peu moins épaisse, mais il était nuit close.

Tout à coup, comme le petit Poucet, Gustave s'écria :

— Je vois une lumière!

— Est-ce vrai, ou dis-tu cela pour m'empêcher de tomber? demanda Hippolyte.

— Tiens, regarde.

— Où?

— Là.

— Je n'y vois plus.

— Là, là.

— Oui... en effet... il me semble...

— Je te dis que c'est une lumière.

— Allons, marchons alors.

Et les deux malheureux voyageurs piquèrent droit à la lumière.

Au bout de dix minutes, ils étaient devant une maison isolée.

— Enfin, dit Hippolyte, nous y voilà!

— Oui, nous y voilà. Mais...

— Mais quoi?

— Mais qu'allons-nous demander? dit Gustave.

— Un morceau de pain, donc. — dit Hippolyte.

— Est-ce toi qui le demanderas?

— Moi?

— Oui.

— Ah diable! fit Hippolyte.

— Hein?

— Je n'aurais pas cru que ce fût si difficile à demander que cela, — un morceau de pain.

— Hé! fit Gustave d'une voix étranglée, quand c'est la première fois qu'on le demande.

— Quant à moi, si le courage te manque, dit Hippolyte, je me couche là, et quand ils sortiront demain, ils me trouveront mort.

— Ah! par ma foi! c'est trop bête! s'écria Gustave.

Et il s'avança résolûment vers la porte.

La porte s'ouvrait par la moitié, comme s'ouvrent les portes de village, afin qu'on puisse pousser la partie supérieure, en laissant fermée la partie inférieure.

La lumière qui apparaissait à travers la rainure faisait un encadrement carré.

Après une dernière hésitation, Gustave frappa.

— Ouvrez, dit une voix de femme.

— Bon! il y a une femme, dit Gustave, nous sommes sauvés!

Alors la partie supérieure de la porte s'enfonça dans l'appartement, et le jeune homme put d'un coup d'œil embrasser tout l'intérieur de la chambre.

En face de la porte, la femme qui avait dit: Ouvrez, était assise à un rouet, et filait.

Près d'elle, une lampe brûlait sur une table. Au fond, à droite, était un lit couvert de serge verte. Derrière la femme, adossé à la muraille, un grand buffet, faisant huche par le bas et étalant sur l'étagère de sa partie supérieure une vaisselle de faïence à oiseaux et à fleurs. Enfin, à gauche de la porte, au milieu de la face latérale, s'ouvrait une immense cheminée où achevait de se consumer un fagot, et devant laquelle se dessinait une masse informe.

La vue de la femme rassura un peu les deux jeunes gens. Peut-être n'en fut-il pas de même de la femme.

Ces deux têtes, quoique belles et jeunes, apparaissant dans le cadre de la porte, sur un fond de neige, avaient, par la pâleur et la souffrance, pris un air sinistre.

En outre, la mise des deux voyageurs nocturnes ne prévenait point en leur faveur.

Mais, aux premiers mots qu'ils dirent, la femme fut rassurée.

Tous deux commencèrent à parler ensemble; mais, à la quatrième ou cinquième parole, la voix d'Hippolyte s'éteignit, et Gustave continua seul.

— Madame, dirent-ils, excusez-nous. — C'était là que la voix d'Hippolyte s'était éteinte et que Gustave avait continué. — Mais nous sommes deux pauvres garçons égarés... nous mourons de faim, et si vous vouliez bien, — si vous étiez assez charitables, — si vous aviez la bonté...

Puis, faisant un effort:

— De nous donner un morceau de pain...

Il ne put pas aller plus loin, et la voix s'éteignit dans sa gorge, comme elle s'était éteinte dans celle d'Hippolyte.

Alors cette masse informe, qu'ils avaient vue près de la cheminée sans savoir ce qu'elle pouvait être, parut s'animer, et une voix brutale cria:

— On ne peut rien vous faire, passez votre chemin. Nous ne sommes pas riches, et quant à du pain, nous n'en avons pas trop pour nous-mêmes.

Mais, de son côté, la femme, qui avait vu la pâleur des deux jeunes gens, la femme, que leur air honnête avait touchée, se leva, et, sans faire attention aux paroles de l'homme, alla au tiroir, en tira une moitié de pain de douze livres, large comme une petite meule, et, coupant dans toute sa longueur une tartine d'un pouce d'épaisseur:

— Bah! notre homme, dit-elle, c'est deux pauvres garçons qui ont l'air bien honnêtes. Pour une bouchée de pain que je leur donnerai, nous n'en serons pas plus pauvres. — Allez, mes enfants, et que Dieu vous conduise!

Et elle leur donna la tartine de pain, qui pouvait peser une livre ou une livre et demie.

Puis, comme si elle eût craint que son mari ne leur vînt reprendre ce qu'elle venait de leur donner:

— Allez, dit-elle, allez; vous n'êtes plus qu'à une lieue de Lille.

Et elle leur ferma la porte au nez. Mais il était évident qu'il y avait dans cet acte bien plus de bienveillance que d'hostilité.

Les jeunes gens le comprirent bien; car, loin de lui en vouloir:

— Oh! bonne femme! oh! brave femme! balbutièrent-ils, tout suffoqués d'émotion; créature du bon Dieu, va! Oui, nous reviendrons, et si nous sommes jamais riches, sois tranquille, bonne femme; sois tranquille, brave femme, tu n'as plus à t'occuper jamais de rien!

Et, tout en continuant de la bénir, Gustave divisa la tartine par la moitié, en donna un morceau à Hippolyte et garda l'autre.

Mais, quand ils approchèrent ce morceau de leur bouche, ils n'eurent plus la force de mordre dans ce pain de l'aumône, et tous deux se mirent à pleurer à sanglots.

VIII

Arrivée aux portes de Lille. — L'octroi. — La visite des poches. — Portes fermées. — Manière ingénieuse d'entrer dans la ville. — Gustave dedans, Hippolyte dehors. — Sortie de Gustave. — Nouvelle tentative. — Même résultat. — Désespoir d'Hippolyte. — Dialogue dans une guérite abandonnée. — Le déjeuner en espérance. — Entrée dans la ville.

O Dante, Dante! grand poëte qui as eu un vers sublime pour chaque douleur!

Les deux pauvres enfants n'étaient pas même exilés. — Ils n'avaient que faim.

Ils ne montaient pas le *dur escalier de l'étranger*; ils marchaient pieds nus sur la terre de la patrie.

Et cependant tous deux pleuraient, leur morceau de pain à la main.

Ni l'un ni l'autre ne put y mordre.

Mais cette émotion, moitié douce, moitié pénible, leur rendit des forces. Il leur sembla que la bonne femme, en leur disant que la ville n'était plus qu'à une lieue, avait étendu la main dans la direction du petit bois qu'ils voyaient à cinq cents pas devant eux.

Ils marchèrent vers le petit bois, se retournant de temps en temps, et s'écriant : — Oh! bonne femme — va! — oh! brave femme!

Enfin, vers onze heures du soir, plus tard peut-être, — on se doute bien que nos deux voyageurs n'avaient pas de montre, — enfin, vers onze heures du soir, on aperçut les murailles de la ville.

A cette vue, les deux voyageurs poussèrent un grand soupir de joie.

En avant des portes de Lille, on rencontra les employés de l'octroi.

— Où allez-vous?

— A Lille.

— N'avez-vous rien à déclarer?

— As-tu quelque chose à déclarer? demanda, moitié pleurant, moitié riant, Gustave à Hippolyte.

— J'ai à déclarer que je meurs de froid.

— Et moi, que, si l'on nous retarde, nous ne pourrons plus entrer dans la ville.

— Venez ici, dit la voix rude du douanier.

Et il passa sa main sous la redingote, et il rencontra la poitrine nue de Gustave, qui frissonna des pieds à la tête en sentant cette main sur sa chair.

— Avez-vous de la dentelle ou de la bijouterie? demanda le douanier par habitude.

— Si nous avions de la bijouterie, elle serait engagée; et si nous avions de la dentelle, nous nous en serions fait des chemises.

— Mais enfin, dans ces poches-là, qu'avez-vous?

On fouilla les deux voyageurs. Ils avaient, dans ces poches-là, d'abord leurs souliers éculés, puis les fameux bas à trousse, puis chacun le morceau de pain qu'ils n'avaient pas mangé.

La visite dura un grand quart d'heure.

Enfin, reconnus pour n'être porteurs d'aucune contrebande, les jeunes gens furent autorisés à poursuivre leur chemin.

Ils étaient donc arrivés! La porte hospitalière était donc là fermée, il est vrai, mais sans doute elle allait s'ouvrir.

Dans cette confiance, Gustave frappa.

On entendit le concierge pousser la porte de sa maison, s'approcher de celle de la ville, — faire grincer la clef dans la serrure et faire basculer la barre.

Puis la porte s'entr'ouvrit de manière à laisser passer un nez rougi par le froid.

— Qui êtes-vous? demanda le portier.

— Qui nous sommes... — Il est bon, lui dit Gustave, affectant le plus grand aplomb, — des jeunes gens de la ville, parbleu!

— Vos cartes, alors.

— Nos cartes!... — Quelles cartes?

— Vous n'avez pas de cartes?...

— Non.

— Alors, bonsoir! vous n'entrerez pas.

Et, avant que les deux jeunes gens eussent eu le temps de faire la moindre observation, la porte était refermée.

Gustave et Hippolyte se regardèrent consternés. Ils avaient retrouvé des forces pour venir jusqu'à la porte, mais, à la porte, ces forces les abandonnaient.

Que faire? Que devenir?

Passer la nuit dehors! — les pauvres diables, déjà à moitié gelés, gèleront tout à fait.

Gustave songea naturellement au corps de garde dont on voyait briller la chaude lumière à travers les carreaux gercés.

Enfant, il avait tant de fois passé la nuit au corps de garde des douaniers de Caen, pourquoi ne passerait-il pas une nuit au corps de garde des douaniers de Lille?

Nous sommes deux pauvres garçons égarés..... nous mourons de faim, et si vous vouliez bien.... — Page 31.

Les pieds étaient gelés sur la neige. Ce fut une douleur que de les arracher du sol. Puis on sait combien, après les grandes fatigues, les haltes rendent difficile un nouveau départ.

Les deux jeunes gens, se traînant sur leurs pieds endoloris et sanglants, gagnèrent le corps de garde, et, s'adressant à la sentinelle, leur dernière ressource :

— Monsieur, dirent-ils, nous avons oublié nos cartes, de sorte que le portier refuse de nous laisser rentrer. Permettez-nous de passer la nuit au corps de garde.

— C'est défendu, répondit la sentinelle.

Les deux jeunes gens jetèrent un cri de douleur.

L'accent avec lequel cette réponse leur avait été faite disait assez qu'il serait inutile d'insister.

En ce moment on entendit sur la route retentir ce bruit particulier aux diligences, bruit de chaînes, de grelots, avec accompagnements de coups de fouet.

Gustave se ranima au grondement de ce tonnerre lointain.

— Hippolyte, une idée!
— Est-elle bonne?
— Je crois bien, nous allons entrer.
— Comment cela?
— Tu vas voir...
— Mais, enfin, explique-toi.
— Je n'ai pas le temps. Fais ce que je ferai.

En effet, la pesante machine avait rejoint, et s'arrêtait devant le corps de garde, pour permettre à un douanier de monter; la visite ne se faisant que dans la ville.

Gustave s'approcha.

— Conducteur, cria-t-il, nous avons oublié nos cartes. Impossible de rentrer dans la ville. Laissez-nous monter sur l'impériale, ou nous mourons de froid.

— Hue! fut la seule réponse du conducteur.

Et les chevaux partirent au grand trot.

— Alerte, Hippolyte! cria Gustave; place-toi d'un côté de la voiture, et moi de l'autre. Accroche-toi à la poignée de la portière, et nous entrerons avec la diligence.

La manœuvre commandée fut exécutée à l'instant même.

Pendant les cinquante pas qui séparaient le corps de garde de la porte on courut sans sentir ni la fatigue, ni les blessures, ni la faim. L'espérance avait tout fait oublier.

Au bruit de la diligence, comme par enchantement, la porte s'ouvre, la voiture passe, la porte se referme, Gustave est entré.

Il se retourne et regarde autour de lui, pas d'Hippolyte!

Oh! qu'est-il arrivé?

Ce qui était arrivé, le voici.

La porte s'était ouverte à deux battants, le portier tirant un des battants, sa femme l'autre.

Gustave se trouvait être du côté du portier. Peut-être l'avait-il vu; mais, en tout cas, il ne l'avait pas arrêté.

Hippolyte était du côté de la femme. La femme l'avait saisi par le pan de sa redingote. Hippolyte, qui connaissait la maturité du vêtement, n'avait point osé risquer de le lui arracher des mains. Il s'était laissé mettre à la porte.

Disons, à l'honneur de Gustave, qu'il n'eut pas un instant l'idée de rester dans la ville quand son ami était dehors.

Il s'approcha du portier.

— Monsieur, lui dit-il, laissez entrer, je vous en supplie, mon camarade.

— Allons donc! dit le portier; pourquoi est-il si bête? Il n'avait qu'à faire comme vous. Vous êtes entré : eh bien! vous êtes entré, quoi! — Laissez-le dehors, et restez dedans.

— Monsieur, je vous supplie d'avoir pitié de lui et de lui ouvrir la porte.

— Impossible.

— Alors, laissez-moi le rejoindre.

— Oh! quant à cela, avec bien du plaisir. — Allez!

Et, prenant le jeune homme par les épaules, tandis que sa femme tirait la porte à elle, il le lança par l'ouverture aussitôt que l'ouverture fut assez large pour qu'un corps pût y passer.

Puis tous deux, de peur de surprise, se mirent à repousser la porte d'un commun effort.

Les jeunes gens n'eurent pas même l'idée de lutter, ils étaient trop abattus.

La neige recommençait à tomber.

Hippolyte était appuyé contre le parapet, les bras pendants, la tête inclinée sur la poitrine.

Gustave alla, non pas s'asseoir, mais s'appuyer à côté de lui.

Au bout de quelques minutes, tous deux relevèrent la tête en même temps.

Une voiture s'approchait, et même était plus proche qu'on eût pu le croire, son roulement s'éteignant sur l'oreiller de neige qui couvrait la grande route.

On la vit, comme un point sombre, se rapprocher et grandir rapidement.

— Voyons, cette fois-ci, dit Gustave, seras-tu plus adroit que la première?

— Je tâcherai.... dit Hippolyte d'un air abattu.

Gustave jeta un regard sur la voiture :

— C'est une berline, dit-il. Écoute, cette fois-ci, je vais me mettre du côté de la femme; mets-toi du côté de l'homme, toi. L'homme est le moins féroce des deux.

La même manœuvre s'opéra, avec cette différence qu'au lieu de courir à droite, Gustave courait à gauche, et qu'au lieu de courir à gauche, Hippolyte courait à droite.

La porte s'ouvrit.

Il y eut un instant de lutte; un cri de douleur se fit entendre.

Comme la première fois, Gustave était passé.

Il regarda autour de lui : éclipse totale d'Hippolyte.

La femme avait empoigné Gustave par sa redingote; mais elle s'était enfoncée les épingles noires dans la chair.

C'était elle qui avait poussé le cri qu'on avait entendu.

Gustave avait passé.

Quant à Hippolyte, il s'était laissé prendre et mettre à la porte par le concierge.

Même prière de Gustave, même refus du concierge, même sortie de Gustave dans la campagne, accompagnée, cette fois, d'un vigoureux coup de pied au derrière.

Cette fois, Gustave n'eut qu'un mot pour Hippolyte :

— Imbécile !

— Je vais me jeter dans le fossé, répondit Hippolyte.

— Il y a deux pieds d'eau ; tu te casseras les jambes et tu ne te noieras pas. Oh ! si tu devais te noyer, si j'étais débarrassé de toi à tout jamais, je ne dis pas.

— Gustave ! s'écria Hippolyte d'un ton lamentable.

— Ah ! c'est qu'aussi il y a de quoi se damner. Je suis furieux... Tiens, veux-tu nous donner des coups de poing ? cela nous échauffera.

— Je n'ai pas même le courage de me battre.

— Bon ! est-ce que nous allons rester là à crever comme deux chiens ?

— Marchons.

C'était la dernière ressource des deux malheureux, qui marchaient depuis douze heures.

— Oui, marchons.

— Où irons-nous ?

— Je n'en sais rien... mais marchons toujours.

Et, d'un élan désespéré, les deux jeunes gens se mirent à courir sur la grande route.

— Tiens ! dit Gustave, une guérite.

— Où cela ?

— Regarde.

Et il lui montra du doigt une guérite abandonnée, qui dessinait sa silhouette noire sur le tapis d'un blanc sans tache.

Tous deux gagnèrent la guérite.

Les pieds nus portaient sur du bois au moins.

— J'ai bien faim, dit Hippolyte.

— Eh bien ! mais nous avons du pain.

— Ah ! c'est vrai, le pain de la femme.

Le pain était gelé dans la poche, et craquait sous les dents. On ne le dévora pas moins jusqu'à la dernière miette.

Le pain mangé, les mâchoires continuèrent leur mouvement. Seulement le mouvement était plus précipité : les dents claquaient.

Les deux amis s'attachèrent l'un à l'autre, tâchant de se réchauffer dans un embrassement qu'on ne peut comparer qu'à celui des singes grelottant du Jardin des Plantes, dans les froides journées d'automne.

— Tâchons de dormir, dit Gustave.

— Dors, si tu peux ; quant à moi, cela m'est impossible, j'ai trop froid, je me meurs.

— Eh ! non, imbécile, est-ce qu'on meurt de froid ?

— Ah ! mon ami, en Russie...

— C'était en Russie, et nous sommes en France. Bah ! une nuit est bientôt passée.

Et Gustave se mit à chanter le couplet de Stanislas :

Un vieux soldat doit souffrir et se taire
Sans murmurer.

Hippolyte répondit par un soupir.

Si la guérite ne l'eût soutenu, il fût tombé à la renverse.

— Ma pauvre mère ! murmura-t-il.

— Égoïste ! s'écria Gustave, je dis papa depuis une heure, moi, — mais au moins je le dis tout bas.

— Ah ! fit Hippolyte.

— Tu ne veux pas dormir ?

— Je ne le peux pas.

— Eh bien ! allons, voyons — causons — causons de ce que nous ferons demain — demain... M'écoutes-tu ?

— Je tâche.

— Demain, nous vendrons les bas à trousse, nous en aurons toujours bien vingt sous.

— Crois-tu ?

— Ce serait bien le diable !

Vingt sous !... C'était leur ambition.

— Si nous avions vingt sous, que ferions-nous ?

— Avec vingt sous, — dame, — on entre hardiment dans un cabaret ; on se chauffe.

— Oui, nous nous chaufferons d'abord.

— Puis nous boirons chacun une tasse de café bien chaud.

— Bouillant.

— Avec une bonne tartine de pain.

— Rôti ?

— Oui.

— Bon !

— Alors nous serons frais.

— Nous le sommes déjà pas mal.

— **Ah ! tu plaisantes, nous sommes sauvés ;**

et moi qui m'extermine pour faire rire monsieur... — Farceur, va !

— Oh! qu'il fait froid! murmura en grelotant Hippolyte.

En effet, on arrivait à cette heure de la nuit qui touche au matin, et qui, fraîche même en été, est glaciale en hiver.

— Demain, balbutia Hippolyte, nous ne pourrons plus marcher.

— Bah! nous penserons que nous jouons le soir. L'idée que je joue la comédie me donne, non pas des pieds, mais des ailes.

— Ah! qu'il fait froid! soupira Hippolyte, avec un tel accent de tristesse que Gustave n'eut plus même le courage de parler.

Les jeunes gens fermèrent les yeux, non pas dans l'espoir de dormir, mais pour se faire illusion à eux-mêmes.

Au bout d'un certain temps, Gustave rouvrit les siens.

— Tiens, dit-il, je crois que voilà le jour !
— Ah! c'est le dernier.
— Voyons, fais-lui bon visage, au moins.
— Hippolyte rouvrit les yeux.
— Eh bien! mais, si c'est le jour, dit-il, les portes doivent être ouvertes.
— Parbleu!
— Entrons en ville, alors.
— Il faut d'abord décoller mes pieds. — Ah! aïe!!!

Les deux jeunes gens sortirent de la guérite hospitalière. La porte de la ville était en effet ouverte. Ils entrèrent triomphalement, couvrant de leurs malédictions le portier, qui se chauffait lâchement devant son poêle.

IX

Les deux tasses de café. — Une idée au fond de la tasse. — Vente des bas à trousse. — Le père Dumanoir à l'hôtel du Singe couronné. — Le tour de ville. — Le carême fait baisser les recettes. — Jeûne général. — Gustave songe à retourner auprès de son père. — Le truc de la grenouille.

A vingt pas de l'autre côté de la porte, un bouchon apparut.

— Entrons, dit Hippolyte.
— Un instant, et les souliers?
— Tu as raison.

On tira les souliers des poches, et on se chaussa.

Il fallait avoir un véritable respect des convenances pour forcer de pauvres pieds endoloris et ensanglantés à entrer dans un cuir racorni, dur comme du fer-blanc, coupant comme un rasoir.

On se chaussa donc, et, une fois chaussé, on entra.

— Oh! un poêle! s'écria Hippolyte.

Et il courut au poêle, dont il serra fraternellement le tuyau contre sa poitrine.

— Du café! cria Gustave du ton d'un millionnaire; et bien chaud, très-chaud, bouillant! Hum! Hum!

Au bout de dix minutes, on apportait deux tasses de café.

Les deux tasses furent avalées d'un trait.

Gustave regarda Hippolyte.

— Eh bien, dit-il, Sybarite, te plaindras-tu encore?
— Et de l'argent?
— Et les bas à trousse?
— Oui.
— Ecoute, tes souliers sont moins éculés que les miens.
— Tu crois.
— Tu es plus adroit que moi.
— Tu crois.
— Ecoute bien; voilà ce que tu vas faire.
— J'écoute.
— Il y avait dans la troupe de Zozo du Nord une danseuse qui s'appelait mademoiselle Mine.
— Mademoiselle Mine?
— Oui, nous avons joué à Lille.
— Bien.
— Mademoiselle Mine avait une sœur, une charmante personne qui la venait visiter.
— Qu'est-ce que nous fait toute cette histoire?
— Attends donc, tu vas voir, que diable ! — Mademoiselle Mine avait une sœur, une charmante personne qui demeurait au marché au poisson.
— Il est grand le marché au poisson.
— Il n'y a pas à s'y tromper; elle demeurait à un des angles, il n'y en a que quatre.
— A quel étage? Je te préviens que s'il y a à monter...
— Il n'y a qu'à descendre.
— Alors elle demeure?
— A un étage au-dessous du rez-de-chaussée, dans une cave.

Tiens, dit Gustave, je crois que voilà le jour! fais-lui bon visage, au moins. — Page 36.

— Bon!
— Tu iras la trouver de ma part.
— C'est bien.
— Tu ne lui diras pas que je suis ici.
— Non.
— Tu lui diras seulement que tu es mon ami.
— Après?
— Et tu la prieras de se charger de vendre les bas à trousse; elle les vendra toujours plus avantageusement que nous, elle.
— Tiens, c'est une idée.

— Malhonnête! Crois-tu donc qu'on en manque, d'idées?
— Non, quand tu es auprès du poêle.
— Bon! et qui donc a eu l'idée de prendre le chemin de traverse?
— Ah! oui, vante-toi de celle-là.
— Allons, va trouver mademoiselle Mine. Rapporte cent francs, si tu peux, mais ne rapporte pas moins de vingt sous.
— On fera son possible.
— Pars, tu as ma bénédiction

Trois quarts d'heure après, Hippolyte rentra, le visage épanoui.

Les bas à trousse avaient été vendus quarante sous par mademoiselle Mine cadette.

Tous frais payés, il resta vingt-quatre sous. On avait déjeuné avec un morceau de pain, un morceau de fromage, un verre de bière.

— Garçon, deux petits verres, et en route, dit Hippolyte.

— Voyez-vous ce gaillard-là, qui disait qu'il ne pourrait pas marcher! Mais ton père t'attend donc pour tuer le bœuf gras, enfant prodigue, que tu fais de pareilles dépenses?

On but les deux petits verres, et l'on se mit en route, chacun ayant un croûton de pain dans sa poche et une réserve de dix sous.

Il est vrai que l'on n'avait plus les bas à trousse, mais enfin on ne peut pas tout avoir.

Deux heures après, on entrait à Armentières.

— Avez-vous vu des comédiens? demanda Gustave au premier bourgeois qu'il rencontra.

— Sur la grande place à gauche, au *Singe couronné*.

— Bon! le chemin de la grande place, s'il vous plaît?

— Toujours tout droit.

— Merci! Eh bien, tu vois que le père Dumanoir est un honnête homme.

— Tu sais le proverbe: « Qui perd pêche. »

— Et sa cassette, une honnête cassette...

— Ce serait le moment de savoir un peu ce qu'il y a dedans.

— Je l'ai secouée un jour, cela sonnait comme des noix... J'en mangerais bien, à propos, des noix.

— Garçon! du dessert à monsieur. — Oh! le vilain défaut que la gourmandise!

Et les deux jeunes gens gagnèrent à grands pas la place.

Le bourgeois n'avait pas menti, le père Dumanoir et le reste de la troupe ralliée à lui étaient à l'hôtel du *Singe couronné*, occupés à faire à la main des billets que l'on comptait porter de maison en maison.

En apercevant les deux jeunes gens, le père Dumanoir prit son chapeau à deux mains, l'introduisit entre ses deux genoux, peigna sa bouffette, et se redressant:

— Mes bien bons amis, vous êtes un peu en retard, dit-il.

— Nous nous sommes perdus, dit Hippolyte.

— Mettez-vous là et écrivez.

— Écrivons, quoi? des billets! mauvais moyen de publicité, dit Gustave.

— Mon bien bon ami, en proposez-vous un autre? répondit le père Dumanoir.

— Je propose de faire le tour de la ville avec le tambour.

— Nous y avons bien pensé, mais il demande vingt sous, ce satané tambour.

— Je fais l'avance des vingt sous à la troupe, à la condition que je les prélèverai sur la recette.

— Accordé! cria-t-on d'une seule voix.

— Mais, mon bien bon ami, que jouerons-nous sans costumes? demanda le père Dumanoir.

— La pièce militaire *Sans tambour ni trompette, Michel et Christine, Adolphe et Clara*.

— Allons, soit.

Et il remit son chapeau sur sa tête.

On alla chercher le tambour, qui demanda à être payé d'avance.

M. Gustave lui tendit majestueusement ses vingt sous.

Le tambour prit les vingt sous.

— Et maintenant, dit-il, vous me donnerez bien une place pour ma femme et mes deux enfants.

— Êtes-vous de la garde nationale?

— Oui.

— Vous aurez quatre places, mais vous nous prêterez votre uniforme.

— C'est dit.

— En route alors.

Et le tour de ville commença.

On joua avec l'uniforme de deux gendarmes, l'habit du tambour et la défroque du garde champêtre.

On fit soixante francs de recette, les frais payés.

Comme Ferdinand-le-Cosaque n'était plus là pour enlever cinq parts et demi, chacun, les vingt sous de Gustave religieusement prélevés, eut part entière.

Cinq francs soixante centimes.

C'était le Pactole, s'il eût coulé tous les jours.

Mais, au lieu d'être en crue comme le Nil, le Pactole était en baisse.

Nul ne peut dire, de science certaine, la cause de la crue du Nil.

Nous allons dire, sans crainte de démenti aucun, la cause de la baisse du Pactole.

En entrait dans le carême.

Temps de jeûne pour la chrétienté, surtout pour les comédiens, particulièrement pour ceux de province.

Un soir qu'on n'avait fait que dix francs, il est vrai que c'était au-dessous des frais, Gustave dit à Hippolyte :

— Hippolyte, je me rends.
— Qu'est-ce que cela veut dire : Je me rends?
— Cela veut dire que je suis vaincu.
— Et que...
— Et que je vais aborder un nouvel emploi.
— Lequel?
— Celui des fils repentants. Je débute par l'enfant prodigue. Demain, je pars pour Caen. Je tombe aux pieds du père et je fais ce qu'il veut, dût-il exiger que je ne joue plus la comédie.
— Renégat, va!
— Que veux-tu? la force humaine a sa mesure.
— Combien as-tu pour partir?
— J'ai ce qu'il me faut, neuf francs; quatre pour acheter une paire de souliers, cinq francs pour faire la route d'ici à Paris.
— Sais-tu qu'il y a plus de cinquante lieues de Lille à Paris.
— Cinquante-cinq. C'est vingt sous par étape, à onze lieues par jour.
— Et de Paris à Caen, combien de lieues?
— Cinquante-trois.
— Cent huit en tout.
— Bon! cela s'avale.
— Cent huit lieues avec cent sous, ce n'est pas un sou par lieue : tu auras du tirage.
— A Paris, je trouverai bien un ancien camarade qui me prêtera quelque chose.
— C'est décidé?
— Irrévocablement.
— Bon voyage.
— Embrassons-nous.
— Demain...
— Demain, je serai en route avant que tu ne sois éveillé.
— Alors...

Les deux jeunes gens s'embrassèrent.

— A propos, dit Gustave, avant de te quitter...
— Quoi?
— On ne sait pas dans quelle position on peut se trouver.
— Tu as raison.
— On peut être obligé d'aller paître dans les champs et ne plus même trouver de navets.
— Nous avons passé par là.
— Eh bien, je veux te faire un cadeau avant de te quitter.
— Donne.

Et Hippolyte tendit les deux mains.

— Être matériel, va!
— Dame!
— C'est à ton moral que je m'adresse.
— J'aimerais mieux que ce fût à mon physique.
— Je vais tâcher de passer de l'un à l'autre. Tu sais que je t'ai raconté que tous, tant que nous étions, dans la haute ou la petite banque, nous avions des trucs.
— Oui, tu m'as dit cela.
— Je t'ai raconté les trucs de tout le monde, excepté le mien.
— Tu avais donc un truc aussi, toi?
— Je pêchais des grenouilles.
— Pourquoi faire?
— Pour les manger, donc!
— Pouah!
— Tu as diablement tort; c'est tout simplement un manger délicieux, quelque chose entre l'anguille et le poulet.
— Oh! canaille!
— Quoi?
— Tu me fais venir l'eau à la bouche.
— Ah! ah! tu ne méprises donc plus la grenouille?
— Tu sais la confiance que j'ai en toi.
— Eh bien, écoute; seulement il faut qu'il ne gèle plus.
— Oh! il finira par dégeler.
— Espérons-le. Tu choisis un pays où il y a beaucoup de mares.
— Je n'ai pas besoin de le choisir, j'y suis; il y a des mares partout dans ce pays-ci.
— Le soir, tu sors, tu fais cinq cents pas dans les champs et tu écoutes de quel côté il vient le plus de coassements.
— Va toujours.
— Le lendemain, tu te diriges de ce côté-là. A propos, il faut être trois.
— Comme les trois Parques?
— Ou comme les trois Grâces. Moi, j'allais toujours avec Fafiou et avec Flageolet. Arrivés au bord d'une mare, tu explores la surface de l'eau : tu vois cette surface trouée par dix, quinze, vingt museaux de grenouilles; elles sont là comme des feuilles vertes, s'appuyant sur leurs pattes écartées et écarquillant leurs deux yeux d'or. Tu dis: Bon; puis tu coupes deux baguettes, l'une longue de douze à quinze pieds,

Cent huit lieues avec cent sous : tu auras du tirage. — PAGE 39.

l'autre de dix-huit ou vingt pouces ; à chacune d'elles tu laisses le commencement d'une branche faisant crochet : seulement ce crochet se trouve à l'extrémité la plus mince de la gaule de douze ou quinze pieds, à l'extrémité la plus forte de la baguette de dix-huit ou vingt pouces ; — tu suis bien mon raisonnement, n'est-ce pas ?

— Parbleu !

— Tu donnes la baguette de dix-huit à vingt pouces à tes amis, tu gardes la gaule de douze à quinze pieds. Avec ta gaule, tu approches du bord, tu choisis celle des grenouilles par laquelle il te convient de commencer ; tu la touches légèrement du bout de ta gaule, légèrement, tu comprends ; si tu la touches brutalement, elle plonge, bonsoir la grenouille.

— Légèrement.

— Légèrement, de manière à la caresser ; puis, avec le bout de la gaule, tu l'attires à toi, tout doucement, avec précaution ; si tu l'attires trop vite, d'ailleurs, elle te prévient, elle fait crrroa.

— C'est étonnant comme tu imites bien la grenouille.

— Je l'ai pratiquée. — Tu l'attires donc tout doucement, tu l'attires, tu l'attires, jusqu'à ce qu'elle soit à ta portée : alors tu lui passes la main sous le ventre, il n'y a pas de danger qu'elle se sauve si tu prends les précautions que j'ai dites, et vlan, d'une claque tu la jettes à quinze pas sur le gazon; tes deux amis sautent dessus : l'un la prend par les pattes de devant, l'autre par les pattes de derrière; celui qui la tient par les pattes de devant la coupe en deux à l'endroit où apparaissent en saillie les deux petits os qui font ressort; celui qui tient les pattes de derrière les dépouille, les noue et les enfile dans la baguette de dix-huit à vingt pouces.

Toi, pendant ce temps-là, tu en as choisi une seconde à qui tu fais comme de la première, puis une troisième, puis une quatrième, puis tant qu'il y en a; quand il n'y en a plus, tu vas à une autre mare, et ainsi de suite.

A trois, quatre, cinq, six douzaines de grenouilles, selon que tu les aimes plus ou moins ou que vous avez plus ou moins bon appétit, toi et tes compagnons, tu t'arrêtes.

— Mais ce n'est pas le tout que d'avoir des grenouilles, il faut la moindre chose pour les assaisonner, et n'importe quoi pour manger avec.

— Attends donc. Justement voilà ce que nous faisions : nous entrions chez un paysan; Flageolet jouait un air de cornet à piston; Fafiou faisait trois sauts périlleux en avant, trois sauts périlleux en arrière, et le paysan nous donnait soit un peu de beurre, soit un peu de saindoux, soit un peu de crème. Nous allions chez un second. Flageolet reprenait son cornet à piston, Fafiou faisait ses trois sauts périlleux en avant, ses trois sauts périlleux en arrière, et le paysan nous donnait un morceau de pain. Enfin nous allions chez un troisième paysan. Flageolet et Fafiou donnaient une troisième représentation, et le troisième paysan nous prêtait son feu et une casserole. Tu as assez d'intelligence pour comprendre le reste.

La même chose peut se faire seul; elle prend plus de temps, voilà tout, attendu que tu es obligé de pêcher les grenouilles, de courir après, de les attraper, de les couper en deux et de les dépouiller sans aucun secours; mais, dans ce cas, tu n'as besoin d'en pêcher que trois douzaines au lieu de neuf, ce qui revient au même.

— Mais moi je ne sais ni jouer du cornet à piston, ni faire les trois sauts périlleux en avant et en arrière.

— Non, mais tu as une belle voix; tu entres, tu te poses en troubadour, tu chantes :

> Ma Fanchette est charmante
> Dans sa simplicité,
> Et sa mine piquante
> Vaut mieux que la beauté.

Et cela revient au même. Le premier paysan te donne du beurre, du saindoux et de la crème; le second paysan te donne un morceau de pain, et le troisième te laisse faire de la fricassée.

Le lendemain, tu vas dans un autre canton.

C'est ce qu'on appelle le truc de la grenouille.

Et maintenant rembrasse-moi, et je pars plus tranquille avec l'orgueilleuse conviction d'être ton bienfaiteur.

Les jeunes gens se rembrassèrent, et le lendemain, avant le jour, M. Gustave était sur la route de Paris.

X

Gustave à la barrière du faubourg Saint-Martin. — Disparition de l'auberge de la mère Carré. — Une bonne nuit dans une cave. — Un généreux ami. — Gustave sur la route de Caen. — Une carriole. — Espoir et déception. — Un gîte dans une voiture de blanchisseuse. — Marche effrénée. — Arrivée à Caen. — Le père déménagé. — Un dernier effort. — Gustave dans les bras du Père.

Le cinquième jour après celui du départ, à deux heures de l'après-midi, M. Gustave était à la barrière Saint-Martin, flairant l'odeur des civets et des matelotes, mais sans un sou pour se mettre un morceau de lièvre ou de barbillon sous la dent.

Les derniers deux sous avaient été employés le matin, à l'île Adam, à acheter une miche de pain.

Et cependant M. Gustave avait résolu une chose, c'était de n'entrer à Paris qu'à dix heures du soir.

Pourquoi cela?

Oh! soyez tranquille, vous allez comprendre.

M. Gustave comptait loger au coin de la petite rue Saint-Nicolas, chez madame Carré, —

nous avons dit Saint-Jean, je crois, nous nous étions trompé alors. — M. Gustave comptait loger chez madame Carré. Il connaissait la maison, l'avait étudiée en dessinateur, savait de quelle façon les lumières et les ombres étaient ménagées. Or, en se plaçant dans l'ombre, son dénûment serait moins visible; puis, si, ce qui était probable, il n'y avait pas de place, au lieu de le renvoyer, comme on ne manquerait pas de le faire à une heure de la journée où il aurait le temps de chercher une autre hôtellerie, on le garderait, dût-on le faire coucher dans un coin sur une botte de paille; c'était tout ce que M. Gustave ambitionnait.

Voilà, j'espère bien, deux raisons suffisantes aux yeux de nos lecteurs pour que M. Gustave agit comme il agissait.

Au reste, si elles ne suffisaient pas, nous en serions désespéré, attendu que nous n'en avons pas d'autres à leur offrir.

M. Gustave attendit donc à la barrière, se chauffant aux réchauds des marchands de marrons.

A dix heures sonnant, il entra en ville.

Quand on vient de faire cinquante lieues en cinq jours, ce n'est pas une grande affaire que de descendre le faubourg Saint-Martin, surtout quand on va trouver, au coin de la rue, là, toute prête à vous recevoir, l'auberge de la mère Carré, de cette bonne mère Carré, qui appelait M. Gustave son petit Étienne.

Se présentera-t-il sous le nom de Gustave ou d'Étienne?

Sous le nom d'Étienne.

Mais où diable est donc l'auberge de la mère Carré?

Ouais!!!...

Démolie, rasée, entourée d'une palissade de planches.

Ah!

Gustave alla s'asseoir sur une borne, au coin de la petite rue Saint-Jean. On eût pu le prendre pour Ulysse rentrant à Ithaque, s'il eût trouvé un chien qui consentît à mourir de joie en le revoyant.

Comme il n'avait pas de chien, c'était tout simplement M. Gustave.

Mais M. Gustave, fort abattu cette fois.

Il n'était cependant pas homme à se laisser abattre tout à fait.

Cette résolution prise, le voyageur se leva.

Une porte avait été ménagée dans la palissade.

Cette porte fermait en dedans avec une ficelle à œillet et un clou à crochet.

Il passa sa main entre deux planches, trouva la ficelle, la décrocha, ouvrit la porte et la referma derrière lui.

Puis il tâta du pied le terrain, trouva un escalier de cave, descendit douze degrés, et se trouva dans la tiède atmosphère des demeures souterraines.

Un bonheur n'arrive jamais seul.

M. Gustave avait trouvé un gîte; il allait trouver un lit.

On avait vidé les vieilles paillasses de l'hôtel de madame Carré dans un coin de la cave.

Cela faisait un lit doux comme l'édredon.

M. Gustave ôta sa redingote de peur de la faner, et s'enfonça jusqu'au cou dans la paille.

A part l'estomac qui criait famine, la nuit fut donc assez bonne; par comparaison avec la nuit de la guérite, elle fut même excellente.

Le lendemain, au point du jour, M. Gustave se leva, secoua sa belle chevelure noire, et s'en alla trouver un ami.

L'ami lui donna à déjeuner et lui prêta trente sous.

Il s'agissait de faire cinquante trois lieues avec trente sous.

Bah! on avait fait tant de choses difficiles, qu'on finirait bien par faire une chose impossible.

Gustave l'entreprit, non pas comme Néron, parce qu'il était désireux de l'impossible, mais parce qu'il était contraint par la nécessité.

A deux heures de l'après-midi, il sortit de Paris.

A deux heures du matin, il arrivait à Mantes.

C'était déjà quatorze lieues d'avalées sur cinquante-trois.

Le voyageur dépensa dix sous pour le logement, dix sous pour la nourriture : restaient dix sous pour les trente-neuf autres lieues.

Le lendemain, Gustave se mit en route dès le matin : il faisait un mauvais temps, gris, sombre, bas.

A une lieue de Mantes, il rejoignit un marchand qui voyageait avec sa voiture.

La voiture suivait le milieu du pavé.

Le marchand, confiant dans l'intelligence de son cheval, suivait, lui, un de ces petits chemins, que les piétons tracent le long des fossés.

L'enfant prodigue guigna la voiture.

C'était une jolie carriole recouverte de toile cirée, suspendue sur l'essieu, c'est vrai, mais remédiant à l'inconvénient du cabotage, grâce à une banquette à courroies.

Cet examen le détermina à lier conversation avec le marchand.

Le marchand rendit la main.

— Est-ce que vous allez loin comme cela? demanda-t-il après les premiers compliments échangés.

— A Caen, répondit le jeune homme.

— A Caen!... Vous n'y êtes pas encore.

Puis, étendant la main, pour s'assurer que quelques gouttes commençaient à tomber :

— Il y aura de la pluie avant.

— J'en ai peur.

— Tenez, la voilà qui vient.

— Diable! nous allons être mouillés.

— Ah! je ne le serai pas, moi.

— Comment cela?

— Je vais remonter dans ma voiture.

Et, joignant l'exemple au précepte, il remonta en effet dans sa voiture, fouetta son cheval et repartit au trot.

Gustave avait perdu son marivaudage.

Au reste, jamais le pauvre voyageur n'avait essuyé pareil déluge. A quinze lieues de Mantes il s'arrêta.

Les dix derniers sous avaient été employés au déjeuner et au dîner.

Il ne fallait pas songer au coucher.

Une voiture de blanchisseuse, dételée devant la porte d'une maison, en fit les frais.

Le voyageur s'introduisit dans la voiture et s'y accommoda de son mieux.

Restaient, pour le lendemain, vingt-quatre lieues à faire, et pas un sou pour acheter un petit pain ou pour boire une goutte d'eau-de-vie.

A quatre heures du matin, le froid était si intense, l'eau qui filtrait à travers la toile était si glacée, que le voyageur résolut de se mettre en chemin.

Il lui restait vingt-quatre lieues à faire, et il lui était passé à travers le cerveau, comme une lueur de folie, de faire ces vingt-quatre lieues dans la journée.

A midi, il en avait fait quinze; il tombait de faim et de fatigue. Il eut un instant l'idée de s'asseoir au bord du chemin; mais, quoique se parlant à lui-même, il se dit tout haut :

— Si tu t'assieds là, Étienne, tu meurs là.

Et il continua de marcher.

A deux heures, il en avait fait dix-huit. Il ne lui en restait plus que six, — il est vrai qu'il était presque fou.

Il marchait comme un homme qui a le vertige, d'un pas insensé, frénétique, furibond; la tête au vent, l'œil fixe, les lèvres entr'ouvertes, les dents serrées.

Sa respiration ressemblait à un rugissement.

Ceux qui voyaient passer ce jeune homme pâle, à l'œil fiévreux, aux poings fermés, aux bras roidis, se dérangeaient de sa route et disaient tout bas :

— Ah çà! il est donc enragé, celui-là, de marcher un pareil pas!

Et lui marchait toujours. Ses muscles obéissaient à un mouvement mécanique. C'était une machine remontée par la main de Satan. Il lui semblait maintenant que la distance lui importait peu, et qu'il arriverait, quelle que fût la distance.

Seulement une fois arrivé, qu'adviendrait-il?

Le Grec de Marathon, lui aussi, était arrivé à Athènes; mais, en arrivant, — il était mort.

A cinq heures du soir, sa marche ne s'était ralentie ni d'un pas ni d'une minute à la lieue.

Seulement, les arbres de la route, les maisons des villages, tout tournait autour de lui.

Ses tempes battaient à croire que ses artères allaient se rompre.

Il avait un bruissement dans les oreilles, comme s'il côtoyait la chute du Niagara.

Il voyait rouge, comme s'il eût eu un nuage de sang sur les yeux.

Tout à coup, il entendit battre le tambour.

C'était la retraite.

Il approchait de Caen!

Il poussa un cri rauque comme le rugissement d'une hyène.

Bientôt la ville se dessina pareille à une masse noire toute transpercée de lumières.

Depuis la veille, à quatre heures, il n'avait pas mangé une miette de pain, pas bu un verre d'eau.

Il descendit le faubourg Vaucelles comme un fantôme, suivit la rue Saint-Jean dans toute sa longueur, entra dans la rue des Carmes, se précipita dans l'allée, mais sans avoir la force de monter les trois étages, alla jeter ses deux mains contre une porte en criant :

— Le Père est-il là?

Un homme vint ouvrir.

— Tiens! c'est Étienne, dit-il.

— Le Père, où est le Père? demanda le jeune homme haletant et s'appuyant contre la muraille pour ne pas tomber.

— Il est déménagé.

— Et où demeure-t-il, mon Dieu ?
— Rue des Postes, 12.

Le malheureux ne répondit pas un mot ; il se remit en route.

Il y avait cinq cents pas à peu près pour aller de l'ancien logement au nouveau.

Ces cinq cents pas lui parurent un instant plus difficiles à achever que les vingt-quatre lieues qu'il venait de faire.

La maison de la rue des Postes avait une allée, comme celle de la rue des Carmes.

Seulement il ne savait pas où demeurait son père, si c'était au rez-de-chaussée, au premier, au second ou au troisième étage.

Il se jeta dans l'allée en criant :

— Père ! père !! père !!!

Cet appel lamentable, le Père l'entendit du second étage ; il reconnut la voix de son enfant, se précipita par les degrés, et arriva comme il tombait presque évanoui.

— Ah ! mon pauvre garçon ! dit-il.

Et sans dire un mot de plus, sans lui adresser un reproche, il le prit dans ses bras, le porta au second étage, le dépouilla de ses haillons, le lava et le coucha comme lorsqu'il était enfant.

Étienne se laissait faire comme s'il eût eu bras et jambes cassés.

Il n'avait même plus la force de se plaindre.

XI

Le paquet de cheveux. — Le Père raconte à Gustave un épisode de sa jeunesse.

Étienne ne saurait dire lui-même ce qui se passa dans la nuit qui suivit son arrivée ; il avait perdu ou à peu près connaissance, il sentait de temps en temps ses lèvres se desserrer, puis une liqueur fortifiante humecter sa gorge desséchée ; puis les lèvres de son père, de cet homme qui, dans les temps ordinaires, ne l'embrassait jamais, les lèvres de son père se poser toutes frémissantes sur son front.

Son souvenir ne va pas au delà de ces vagues détails.

Le lendemain seulement, en revenant à lui, il trouva sur une chaise, près de son lit, une pile de livres.

Le Père s'était souvenu que lire, lire encore, lire toujours, était une des distractions de l'enfance de son fils.

Pendant huit jours, le jeune homme garda le lit. Quand il voulait en descendre pour aller chercher un objet quelconque, il en descendait les mains les premières, se traînant comme un phoque, aussi empêché de son train de derrière que si une roue lui avait passé dessus.

Un jour qu'en l'absence de son père il avait, pour se distraire, ouvert la vieille armoire de noyer, et que, cherchant sans savoir ce qu'il cherchait, il ouvrait l'un après l'autre tous les tiroirs, au fond de l'un de ces tiroirs il trouva un paquet de cheveux ficelés d'un ruban noir et enveloppés dans un triple papier.

Ce ne pouvait être qu'un souvenir de famille. Ce souvenir éveilla sa curiosité.

Il mit ce paquet sous son traversin, et quand son père rentra, et, comme d'habitude, vint s'asseoir près de son lit, tirant le paquet de sa cachette :

— Qu'est-ce donc que cela, Père ? demanda-t-il.

Le Père n'eut pas besoin d'enlever le triple papier ; au simple contact de la main il reconnut ce qu'il renfermait.

— Ça, dit-il, ce n'est rien ; et il jeta le paquet au feu.

— Oh ! Père ! s'écria le jeune homme en s'élançant pour rattraper ces cheveux, qu'il se doutait être un souvenir plus précieux que son père n'affectait de le dire.

Mais le Père le retint par le poignet jusqu'à ce que le papier et ce qu'il contenait fussent complétement réduits en cendres.

Alors il se renversa dans le fond de son fauteuil, laissa tomber avec un soupir sa tête sur sa poitrine, et ferma les yeux.

Puis de ses paupières closes sortirent deux larmes muettes qui roulèrent sur ses joues, suivies de deux autres larmes.

Il était évident que cet homme de fer retournait en arrière, et, faisant un voyage dans le pays de sa jeunesse, remontait le chemin des illusions.

Le jeune homme tout étonné le regarda pleurer un instant, puis, à son tour, il allongea ses lèvres, et, chose qu'il n'avait jamais osée, il baisa les joues du vieillard à l'endroit même où les larmes les sillonnaient.

Le vieillard ouvrit les yeux, enveloppa sa **tête**

de son bras, et, lui appuyant à son tour la bouche sur le front :

— Étienne, lui dit-il, je t'entendais dire un jour à d'autres enfants avec lesquels tu jouais, et qui te demandaient : Pourquoi donc a-t-il l'air si dur, le père Jean? — je t'entendais dire : — Ah! ce n'est pas qu'il soit méchant; mais il paraît que, quand il était jeune, on ne lui a pas appris à rire.

— Père!

— Tu te trompais, Étienne; — jeune, je riais comme les autres enfants. A dix-huit ans, j'étais un joyeux compagnon, et pendant les trois premières années que je restai au régiment, quand on n'avait plus de comparaison pour peindre la gaieté, on disait gai comme Jean.

Maintenant je vais te raconter comment et pourquoi j'ai cessé de rire.

J'étais l'aîné de mes frères et de mes sœurs, leur aîné de beaucoup, de sorte que, lorsque mon père et ma mère allaient, soit à leur travail, soit à leurs affaires, c'était moi qu'on laissait à la garde des petits.

Aussi les plus petits m'appelaient-ils *mère* Jean, les moyens *père* Jean, et les plus grands *frère* Jean.

Au milieu de tout cela, celle que j'aimais le mieux, c'était un amour d'enfant, qui se nommait Catherine, — blonde, rose, fraîche, rieuse, et m'aimant comme je l'aimais, c'est-à-dire beaucoup.

Quand je m'engageai, elle avait douze ans; c'était en 1791. Je regrettai beaucoup mon père, ma mère, mes petits frères, mes petites sœurs; mais ce que je regrettai plus que tout, c'était Catherine.

Je partis; j'arrivai à l'armée, je me battis quatre ans, — toujours gaiement, — car je recevais de temps en temps des lettres de Catherine qui me disait qu'elle se portait bien, et des lettres des autres qui me disaient que Catherine devenait de plus en plus belle.

Au siége de Mayence, j'attrapai une balle dans la jambe.

Le chirurgien voulait absolument me la couper : je pris mon sabre sous mon oreiller, et je lui déclarai que, si jamais il s'approchait de moi dans une intention pareille, je lui passerais mon sabre au travers du corps.

Il se le tint pour dit, et me fit soigner par ses élèves.

Je guéris, à son grand regret.

Toutes les fois que je passais devant lui, je frappais avec ma canne sur ma cuisse, et je disais :

— Voyez!

— Oui, me répondait-il; mais vous boitez.

— Je boiterais bien autrement si je n'avais plus de jambe, disais-je.

Et notre conversation se bornait là.

Enfin on entendit raconter qu'en Italie il y avait eu de grandes victoires; qu'un jeune général, nommé Bonaparte, avait battu les Autrichiens, et que la paix allait être faite.

Un jour on m'envoya un congé illimité : c'était à moi de décider s'il serait provisoire ou définitif.

C'était une galanterie que me faisait le général Hoche, mon ancien camarade de lit.

On me paya mon arriéré, montant à quatre cent trente livres, c'était encore une galanterie du général; car on payait peu à cette époque-là.

Il est vrai qu'on ne s'en battait pas plus mal.

Je pris la diligence à Strasbourg, et le sixième jour j'arrivai à Caen.

A un quart de lieue de la ville, je me fis descendre, je voulais revoir tout cela peu à peu, j'avais peur que l'émotion m'étouffât.

J'entrai donc à Caen à pied.

Un menuisier de mes amis, qui était sur sa porte, voyant un militaire qui venait en boitant et en dévorant tout des yeux, me regarda attentivement, me reconnut, et m'appela.

J'entrai chez lui.

J'étais bien aise, au reste, de cette occasion d'avoir des nouvelles de la famille.

— Mon père? demandai-je d'abord.

— Il va bien.

— Ma mère?

— Elle va bien.

— Les petits?

— Ils vont bien.

— Et... et Catherine?

Ma voix tremblait en demandant de ses nouvelles.

— Elle vient de passer, allant à la vacherie. Tu vas la voir revenir, si tu attends seulement cinq minutes. Tu sais qu'on ne l'appelle, dans tout le faubourg, que la belle Catherine.

J'attendis.

Cinq minutes après, en effet, j'aperçus Catherine; c'était bien cela, en effet, c'était la belle Catherine!

Tout mon cœur courut à elle.

J'allais m'élancer hors de la maison, mon ami m'arrêta.

— Eh! Catherine, la belle enfant, dit-il, venez donc ici, on désire vous voir.

Catherine s'approcha souriante, et chantant le dernier couplet d'une petite chanson que je lui avais apprise autrefois.

A la porte, elle posa sa cruche à lait, et entra.

— Qui veut donc me voir, voisin? demanda-t-elle.

Je tremblais de tous mes membres rien qu'au son de cette voix, qui, chez la jeune fille, avait conservé le timbre frais et pur de l'enfance.

— Qui? parbleu! ce beau soldat, regardez-le... Ne trouvez-vous pas qu'il ressemble à quelqu'un?

Catherine se retourna de mon côté, me regarda, rougit, pâlit, puis les lèvres frissonnantes :

— Ah! ah! mon frère Jean! s'écria-t-elle.

Et elle fit un mouvement pour m'ouvrir ses bras.

Mais en même temps ses yeux se fermèrent, elle renversa sa tête en arrière, poussa un gémissement, comme si quelque chose se brisait dans son cœur, et tomba à la renverse.

Je jetai un cri, je me précipitai sur elle; il était trop tard... je n'avais pu prévenir sa chute.

Je la relevai entre mes bras, serrée contre ma poitrine.

Elle était évanouie.

Je me sentis prêt à tomber moi-même.

— Oh! Catherine! chère Catherine! Un médecin! m'écriai-je, un médecin!

Le premier médecin de la ville passait dans son cabriolet : on courut après lui; on l'arrêta.

Il descendit et vint, se fit raconter l'événement, tâta le pouls de la malade, et secouant la tête :

— N'importe, dit-il, je vais la saigner.

— Mon Dieu! mon Dieu! saigner ma pauvre Catherine!

— Aimez-vous mieux qu'elle meure?

— Mais si on la saigne, en répondez-vous?

— Il n'y a que Dieu qui réponde de la vie et de la mort.

— Faites, dis-je.

On banda le bras blanc de la pauvre enfant, — je vis grossir ses veines, — je vis briller la lancette, — je vis la pointe approcher de sa chair, — je vis le sang jaillir.

Oh! je sentis que je devenais fou...

J'avais envie de tuer cet homme.

Je me jetai sur une chaise, enfonçant ma main dans mes cheveux, pleurant à sanglots.

J'entendis un soupir.

Je relevai la tête.

Il y avait à terre un saladier plein de sang.

Oh! mon Dieu! mon Dieu! comme j'aurais, moi, donné tout mon sang pour celui qui était là!

Catherine regardait tout autour d'elle d'un œil hagard.

— C'est moi, lui dis-je, Catherine! c'est moi, c'est Jean, c'est ton frère!

Elle essaya de parler. Sa langue ne put d'abord articuler que des sons inintelligibles.

Puis, après des efforts inouïs, elle balbutia ces mots :

— Jean! tu vas repartir!

— Non! non! m'écriai-je, ma chère Catherine; je suis revenu pour toujours, pour rester près de toi, pour ne plus te quitter. Sois tranquille, Catherine, c'est non-seulement *frère* Jean, mais *père* Jean! mais *mère* Jean!

Elle essaya de sourire, mais sa bouche était déformée et son sourire effrayant.

— *Mère* Jean, *père* Jean, dit-elle, comme un fou qui rappelle ses souvenirs, ou plutôt comme un idiot qui essaye de comprendre, — non, toujours *frère* Jean!

Je regardai le médecin.

— Eh bien, me dit-il, vous voyez qu'il y a du mieux. Tout à l'heure elle était morte, la voilà qui vit; elle était muette, elle parle.

— Oh! oui! Mais comment vit-elle? comment parle-t-elle?

— Comme peut vivre et parler une femme qui vient d'avoir une congestion cérébrale.

— Maintenant, que faut-il faire?

— Tout attendre de la jeunesse et de la nature.

— Peut-on la transporter à la maison?

— Sans doute, si la maison n'est pas éloignée et si le mode de transport est doux.

— La maison est à cent pas d'ici, et je la porterai dans mes bras.

— Prenez garde, vous ne m'avez pas l'air bien fort non plus, vous, — et, tout à l'heure, vous boitiez.

J'enlevai Catherine entre mes bras comme j'eusse enlevé un enfant de cinq ans.

— Pardon, demanda le médecin, où demeurez-vous?

Je lui donnai mon adresse.

— J'irai la voir tous les jours.

— Et vous la guérirez?
— Je ferai mon possible.

Je poussai un grand soupir : la promesse était bien vague, et j'emportai Catherine dans mes bras.

Tout le faubourg savait déjà l'accident arrivé à Catherine; j'arrivai à la maison, suivi de plus de cent personnes.

Mon entrée dans la maison paternelle fut triste.

Je rentrais vivant, mais je rapportais ma sœur presque morte.

Quelle différence avec ce que je m'étais promis.

On coucha ma sœur.

De son lit ses yeux me suivaient, ne s'écartant pas de moi un seul instant.

Chaque fois que je m'approchais de la porte :
— Tu vas repartir! balbutiait-elle avec anxiété.
— Non! non! non! m'écriais-je, sois tranquille.

Aussitôt que j'avais quitté la chambre, elle n'avait qu'un cri, cri douloureux, presque enfantin.

— Frère Jean! frère Jean! frère Jean!

Et je rentrais, lui disant : « Mais sois tranquille, Catherine... sois donc tranquille, puisque j'ai mon congé.

Mais on eût dit qu'elle n'entendait pas.

Le médecin venait tous les jours. Mais, au lieu qu'il y eût amélioration, la pauvre Catherine allait de plus en plus mal.

Un jour le médecin me dit :

— Ce sont vos moustaches, votre queue et votre uniforme qui l'inquiètent. Tant qu'elle vous verra ainsi, on ne lui fera pas comprendre que vous n'êtes plus soldat.

Je montai à l'instant même dans ma chambre; je rasai mes moustaches, je coupai ma queue, je jetai mon uniforme au fond d'une armoire.

Puis je passai une blouse et je rentrai.

En m'apercevant ainsi transformé, un éclair de joie illumina son visage.

— Ah! dit-elle, voilà mon vrai frère Jean!

Je m'approchai d'elle, je la pris dans mes bras; elle appuya sa tête sur mon épaule et murmura :

— Quand je serai morte, tu retourneras à l'armée, mais pas auparavant, n'est-ce pas, frère?

Ah! quand elle me disait de ces choses-là, vois-tu, je pleurais toutes les larmes de mon corps.

A partir de ce moment-là, elle veillait en souriant, elle dormait en souriant.

Un jour... un jour... elle mourut en souriant.

Quand je fus bien sûr qu'elle était morte, je remontai dans ma chambre, je pris mon habit, mon chapeau, mon sabre, et, sans dire adieu à personne, ni à père, ni à mère, ni à frères, je rejoignis le régiment.

Je ne revins que dix ans après.

Depuis le jour de la mort de Catherine, je n'ai pas souri.

Tu vois bien que tu avais tort, mon enfant, de dire qu'on avait oublié de m'apprendre à rire; je le savais : seulement, j'ai désappris.

Étienne eût toujours ignoré cette histoire, s'il n'eût un jour, comme nous l'avons dit, retrouvé ce paquet de cheveux, ficelé d'un ruban noir, au fond d'un tiroir de la vieille armoire de noyer.

XII

Gustave s'ennuie. — Conseils du père. — Départ pour Paris. — Visite à mademoiselle Duchesnoy. — Gustave déclame une tirade de tragédie. — Une lettre de recommandation pour Soumet. — Bienveillant accueil du poëte. — Il recommande Gustave aux frères Seveste. — Gustave joue à Montparnasse. — Son engagement.

Un matin, le Père regarda fixement son fils, et lui dit :

— Tu t'ennuies, Étienne.

C'était vrai; Etienne ne répondit pas.

— Viens avec moi, ajouta le Père.

Et tous deux sortirent.

Le Père conduisit Étienne chez le tailleur.

— Faites-moi deux *pelures* complètes à ce gaillard-là, dit-il : une pour tous les jours, une pour les dimanches.

— Et pour quand vous faut-il cela, monsieur Jean?

— Pour le plus tôt possible; il retourne à Paris.

— Pour dimanche.

— C'est impossible avant?

— Impossible.

— Pour dimanche alors.

Étienne ne s'ennuyait pas; Étienne était préoccupé.

De quoi était-il préoccupé?

Parbleu! de son diable de théâtre.

Mais d'où venait ce surcroît de préoccupation?

Nous allons vous le dire.

En son absence, et pendant qu'il faisait cette malheureuse campagne de Flandre que nous avons racontée, mademoiselle Duchesnois était venue jouer à Caen, et y avait eu de grands succès.

Mais ce dont on parlait surtout à Caen, ce n'était point de son grand talent, c'était de sa parfaite bonté.

En effet, il était difficile d'être meilleure personne que ne l'était mademoiselle Duchesnois.

Or, tous ceux qui avaient eu affaire à elle chantaient les louanges de la grande tragédienne.

Une chose à laquelle devraient faire une plus grande attention les artistes qui vont en représentation en province, c'est à leur vie privée, c'est à leurs qualités personnelles.

L'artiste, en province, devient un objet de curiosité universelle; ses moindres gestes sont épiés, ses paroles les plus frivoles sont répétées, les murs de l'hôtel qu'il habite ont les yeux d'Argus, les portes ont les oreilles de Midas.

Tout le temps qu'il est dans la ville, on s'entretient de son talent.

Du jour où il n'y est plus, on s'entretient de ses défauts et de ses qualités.

Et pendant huit jours, quinze jours, un mois, ces qualités et ces défauts défrayent la conversation.

Aujourd'hui encore on dit aux étrangers qui passent à Caen:

— Avez-vous connu mademoiselle Duchesnois, monsieur?

L'étranger répond oui ou non.

— Charmante femme, monsieur, charmante femme, ajoute le *Canais* en prenant sa prise, ou en tirant son cigare de sa bouche: — pas physiquement, oh! non, l'on ne peut pas dire que mademoiselle Duchesnois était belle; — au contraire, on peut même avancer hardiment, et sans crainte d'être contredit, qu'elle était laide; — mais un cœur, voyez-vous, un cœur d'or; — charmante femme, monsieur, charmante femme.

Ce qu'on dit encore à Caen aujourd'hui, lorsque la conversation tombe sur mademoiselle Duchesnois, après bientôt trente ans écoulés,

comme un écho réveillé du premier quart de ce siècle, — on doit comprendre que c'était, au moment où elle venait de quitter la ville, le bruit général, le murmure universel.

C'était ce bruit, c'était ce murmure qui avaient à la fois chatouillé le cœur et les oreilles d'Étienne.

C'était donc cette idée que, tant qu'il resterait à Caen, il ne pourrait pas se présenter chez mademoiselle Duchesnois, qui rendait Étienne si triste, que son père s'était aperçu de sa tristesse, l'avait conduit chez le tailleur, l'avait fait habiller à neuf, et lui avait dit:

— Allons, je vois bien que tu as envie de retourner à Paris.

Ce à quoi le jeune homme n'avait rien répondu, de peur de trop répondre.

Le jour du départ, le Père mit cent francs dans la poche de son fils, et le conduisant à la diligence:

— Ainsi, lui dit-il, tu retournes à Paris?

— Oui, papa.

— Tu vas rentrer chez M. Bouchard?

— Oui, papa.

— Travailler à la Madeleine?

— Oui, papa.

— Tu as suffisamment tâté du théâtre?

— Oui, papa.

— Et tu ne t'y laisseras plus prendre?

— Non, papa.

— Adieu donc, mauvais sujet.

— Adieu, papa.

Et le jeune homme partit, bien décidé à laisser son nom d'Étienne à la barrière, et à se présenter dès le lendemain chez mademoiselle Duchesnois, sous celui de Gustave.

Cette fois, comme l'hôtel de madame Carré avait disparu, il descendit rue Notre-Dame-de-Recouvrance, hôtel Recouvrance.

Dès le même soir, il allait au Théâtre-Français demander l'adresse de mademoiselle Duchesnois.

Mademoiselle Duchesnois demeurait rue de la Tour-des-Dames, dans la Nouvelle-Athènes.

Le lendemain, à onze heures du matin, il sonnait à la porte de mademoiselle Duchesnois.

— Qui faut-il annoncer? demanda le valet de chambre.

— Annoncez M. Gustave.

Comme on voit, Étienne s'était tenu parole.

On le fit entrer dans un cabinet, où il attendit mademoiselle Duchesnois.

Oh! comme son cœur battait, comme il eût

Mademoiselle Duchesnois.

répété, s'il l'eût su, le monologue d'Hamlet attendant sa mère.

<small>J'attends! c'est simple à dire et terrible à penser!</small>

Enfin il entendit des pas, le frôlement d'une robe; la porte s'ouvrit, un domestique annonça mademoiselle Duchesnois, comme un huissier de Versailles eût dit : La reine! et Clytemnestre parut.

Laide, mais gracieuse, avec des bras magnifiques, une jambe moulée sur celle de la Vénus de Milo, — elle montrait volontiers cette jambe dans Alzire.

Mademoiselle Duchesnois avait le charme de la bonté.

Elle sourit à ce beau jeune homme qui venait à elle, et l'interrogeant à la fois du regard et de la voix :

— Vous avez désiré me voir, monsieur? dit-elle.

— Ma foi! mademoiselle, répondit le jeune

homme en rougissant, il faut me pardonner : je suis de Caen.

— Une bonne ville.

— Où tout le monde vous adore, vante votre talent et votre bonté, et comme je suis artiste...

— Artiste dramatique?

— Ou à peu près. Je me suis dit : Mademoiselle Duchesnois est si bonne, que je suis sûr que, si elle peut m'être utile... Enfin, vous voyez, je suis venu, et me voilà; croyez-vous qu'on puisse faire quelque chose de moi?

— Dame! le physique est beau; maintenant, êtes-vous élève du Conservatoire?

— Oh! non.

— Avez-vous déjà joué?

— Par-ci, par-là, en foire.

— Comment! en foire?

— Je veux dire en province.

— Dites-moi un peu de tragédie.

— Quoi?

— Une chose que vous n'ayez jamais entendue.

— Oh! j'ai justement ce qu'il vous faut : c'est de l'*Oreste* de M. Soumet.

— Et vous n'avez pas vu Talma dans ce rôle?

— M. Talma était mort quand je suis venu à Paris pour la première fois.

Le jeune homme jeta son chapeau loin de lui, se campa dans l'attitude d'une statue antique, et commença :

J'étais dans ce tombeau qu'un dieu vengeur habite;
J'y contemplais, avec un saint recueillement,
Les voiles déposés au fond du monument,
Et les cheveux d'Electre, et l'offrande récente
Qui remplaçait les dons de ma tendresse absente.
Après quinze ans d'exil, j'allais renouveler
Mes serments sur l'autel où le sang doit couler.
Une femme a paru dans ce lieu triste et sombre;
Pour observer ses pas, je me cachais dans l'ombre;
Elle semblait venir, dans ce séjour des morts,
Apporter ses regrets, bien moins que ses remords.
Se soutenant à peine, incertaine, agitée,
Aux marches de l'autel elle s'est arrêtée.
La lampe qui veillait dans ce lieu de douleur,
De ses traits convulsifs éclairait la pâleur;
Elle pressait l'autel de ses mains défaillantes,
La prière expirait sur ses lèvres tremblantes,
Et, du fond de son sein, de moments en moments,
Sortaient des cris plaintifs, de longs gémissements.
Pylade, à cet aspect, ma raison s'est troublée,
J'ai cru voir, dieux! j'ai vu de la terre ébranlée,
Aux bruits sourds du Tartare, aux lueurs des éclairs,
Monter, entre elle et moi, les filles des enfers:
« Frappe, m'ont-elles dit, frappe, voilà ta mère! »
Oui, ma mère! Soudain, le spectre de mon père
S'est élancé vers elle, et, retenant ses pas,
Cherchait à l'entraîner aux gouffres du trépas.

Et moi, moi, digne fils d'Atrée et de Tantale,
Témoin impatient de la lutte fatale,
J'éprouvais dans mon cœur, lassé d'être innocent,
Je ne sais quel besoin de répandre du sang.
D'un transport inconnu je ressentais l'atteinte
Et j'allais..... Sur l'autel la lampe s'est éteinte,
Les déesses du Styx ont caché leur flambeau,
Mes pas se sont perdus dans ce vaste tombeau,
Une voix m'a crié: « Souviens-toi de ton père,
« Il t'attend cette nuit à l'autel funéraire,
« Clytemnestre y sera. » Cette effrayante voix
Dans l'enceinte funèbre a retenti trois fois.
J'en suis sorti muet, glacé, plein d'épouvante,
Et ce prodige affreux, cette femme expirante,
Ces infernales sœurs, ce spectre furieux,
Me poursuivent encore... ils sont devant mes yeux,
Je succombe. . . . .

— Bon! dit mademoiselle Duchesnois quand il eut fini, vous ne m'avez pas menti, et je vois maintenant que vous n'avez pas vu jouer la pièce.

— Ça ne m'a pas l'air d'un compliment, ce que vous me dites là.

— Ce n'est pas un compliment, non; mais vous auriez tort, cependant, de prendre cette opinion pour une critique. Vous avez une belle voix, vous dites d'une façon originale; c'est peut-être mauvais, mais, au moins, ce n'est ni vulgaire, ni médiocre.

— Eh bien! alors?... mademoiselle, dit le jeune homme.

— Alors je vais vous donner une lettre pour Soumet, il vous fera entrer à l'Odéon pour y jouer de petits rôles.

Et aussitôt, s'asseyant à un bureau, elle écrivit :

« Mon cher Soumet,

« Pourquoi donc ne me venez-vous pas voir? Je suis de comité la semaine prochaine, je vous ferai porter au répertoire.

« Je vous recommande le jeune homme qui vous remettra cette lettre, donnez-lui un mot pour l'Odéon.

« S'il travaille, il peut aller loin.

« DUCHESNOIS. »

Elle donna la lettre tout ouverte au jeune homme, qui la lut tout haut.

— Oh! oui, je vous en réponds que je travaillerai. Où est mon chapeau?

— Le voilà.

— Mademoiselle Duchesnois, vous comprenez

que je ne sais pas comment vous remercier; mais, n'importe, si je réussis, je serai content de dire que c'est à vous que je le dois.

Et saluant la bonne, l'excellente tragédienne, il sortit tout courant.

Si elle vivait encore aujourd'hui, pauvre mademoiselle Duchesnois, je m'étonne bien de savoir quel effet lui ferait M. Gustave.

M. Gustave arriva tout courant chez Soumet.

Ah! s'il avait trouvé dans mademoiselle Duchesnois une bonne et gracieuse protectrice, il allait également trouver chez Soumet un bon et charmant protecteur.

Cher Soumet, je l'ai connu, moi, trop tard, mais cependant assez pour le suppléer au Théâtre-Français dans ses deux derniers ouvrages, assez pour avoir mérité qu'il crût me devoir quelque reconnaissance.

Beau type de poëte, celui-là. Orgueilleux juste à la mesure de son talent, plein de foi dans la muse, de religion dans la poésie, puis bon, doux, obligeant comme un véritable homme de génie qu'il était.

En 1828, c'était encore un beau poëte aux grands yeux inspirés, aux cheveux noirs flottants, au cœur ouvert et facile; aussi reçut-il admirablement le jeune artiste dans un cabinet élégant, tout plein de bustes des maîtres.

Il lut la lettre, et, comme celle qui l'écrivait :

— Répétez-moi quelque chose, lui dit-il.

M. Gustave pensa que la tirade, qui avait bien fait chez mademoiselle Duchesnois, ferait bien chez Soumet.

Soumet écouta avec attention.

— Ce ne sont point des bouts de rôle qu'il vous faut, ce sont de grands rôles.

Ce n'est pas à l'Odéon qu'il faut jouer deux ou trois fois par mois, c'est à la banlieue qu'il faut jouer tous les jours.

Je vais vous donner une lettre pour Seveste.

— Mademoiselle Duchesnois m'a envoyé à vous; faites de moi ce que vous voudrez.

Et cependant, après avoir rêvé le Théâtre-Français, après avoir entrevu l'Odéon, c'était tomber un rude coup que d'être précipité chez Seveste.

Soumet comprit ce qui se passait dans le cœur du jeune homme, si résigné qu'il parût.

— Si vous vous embourbez dans les petits rôles, vous n'en sortirez jamais; — croyez-moi, ne débutez sur aucun théâtre de Paris que pour frapper un coup.

— Donnez-moi ma lettre pour Seveste, monsieur, et dans une heure je serai chez lui.

Soumet écrivit la lettre de sa belle et franche écriture, qui ressemble à celle de Lamartine : les honnêtes gens ont une écriture à eux.

Les deux Seveste, Jules et Edmond, — Edmond qui est mort, Jules qui est aujourd'hui directeur du Théâtre-National, — demeuraient alors rue Beauregard, et exploitaient tous les théâtres de la banlieue.

C'était de la rue Beauregard que partaient tous les jours ces voitures de comédiens expédiés du centre à la circonférence, et qu'on appelait les paniers à salade Seveste.

Grâce au nom de Soumet, M. Gustave fut immédiatement introduit près de l'un des deux frères.

C'était Edmond.

Edmond lut la lettre, et, pour la troisième fois dans la même journée, M. Gustave entendit ces paroles sacramentelles :

— Répétez-moi quelque chose.

Cette fois, il voulut varier, et attaqua l'entrée d'Hamlet :

<blockquote>Fuis, spectre épouvantable,
Porte au fond des enfers ton aspect redoutable!</blockquote>

Au quatrième vers, et comme il s'apprêtait à continuer, un homme apparut tout à coup sortant d'une pièce voisine.

— Chut! fit cet homme.

M. Gustave s'arrêta court.

— Chantez-moi quelque chose, dit le nouveau venu.

— Volontiers, dit M. Gustave.

Et il chanta trois couplets de vaudeville sur trois airs différents.

— Magnifique voix de basse! s'écria Jules Seveste.

Le nouveau venu était Jules Seveste.

— Que savez-vous?

— *Michel et Christine*, *Sans tambour ni trompette*, *Adolphe et Clara*.

— C'est ce qu'il nous faut. Vous répéterez demain, et vous jouerez après-demain.

— Où?

— A Montparnasse.

Le lendemain soir, M. Gustave jouait *Michel et Christine* à Montparnasse.

L'avertisseur l'attendait à sa sortie de la scène.

— Passez chez M. Seveste.

— Tout habillé, comme cela?
— Comme vous êtes, il vous attend.
— Peste! je ne veux pas le faire attendre.
Et il passa chez M. Seveste.
Deux engagements attendaient sur une table, tout signés de MM. Seveste.
Signez-moi cela, lui dit Edmond.
M. Gustave signa sans même regarder.
— Bon! Lisez, maintenant, lui dit Seveste.
M. Gustave lut.
Il était engagé pour jouer les premiers rôles, les jeunes premiers, les amoureux, les pères nobles, les valets, chanter dans les chœurs et figurer dans les pièces à spectacle.
Pour cela, il toucherait juste ce que lui promettait Zozo du Nord :
Cinquante francs par mois.
Seulement, il devait se fournir de tout.
M. Gustave s'en alla content comme un prince et serrant de son bras gauche son engagement sur son cœur.

XIII

Oreste et Pylade se retrouvent à Belleville. — Le tentateur. — Gustave est embauché. — Une indisposition. — Arrivée au Havre. — Le trois-mâts l'*Industrie*. — L'appareillage. — Un mois au Havre à attendre un vent favorable. — Sortie du port.

Gustave faisait partie de la troupe stationnaire de Belleville.
Le lendemain, au moment où il entrait en scène pour la répétition, un cri l'accueillit.
— Tiens! c'est Gustave!
— Tiens! c'est Hippolyte!
Oreste venait de retrouver Pylade.
Oreste s'approcha solennellement de Pylade, en disant :

Oui, puisque je retrouve un ami si fidèle,
Ma fortune va prendre une face nouvelle:
Et déjà son courroux semble s'être adouci,
Depuis qu'elle a pris soin de nous rejoindre ici.

Hippolyte avait été obligé de quitter à son tour le père Dumanoir; la misère était devenue intolérable, et, comme l'hiver continuait d'être plus rigoureux, qu'il trouvait, ainsi que dans la grammaire, *les étangs et les rivières glacés*, il n'avait pu apporter aucun soulagement à son existence en utilisant le truc de son ami Gustave, c'est-à-dire en pêchant des grenouilles et en chantant :

Ma Fanchette est charmante.

Après s'être parlé en vers, avec Racine pour interprète, on se parla en prose.
— Que fais-tu? demanda Gustave.
— Je joue les amoureux, répondit Hippolyte, et toi?
— Et moi les basses : Ut, si, la, sol, fa, mi, ré, ut, ut, ut.
— Oh! je connais ton creux, je l'ai entendu quand il était vide.
Effectivement, Hippolyte jouait tous les amoureux, quels qu'ils fussent : gais, dramatiques, sentimentals.
Gustave tous les oncles, tous les pères, tous les généraux, tous les gouverneurs, tous les vieux enfin.
Cela dura six mois.
Au bout de six mois, une des deux pelures du Père disparut tout à fait.
L'autre était en assez mauvais état.
Le bonnet grec avait remplacé le chapeau, ce qui n'était rien, l'enthousiasme pour les braves Hellènes étant à son comble en ce moment.
Mais les bottes faisaient eau, et les vieilles affiches commençaient à remplacer les chaussettes.
On comprend que Gustave, n'ayant que cinquante francs par mois, et sur ces cinquante francs par mois étant obligé de tout se fournir au théâtre, ne pouvait pas se fournir de grand'chose à la ville.
Un soir qu'il avait joué dans trois pièces, et que je ne sais quelle circonstance l'avait retenu au théâtre une heure après ses camarades, il sortit par la porte des artistes, à une heure sonnant.
Au moment où il faisait ses premiers pas dans la rue, un homme, qui paraissait attendre sa sortie, se détacha de la muraille et le suivit.
Quoique ce fût en plein été, la nuit était sombre et la rue déserte.
Quoique M. Gustave n'eût rien, absolument rien qui fût digne d'être volé, cet homme qui le suivait l'inquiéta.

Aimez-vous les voyages?

En tournant une rue, il s'arrêta court, de sorte que, lorsque l'inconnu tourna le même angle que M. Gustave venait de tourner, M. Gustave et l'inconnu se trouvèrent face à face.

— Ah! pardon, monsieur Gustave, fit l'inconnu.

— Pardon, de quoi? demanda le jeune homme.

— Pardon de vous suivre.

— Vous me suiviez donc?

— Certainement.

— Et pourquoi me suiviez-vous?

L'inconnu prit son air le plus souriant :

— Je voulais vous faire une question, monsieur.

— Laquelle?

— Aimez-vous les voyages?

— Singulière question à faire à un homme, et surtout à une heure du matin.

— Monsieur, je n'ai pas eu la patience d'attendre plus longtemps.

— Pour savoir si j'aimais les voyages?

— Oui, monsieur. J'attache une grande importance à votre opinion là-dessus.
— Eh bien! monsieur, je les aime passionnément. Et vous?
— Moi, c'est mon état de les aimer.
— Vous êtes voyageur?
— Infatigable, monsieur. Seriez-vous curieux de voir l'Amérique?
— Laquelle? Il y en a deux, celle du Nord et celle du Sud.
— Ni l'une ni l'autre. Celle du Centre.
— Les Antilles, alors?
— Justement.
— Très-curieux. Je meurs d'envie de boire du lait de coco, comme Robinson, et de manger des goyaves, comme le capitaine Cook.
— Eh bien! monsieur, il ne tient qu'à vous de voyager.
— Comment! il ne tient qu'à moi?
— Défrayé de tout.
— Cela me va.
— Avec trois cents francs d'appointements par mois, deux cent cinquante de plus que vous n'avez chez M. Seveste.
— Diable! c'est tentant.
— Laissez-vous tenter.
— Savez-vous que par cette nuit sombre, au coin d'une rue déserte, vous dans votre manteau, moi dans ma redingote, nous avons l'air, moi de Faust, vous de Méphistophélès.
— Montons dans mon manteau et partons.
— Et Seveste?
— Vous a-t-il fait des avances?
— Aucune.
— Alors, votre délicatesse n'est pas engagée, et puis, j'ai remarqué une chose...
— Vous êtes observateur?
— Oui.
— Qu'avez-vous remarqué?
— Que chaque homme a son penchant; votre penchant, à vous, c'est de déserter.
— Comment! de déserter?
— Oui. Vous avez d'abord déserté l'atelier de M. Bochard pour passer dans la troupe de Dumanoir, puis vous avez déserté la troupe de Dumanoir pour passer dans la troupe de Bertrand, dit Zozo du Nord, puis vous avez déserté la troupe de Zozo du Nord pour la troupe Dumanoir, puis vous avez déserté la troupe Dumanoir pour retourner chez votre père, puis vous avez déserté de chez votre père pour entrer dans la troupe Seveste; vous allez déserter la troupe Seveste pour entrer dans la troupe Victor Marest; enfin, vous déserterez la France pour l'Amérique, la Guadeloupe et la Trinité espagnole, dont le doux climat, l'air pur, les femmes charmantes, le lait de coco et les goyaves vous feront, je l'espère, perdre l'envie de déserter.
— Vous êtes parfaitement renseigné.
— J'ai l'habitude de prendre des informations.
— Mais Seveste?
— Tient-il beaucoup à vous garder?
— Moins que vous à m'acquérir, puisqu'il ne me donne que cinquante francs par mois, et que vous m'en offrez trois cents.
— Pesez la chose.
— Elle est pesée.
— Eh bien?
— Je déserte.
— Bravo!
— Seulement, attendez. Il faut déserter le plus honorablement possible.
— Et surtout le plus sûrement.
— L'un ne contrarie pas l'autre.
— Tant mieux.
— Je vais d'abord faire semblant d'être malade.
— Dans quel but?
— On me remplacera dans tous mes rôles, et quand je partirai, au moins, je ne laisserai pas Seveste dans l'embarras.
— Savez-vous que vous me rassurez pour le jour où mon tour viendra.
— On déserte, mais on est honnête.
— C'est convenu, vous tombez malade.
— Vous me laissez cinquante francs.
— Je vous laisse cinquante francs.
— Vous partez pour le Havre.
— Je pars pour le Havre.
— Et deux jours avant que le bâtiment ne mette à la voile, — je présume que vous allez par mer aux Antilles.
— Vous avez deviné. Aimeriez-vous mieux aller à pied?
— A cent cinquante francs d'appointements de moins, je le préférerais.
— Malheureusement.
— Oui, ce n'est pas possible. Eh bien! deux jours avant de mettre à la voile, vous m'écrivez.
— Je vous écris.
— J'arrive pour m'embarquer, et le tour est fait.
— Voilà vos cinquante francs. Je puis compter sur vous?

— Touchez là.

— Songez que j'ai votre parole, et que je ne veux pas autre chose.

— Vous avez raison, c'est bien plus sûr qu'un engagement.

Méphistophélès tira de son côté et Faust du sien.

Le lendemain, M. Gustave était indisposé, le surlendemain il était malade, le jour suivant très-malade.

On fut obligé de le remplacer dans tous ses rôles.

Seulement l'administration lui fit dire amicalement que, lorsqu'on n'avait que cinquante francs d'appointements, on n'avait pas le droit d'être malade plus de huit jours.

Le septième jour il reçut une lettre de M. Victor Marest qui lui annonçait que le bâtiment mettait à la voile le surlendemain.

Vers six heures du soir on sonna.

M. Gustave était tout habillé et prêt à partir.

— Qui va là?... demanda-t-il à travers la porte.

— Moi! Polyte.

— Ah! si c'est toi, entre.

Polyte entra.

Dans la familiarité les deux amis avaient l'habitude de retrancher chacun une syllabe à leur nom.

Hippolyte s'appelait Polyte, et Gustave avait nom Gugus.

— Tu vas donc mieux? demanda Polyte.

— Je n'ai jamais été malade.

— Comment! et ton indisposition?

— C'était une frime.

— Bon, mais dis donc?

— Quoi?

— Tu as l'air d'un voyageur.

— Je pars.

— Comment, tu pars! et Seveste?

— C'est pour cela que j'étais malade.

— Compris, — tu veux le distancer.

— Justement.

— Mais il va courir après toi.

— Je l'essoufflerai, sois tranquille.

— Tu vas donc bien loin?

— Au diable! à la Martinique, à la Guadeloupe, à la Trinité espagnole.

— Ah! pauvre Seveste. Et quand pars-tu?

— Viens me conduire. Mais, chut! Garde cela pour toi.

— Pour plus grande sûreté, veux-tu que je dise demain que tu es mort, et que je te fasse enterrer après-demain?

— C'est inutile. Après-demain nous serons partis.

Un quart-d'heure après on était aux Messageries royales; dix minutes après les deux amis s'étaient embrassés en essuyant chacun une larme au coin de l'œil, et Gugus roulait sur la route du Havre.

Le lendemain, à deux heures de l'après-midi, il saluait M. Victor Marest en chantant l'air du *Déserteur*.

Ah! je respire, il faut que je reprenne haleine.

Son grand air chanté et écouté religieusement par M. Victor Marest, qui n'était point fâché de juger son nouveau pensionnaire dans l'opéra-comique.

— Quand partons-nous? demanda M. Gustave.

— Demain, à la marée.

— Sur quoi partons-nous?

— Sur l'*Industrie*, magnifique trois-mâts, capitaine Chamblon, qui s'est engagé à faire la traversée en un mois.

— Peut-on aller coucher à bord de l'*Industrie*?

— Vous craignez d'être reconnu?

— Pardieu!

— Allez. D'autant plus que la marée est dans son plein justement à six heures du matin.

Et M. Gustave s'en alla faire tous ses petits arrangements sur le trois-mâts.

C'était une grande affaire que de rester un mois en mer pour un homme qui vomissait le sang en allant de Délivrande à Trouville dans la patache de la douane.

Le lendemain, au point du jour, le capitaine Chamblon fit le signal d'appareillage.

C'est toujours un spectacle curieux qu'un appareillage, même pour ceux qui y assistent tous les jours, et qui les regardent de la jetée.

A plus forte raison pour les Parisiens qui ne l'ont jamais vu, et qui sont intéressés à cet appareillage, dont ils sont les acteurs, et dont leur bâtiment est le théâtre.

Il va sans dire que toute la troupe comique, directeur et régisseur en tête, était sur le pont.

Deux navires en charge pour la Guadeloupe, partaient tous deux en même temps. L'heure de lever l'ancre venue, le second navire, qui par sa

Le capitaine Chamblon. — Page 57.

position devait partir le premier, se mit en mouvement, et passa sans encombre du bassin à la rade, et de la rade à la mer.

Mais il n'en fut pas de même de l'*Industrie* qui jaugeait cent cinquante tonneaux de plus que le premier; soit que la marée n'eût point atteint la hauteur voulue, soit que le bâtiment eût été mal manœuvré par le pilote côtier, il toucha, et ne put sortir.

Le départ fut donc remis à la marée prochaine.

Mais, la marée prochaine venue, le vent avait tourné, et était devenu contraire.

Dès le même soir, on avait perdu l'autre bâtiment de vue.

Pendant un mois, le vent s'obstina à rester nord-nord-ouest, de sorte que, pendant un mois, l'*Industrie* demeura dans le bassin.

Pendant ce temps, M. Gustave errait dans les environs.

Il fuyait les émissaires Seveste.

Le mois s'écoula sans accidents.

Au bout du mois, il entendit le tambour qui annonçait le prochain départ de l'*Industrie*.

Il regagna le bord.

Le lendemain, grâce à une manœuvre habile et un bon vent, le trois-mâts sortit heureusement du port, et gagna triomphalement la haute mer.

XIV

Le capitaine Chamblon. — M. Gustave dans son cadre. — La Sainte-Cécile. — Dialogue entre deux navires. — Les canards et les cocardes. — Un *penaud*. — Utilité du dictionnaire de l'Académie. — Le second fait *penaud* ou *pennon*. — Gustave sculpte un bonhomme. — Calme plat. — Le bonhomme à la mer. — La Guadeloupe. — Le dictionnaire de Bescherelle.

Ce retard d'un mois avait mis tout le monde de mauvaise humeur, et particulièrement le capitaine Chamblon.

Le capitaine Chamblon était un homme de quarante à quarante-cinq ans, grand, froid, sec, grave, et même triste de visage.

Il était chevalier de la Légion d'honneur, et avait gagné sa croix sur un bâtiment de guerre.

Au reste, le vent était bon. Ce vent, contraire tant qu'on était dans les eaux de la Manche, était devenu excellent dès qu'on avait doublé le cap Finistère.

Malgré ce temps favorable, M. Gustave ne bougeait guère de son cadre, où, en terme de marine, il était en train de *compter ses chemises*.

Au bout de sept ou huit jours de traversée, le directeur, qui, en sa qualité de voyageur patenté, avait le pied marin, s'approcha de son pensionnaire :

— Eh! maître Gustave! lui dit-il en faisant sonner un admirable creux.

— Monsieur Marest! répondit Gustave d'un ton lamentable.

— Êtes-vous là?

— Pardieu! je le crois bien que j'y suis.

Et il essaya de lever la tête.

— Bon! je vous vois, cela suffit. Je viens vous dire que c'est après-demain la Sainte-Cécile.

— Eh bien?

— Eh bien, il faudra tâcher de lui chanter quelque chose, à cette pauvre sainte.

— Ah! monsieur Marest... si le bâtiment continue de rouler comme il fait en ce moment, je vous déclare que je ne quitte pas mon cadre.

— Soyez tranquille, nous aurons un temps superbe. J'ai arrangé cela avec le régisseur.

En effet, le surlendemain, en arrivant devant Madère, le vent se calma tout à coup.

En deux ou trois heures, la mer présenta l'aspect d'un immense miroir.

Vers cinq heures du soir, sous un ciel d'azur, en vue de Madère, on dressa la table.

Le capitaine offrait aux passagers un repas extraordinaire, orné de bordeaux et émaillé de champagne.

Le régisseur avait tenu parole, le temps était magnifique et le navire ne faisait pas le moindre mouvement.

Le dîner terminé, tout le monde monta sur le pont.

C'était pendant une de ces merveilleuses soirées comme il en tombe du ciel sur le lac Majeur, sur les mers de Sicile, sur ces gigantesques corbeilles de fleurs qu'on appelle les îles de l'Océanie.

A la vue de ces îles embaumées, de cette mer étincelante, de cet azur profond du ciel espagnol, personne ne songea plus au mauvais temps de la veille, et tous les musiciens, accordant leurs instruments, partirent avec le même ensemble que s'ils étaient à l'orchestre.

En même temps la troupe entière entonna le chœur de la *Dame blanche* :

Sonnez, sonnez, cors et musettes!

On chantait et l'on accompagnait avec d'autant plus d'entrain que l'on avait un public.

Un brick anglais s'était approché jusqu'à la distance de trois ou quatre encâblures, et son pont, couvert de spectateurs, applaudissait à ce concert improvisé.

Puis, lorsque les chœurs de la *Dame blanche* eurent cessé, un duo de cors commença à bord du bâtiment anglais, exécuté avec une perfection rare.

Ce fut à l'*Industrie* d'applaudir à son tour.

Alors le dialogue commença entre les deux

bâtiments; ils étaient si rapprochés, que l'on pouvait causer d'un bord à l'autre.

— Vous avez donc tout un orchestre à bord? demanda le brick.

— Je crois bien, nous allons à la Guadeloupe avec une troupe d'opéra-comique, répondit l'*Industrie*, et vous?

— Nous, nous avons deux artistes qui vont à New-York se faire entendre dans les concerts.

— Ah! bravo!

Et l'on se fit des compliments par-dessus bord.

Puis les musiciens de l'*Industrie* donnèrent une seconde fois le signal du chant, et l'on entonna le chœur de *Joseph* :

Dieu d'Israël, père de la nature!

De son côté, le bâtiment anglais répondit par un second concerto.

Et cela dura ainsi une partie de la nuit.

Nuit sereine, embaumée, harmonieuse, qui resta dans le souvenir de tous ceux qui y prirent part.

Enfin les musiciens français jouèrent l'air de *Vive Henri IV*, les musiciens anglais répondirent par le *God save the King*. On se dit bonsoir, on se souhaita une bonne nuit, chacun descendit lentement, à regret, pour reprendre place dans son cadre, mais enfin chacun descendit, et il ne resta plus sur le pont que le timonier, ne quittant point de l'œil sa boussole, et le capitaine Chamblon, lequel, penché à l'arrière, suivait du regard le sillage du bâtiment, qui semblait fendre une mer de feu.

Le lendemain, quand les passagers remontèrent sur le pont, on n'apercevait plus le bâtiment anglais, meilleur marcheur que l'*Industrie*, que comme un point blanc, qui semblait les ailes étendues d'une mouette rasant les flots à l'horizon.

Au bout de deux ou trois jours, on eut trop de ce calme qu'on avait tant désiré; on ne faisait pas dix lieues en vingt-quatre heures; le capitaine Chamblon, surtout, était d'une incessante mauvaise humeur.

Le capitaine Chamblon était comme M. Jean : on avait oublié de lui apprendre à rire quand il était jeune.

Seulement, M. Jean était grave; mais il était calme.

Le capitaine Chamblon ne sortait de sa taciturnité que pour tomber dans la plus violente agitation intérieure.

Les seuls moments où il parût éprouver un faible sentiment de bien-être étaient ceux où, penché, comme nous l'avons dit tout à l'heure, sur le sillage du bâtiment, il semblait mesurer du regard les abîmes insondables de la mer.

On sentait qu'il y avait au fond du cœur de cet homme ou un chagrin profond, ou une pensée terrible.

Peut-être tous les deux...

Ce calme l'irritait au plus haut point.

Ce calme, au contraire, réjouissait fort Gustave, en ce qu'il lui permettait de se promener sur le pont et d'étudier en peintre ces magnifiques couchants de soleil de l'équateur.

Un jour que M. Gustave se promenait sur le pont avec les autres passagers, lesquels se distrayaient en mettant des cocardes aux canards.

— Ah! pardon, lecteurs; si vous n'avez pas fait de longues traversées, vous devez ignorer complétement ce que c'est que cette distraction.

Nous allons vous le dire.

On fait une cocarde en papier blanc, bleu, jaune, rouge ou vert, peu importe la couleur, d'un à trois pouces de diamètre; la grandeur, comme la couleur, dépend absolument du goût du cocardier.

On attache solidement au centre de la cocarde un bout de fil.

A l'extrémité de ce bout de fil on adapte un morceau de pain.

On jette le tout à un canard.

Le canard, naturellement, préfère le pain à la cocarde; avec sa gloutonnerie ordinaire, il avale le pain, le fil suit le pain, la cocarde suit le fil.

Arrivée au bout du bec de l'animal, elle hésite un instant, puis elle se décide pour la droite ou pour la gauche et finit par aller se coller sur l'un ou l'autre œil.

Ce qui donne au canard un air grotesque, qui prête à rire aux spectateurs.

Cela ne vous ferait pas rire, répondez-vous dédaigneusement. Tâtez de la pleine mer quinze jours, soyez quinze jours sans voir autre chose que le ciel et l'eau, dans le ciel que les albatros et des pailles en queue, dans la mer que des bonites et des dorades, entre le ciel et la mer que des poissons volants, et vous verrez que vous n'aurez pas absolument besoin pour rire de Ravel, d'Arnal ou de Grassot, jouant une pièce de mes bons et spirituels confrères Duvert et Lauzanne.

Tout le monde riait donc de voir une douzaine de canards se promener gravement sur le pont, ayant chacun collée à la tempe une cocarde de grandeurs et de couleurs différentes, lorsqu'on entendit la voix du capitaine qui disait au second :

— Monsieur, faites un *penaud;* que nous voyions au moins de quel côté vient le vent.

Les passagers se regardèrent entre eux, et se demandèrent tout bas :

— Qu'est-ce qu'un penaud ?

Personne ne le savait.

L'un d'eux avait un dictionnaire de l'Académie. Il descendit dans la cabine et chercha *penaud.*

Il trouva :

« *Penaud, aude,* adj., qui est embarrassé, honteux, interdit. — *Quand on lui dit cela, il demeura penaud;* — *elle fut bien penaude.* Il n'est d'usage que dans le style familier. »

Le passager remonta avec son dictionnaire tout ouvert à la page 262, 3ᵉ colonne, et montra le mot à ses compagnons.

Il fut convenu d'un commun accord que ce ne pouvait pas être cela.

On s'approcha alors du second, qui s'était mis en devoir d'obéir immédiatement au capitaine.

Voici comment il procédait :

Il avait pris un bouchon de bouteille à vin de Bordeaux, le plus long qu'il avait pu trouver; il l'avait taillé en pointe à l'une de ses extrémités, laissant l'autre extrémité dans toute sa grosseur.

Puis il avait coupé le bouchon en vingt rondelles d'une ligne d'épaisseur chacune.

Chacune de ses rondelles allait en diminuant, selon qu'elle s'approchait du bout taillé en pointe.

La plus grande avait la largeur d'une pièce de vingt sous, la plus petite n'était pas plus large qu'une lentille.

Cela continuait de n'avoir pas le moindre rapport avec la définition donnée par le dictionnaire de l'Académie.

La curiosité n'en était pas moins excitée au plus haut point.

— Monsieur, hasarda le passager au dictionnaire de l'Académie, en s'adressant au second, est-ce bien un *penaud* que se nomme l'objet que, par ordre du capitaine, vous êtes en train de confectionner ?

— Penaud, ou pennon, je ne sais pas bien; mais je crois que c'est pennon, quoique nous autres marins nous disions généralement penaud.

Oh! ce sera pennon, dit le passager au dictionnaire. Et, tournant le feuillet, il trouva, à la première colonne de la 265ᵉ page :

« *Pennon.* »

— Ah! fit-il, voilà.

« *Pennon,* s. m. »

— Une chose qui se fait avec un bouchon doit être naturellement un substantif masculin. C'est bien cela.

« *Pennon,* s. m. C'était autrefois une sorte de bannière ou d'étendard à longue queue, qu'un chevalier qui avait vingt hommes d'armes sous lui était en droit de porter. »

Le monsieur au dictionnaire se retourna vers le second pour voir si l'objet prenait la forme d'une *bannière* ou *étendard* à longue queue, et il vit le second tenant entre ses genoux une poule que venait de lui apporter un mousse, et arrachant du ventre de cette poule les plumes les plus fines et les plus dorées.

Puis, quand il crut avoir la quantité de plumes suffisantes, il remit au mousse, qui l'alla reporter dans sa cage, la poule, qui avait beaucoup crié pendant l'opération.

— Ça ne peut pas être cela non plus, disaient les uns après les autres, et en se passant le dictionnaire de l'Académie, les passagers faisant cercle autour du second.

— Cependant, messieurs, disait le propriétaire du précieux volume, le dictionnaire de l'Académie, c'est la loi et les prophètes.

Et d'autant plus la chose devenait sérieuse, d'autant plus l'attention redoublait.

Les rondelles du bouchon taillées, les plumes de la poule arrachées, le second passa un fil, au bout duquel il avait fait un nœud, dans la plus petite des rondelles, qu'il poussa jusqu'au nœud, puis dans la seconde, qu'il poussa à la distance d'un pouce de la première, puis dans la troisième, qu'il poussa à la distance de dix-huit lignes de la seconde, et ainsi de suite, en observant toujours une distance plus grande à mesure que les rondelles grandissaient.

Puis, sur la circonférence des rondelles, il enfonça, par le côté résistant, les plumes de la poule, de manière à ce que ces plumes fissent le rayonnement d'un espèce de soleil, dont la rondelle était la face ou la partie solide.

Il va sans dire que le *penaudier* ou le *pennonceur* assortissait la grandeur des plumes à la grandeur des rondelles.

Les grandes plumes aux grandes rondelles, les petites aux petites.

Puis il noua la ficelle ou plutôt le fil à l'extrémité d'un bâton d'un pied et demi de haut, qu'il planta dans la muraille du bâtiment.

Le moindre vent suffisait pour soulever ces rondelles de liége et de plumes, et indiquer, par conséquent, de quel côté il soufflait.

— Bravo! dit le capitaine, au moins, désormais, nous saurons à quoi nous en tenir.

Gustave avait remarqué l'importance que le capitaine attachait à sa girouette, et il avait résolu de lui faire une surprise.

Il commença par se procurer un beau morceau de bois de gayac de dix-huit pouces de long.

Puis, à la partie supérieure, il sculpta avec son canif un bonhomme de six à huit pouces de haut.

A ce bonhomme il ajouta un bras mobile en bois de sapin, le plus léger de tous les bois, qu'il peignit de la couleur du bois de gayac.

Le reste du morceau de bois était une espèce de colonne Trajane, sur laquelle le bonhomme se tenait debout.

Puis, le jour où le bonhomme et sa colonne furent sculptés, il jeta le bâton du pennon à la mer, planta le bonhomme et sa colonne à la place du pennon, et à la main mobile du bonhomme il attacha le fil avec les rondelles du bouchon emplumées.

Au moindre vent, les rondelles flottaient, non pas soulevées par la main du bonhomme, mais au contraire la soulevant.

A cette vue, la physionomie du capitaine Chamblon s'éclaira d'un sourire; c'était le premier qu'on eût vu passer sur son visage.

Mais cette satisfaction ne fut pas de longue durée. Dès le même jour, le vent tomba de telle façon, qu'après avoir montré ce qu'il était capable de faire au moindre souffle de vent, le pennon demeura immobile.

La mer d'Aulide n'était pas plus inerte sous les galères des Grecs que ne l'était l'Atlantique sous la carène de l'*Industrie*.

Le capitaine Chamblon était fort superstitieux. En voyant ce calme absolu, il se figura que c'était le bonhomme de M. Gustave qui portait malheur au bâtiment.

Aussi ne passait-il plus devant le bonhomme sans lui adresser quelque menace ou quelque gros mot.

Enfin une nuit, dans son impatience, il prit la colonne, le bonhomme, les rondelles emplumées, et jeta le tout à la mer.

Une heure après, un grain effroyable s'était déclaré, et le bâtiment, quoique courant à sec de voiles, filait plus de huit nœuds à l'heure.

M. Gustave, qui dormait sur la foi du calme, se réveilla tout à coup, secoué dans son tiroir comme une vieille amande dans sa coque.

Son premier cri fut :

— Du thé!

Quoique le capitaine envoyât d'habitude promener tous ces *braillards* de passagers, il avait, à cause de ses talents, recommandé particulièrement M. Gustave au mousse.

Le mousse arriva avec l'infusion chinoise demandée.

— Ah! ah! dit le mousse, nous avons donc besoin de ce pauvre Gringalet?

M. Gustave avait ainsi baptisé le mousse, en souvenir du fameux Gringalet de Caen.

— Ah! mon ami, mon cher Gringalet, qu'y a-t-il donc? demanda M. Gustave.

— Il y a que le capitaine a jeté à la mer votre maudit *penaud* qui avait charmé l'*Industrie*, si bien que nous faisons maintenant trois lieues à l'heure.

Le grain dura quinze jours, et faillit jeter le bâtiment sur la côte du Sénégal.

Le mauvais temps fut tel, qu'on ne songea pas même à faire le baptême du bonhomme Tropique.

Enfin, le seizième jour, il y eut un moment de relâche. Madame Dupuis, femme du baryton, en profita pour accoucher.

Son mari fut la sage-femme ; le capitaine, l'officier de l'état-civil ; le directeur de la troupe, le parrain, et la première chanteuse, la marraine.

A partir de l'accouchement de madame Dupuis, on eut du beau temps.

— Le quarante-cinquième jour après le départ du Havre, le matelot en vigie dans les barres de perroquet cria :

— Terre!

Cette terre, c'était la Guadeloupe.

— Maudit penaud! dit le capitaine; et quand on pense que, si je ne l'avais pas jeté à la mer, nous serions encore à la hauteur du cap Mogador.

— C'est égal, capitaine, dit M. Gustave, un autre fois je vous ferai autre chose que de la sculpture. Mon pauvre bonhomme, auquel j'avais travaillé trois jours, et sur lequel j'ai cassé les deux lames de mon canif!

— Bon! monsieur Gustave, dit à voix basse Gringalet, le capitaine ment; il n'a jeté à la mer que le fil et les rondelles du bouchon. Quant au bonhomme, je l'ai encore vu hier dans le tiroir de sa commode; et quand vous voudrez, je vous le montrerai.

M. Gustave donna un petit écu à Gringalet : l'honneur était sauf!

Quant au passager au dictionnaire, il ne revint en France qu'en 1838 ou 1839, au moment où l'on publiait le dictionnaire de Bescherelle.

Apprenant qu'un nouveau dictionnaire venait de paraître, il se rendit chez l'éditeur et demanda la permission de le feuilleter. Cette permission lui fut accordée.

Il chercha le mot qui depuis dix ans le préoccupait, et trouva :

« *Pennon*, s. m., sorte de girouette composée d'un bâton armé à sa partie supérieure de petites tranches de liège sur la circonférence desquelles sont plantées de petites plumes, pour faire reconnaître la direction du vent. »

— Ah! s'écria-t-il, voilà donc un homme qui en sait à lui seul plus que les quarante académiciens!...

XV

Arrivée. — M. Gustave dans un café. — Dialogue avec un créole. — Gustave, négrophile, reçoit un avertissement. — Le bon gendarme. — Gustave dans le costume d'Adam après sa chute. — Le capitaine Chamblon se laisse couler à la mer. — Son oraison funèbre.

Cette terre, nous l'avons dit, c'était la Guadeloupe.

On comprend que, du moment où l'on eut crié : Terre! tout le monde fut sur le pont.

Seulement, au milieu de l'atmosphère transparente des tropiques on distingue à des distances inouïes.

La terre, signalée à sept heures du matin, ne fut réellement visible que trois heures après, et ce ne fut que vers cinq heures du soir que l'*Industrie* longea la côte de l'Arbousier.

A trois ou quatre lieues de distance, on apercevait, à l'aide des lunettes d'approche, des centaines de barques entourant le vaisseau français qui garde la côte, et qu'on appelle le *Stationnaire*.

Ces embarcations paraissaient attendre l'*Industrie*.

Au fur et à mesure que l'on approchait, des démonstrations de joie éclataient à bord des embarcations, démonstrations si expressives et si bruyantes, que l'on se demandait quelle pouvait être la cause de cette satisfaction universelle, qui dépassait les limites d'une joie ordinaire.

Les premiers mots que l'on échangea des embarcations avec le bâtiment, et du bâtiment avec les embarcations, donna l'explication de l'énigme.

Le bâtiment qui était parti du Havre le jour où devait partir l'*Industrie*, était en destination de la Guadeloupe. Il avait fait la traversée en vingt-cinq jours, et avait annoncé en entrant dans le port l'apparition prochaine de l'*Industrie*, qui, étant partie le même jour que lui, ne pouvait point tarder à arriver.

Ayant vu l'appareillage du trois-mâts, et ignorant que le trois-mâts n'avait pu sortir, il devait croire qu'il le suivait.

L'*Industrie*, au contraire, on s'en souvient, était restée un mois retenue au Havre.

Le navire était donc depuis cinq jours à la

Pointe-à-Pître, quand l'*Industrie* mettait à la voile.

Quarante-cinq jours de traversée, joints à ces cinq jours, faisaient un retard de cinquante jours.

Pour les habitants de la Guadeloupe, il était donc évident que l'*Industrie* avait péri.

Or au nombre des passagers il y avait sept ou huit créoles de l'île, presque tous jeunes gens des meilleures familles de la Pointe-à-Pître, de sorte que ce retard, qui ne laissait aucun doute sur quelque sinistre inconnu, avait plongé toute la ville dans la désolation.

Il en résultait que, au moment où la vigie du port avait signalé le trois-mâts l'*Industrie*, un grand cri de joie s'était élevé de la ville.

Or, l'*Industrie* arrivait à pleines voiles, et rien dans sa mâture ou ses agrés n'indiquait la moindre avarie.

Loin que le nombre de ses passagers eût diminué, il avait augmenté, au contraire.

C'était une chose merveilleuse à voir pour des Européens que cette belle île à la végétation luxuriante, se détachant sur le fond d'or d'un soleil couchant, que cette mer transparente, toute couverte d'embarcations, faisant jaillir sous leurs rames des gerbes de diamants roses, fond et cadre du tableau représentant la *Fête du Retour*.

Embarcations et bâtiments se rejoignirent près du stationnaire ; à l'instant même il se fit un échange de tendresses, un assaut d'embrassements ; les gens des embarcations montèrent à bord, tandis que de tous côtés quelques-uns des passagers descendaient dans les embarcations au risque de tomber à la mer.

On ne voyait que bras tendus, que poitrines ouvertes, qu'yeux mouillés de larmes.

La troupe comique était en dehors de toutes ces démonstrations ; la curiosité seule l'attendait, et la curiosité n'a rien de bien tendre.

On entra dans la ville à la nuit tombante, regardant avec étonnement ce spectacle si nouveau à des yeux européens, de toute une population noire à peu près nue.

Le soir de l'arrivée fut employé à chercher des logements.

Rien de plus facile, au reste, à trouver qu'un *logement* tout garni à la Pointe-à-Pître.

Une foule de belles négresses, de dix-huit à vingt ans, n'ont pas d'autre industrie que de louer *en garni* les deux ou trois chambres qu'elles habitent.

Au choix du locataire, elles portent leurs lits dehors, ou le laissent à l'intérieur ; c'est d'une simplicité patriarcale.

Dès le soir de son arrivée, M. Gustave alla au café, et pensa se faire une affaire.

Tout l'étonnait ; il regardait tout avec des yeux avides, il écoutait tout avec des oreilles curieuses.

Deux créoles causaient ; il écouta ce que disaient les deux créoles.

Il était question d'un nègre nommé Cicéron.

— Monsieur, dit un des créoles à notre héros, je vois à votre teint que vous êtes Européen.

— Ma foi, monsieur, vous ne vous trompez pas.

— Et même que vous venez pour la première fois aux Antilles.

— Il y a deux heures que j'ai fait mon entrée à la Pointe-à-Pître.

— Eh bien ! monsieur, je parie une chose.

— Laquelle ?

— Je parie que vous plaignez les nègres.

— Pariez, monsieur, vous gagnerez.

— C'est incroyable qu'on plaigne des brigands pareils.

— Pourquoi ne les plaindrais-je pas ? En somme, ce sont des hommes.

— Des hommes, voilà de singuliers hommes, par exemple. Tenez, regardez monsieur.

Et le créole montrait à Gustave le créole avec lequel il causait.

— Eh bien ! je regarde monsieur... Après ?

— Eh bien, il achète un nègre.

— Il achète un nègre.

— Il le paye deux mille quatre cents francs.

— Deux mille quatre cents francs !

— Le drôle voit compter l'argent devant lui, — comprenez-vous bien, — il voit compter l'argent.

— Il voit compter l'argent ; vous voyez que je vous suis avec attention.

— Eh bien, devinez ce qu'il fait...

— Comment voulez-vous que je devine cela ?

— Il se pend cette nuit, monsieur.

— Il se pend !... vraiment ?

— C'est comme j'ai l'honneur de vous le dire. Comment trouvez-vous ce drôle-là ?

— Moi, monsieur, je le trouve superbe.

— Plaît-il ?

— Je vous dis que je le trouve superbe.

— Monsieur, il ne faudrait pas dire souvent

de pareilles choses ici et dans la compagnie des créoles.

— Pourquoi cela?

— Mais, parce que l'on a la tête assez chaude à la Guadeloupe, et que l'on tire très-bien le pistolet,

— Eh bien, que voulez-vous que cela me fasse?

Les deux hommes se regardèrent, en se disant des yeux:

— Ah çà, mais qu'est-ce donc qu'un pareil révolutionnaire?

Ils quittèrent le café.

Le lendemain, à sa première sortie dans la rue, M. Gustave vit une vieille femme qui frappait sur la tête d'une esclave à grands coups de douves de tonneau; le sang coulait de tous côtés.

M. Gustave, en brave chevalier, défenseur du faible, s'élança dans la maison et fit lâcher prise à la femme.

Laquelle, trouvant fort étonnant qu'un blanc apportât du secours à une esclave, alla se plaindre au gouverneur.

Le gouverneur envoya chercher M. Marest, lui raconta le scandale que causait M. Gustave en se posant carrément comme abolitionniste, et le prévint que, si une troisième plainte était déposée contre lui, il serait conduit à bord du premier bâtiment en rade pour la France, avec invitation au capitaine de le déposer le plus vitement possible, soit à Nantes, soit à Brest, soit au Havre.

Le directeur, tout effaré, fit venir M. Gustave, qui, invité à demeurer tranquille à l'endroit des nègres et des négresses, se le tint pour dit, et résolut de ne plus s'occuper d'autre chose que de ses répétitions, qui commencèrent dès le surlendemain.

Huit jours après, il débuta dans les Stanislas, et obtint le plus grand succès.

La troupe de M. Marest s'était réunie à l'ancien noyau d'une autre troupe qui l'avait précédée, et qui avait pour directeur un brave et excellent homme, nommé Verteuil, oncle ou cousin de Verteuil, qui est aujourd'hui secrétaire du Théâtre-Français. Il était en même temps parent de mademoiselle Georges.

Ce qui doublait, au reste, les chances de réussite des nouveaux venus, c'est qu'ils exploitaient à la fois la Pointe-à-Pître et la Basse-Terre.

Une petite goëlette, qui faisait le service entre les deux villes principales de l'île, conduisait les artistes de l'une à l'autre en quelques heures.

Mais on se rappelle la répugnance de M. Gustave pour la plaine liquide, comme disaient MM. les poëtes de l'empire. Or, comme notre héros, — on a pu s'en apercevoir d'ailleurs, — était marcheur aussi excellent que mauvais marin, et que les deux villes n'étaient séparées par terre que de douze ou quatorze lieues, il faisait par terre, à pied, le chemin que les autres faisaient, par mer, en goëlette.

Entre les deux parties de l'île désignées par les noms de Haute et Basse-Terre, et marquant les limites tracées par la nature entre elles, coulaient trois torrents.

Le premier s'appelait les *Trois-Rivières*.

Le second, la *Goyave*.

Le troisième, la *Moustique*.

Arrivé en temps ordinaire, c'est-à-dire dans la saison d'été, sur les bords de la *Goyave* ou de la *Moustique*, M. Gustave se contentait d'ôter ses chaussettes et ses souliers, de relever son pantalon et de sautiller de pierre en pierre, jusqu'à ce qu'il eût atteint l'autre rive.

Arrivé sur le bord des *Trois-Rivières*, il enlevait non-seulement ses chaussettes et ses souliers, mais encore son pantalon, et, en marchant avec la plus grande précaution, il passait ayant en certains endroits de l'eau jusqu'à la ceinture.

En temps extraordinaire, c'est-à-dire dans la saison des pluies, là où, l'été, il n'ôtait que bottes et chaussettes, il ôtait bottes, chaussettes et pantalon.

Là où il n'ôtait que bottes, chaussettes et pantalon, il ôtait tout, faisait un paquet de tout, le mettait sur sa tête et passait à la nage.

Au retour, ce n'était rien.

A un quart de lieue de l'autre côté du torrent, sur le sol de la Basse-Terre, il y avait un village.

Dans ce village, une boutique de morue sèche, de tafia et de farine de manioc.

Dans cette boutique un gendarme.

Dans l'écurie de ce gendarme, un cheval.

M. Gustave s'arrêtait dans cette boutique pour se laver les pieds avec du tafia.

Il avait fini par se faire l'ami du gendarme.

Quand il allait à la Basse-Terre, cette amitié lui était de toute inutilité, mais quand il en revenait, c'était autre chose.

Le gendarme montait à cheval, prenait M. Gustave en croupe, lui faisait passer les Trois-Rivières, la Goyave et la Moustique, le déposait à terre, repassait seul les torrents et revenait chez lui remettre son cheval à l'écurie, vendre sa morue sèche, son tafia, sa farine de manioc et servir le gouvernement dans ses moments perdus.

Or, un jour arriva que les rivières étaient tellement grosses, qu'il fallait tout ôter pour traverser la Goyave et la Moustique, et qu'en traversant à la nage les Trois-Rivières, la nécessité où fut M. Gustave de se servir de ses deux mains lui fit lâcher le paquet qu'il portait sur la tête.

Ce paquet, qu'on ne l'oublie pas, c'étaient ses chaussettes, ses bottes, son pantalon, sa redingote, son gilet et sa chemise.

On comprend combien M. Gustave tenait à ce paquet.

Aussi fit-il des efforts inouïs pour le rattraper, mais tous ses efforts furent inutiles.

La seule chose que M. Gustave put faire, ce fut de ne pas suivre son paquet emporté dans le golfe du Mexique, et de sauver sa propre personne.

Il la sauva et commença par s'en féliciter beaucoup.

Mais, ses félicitations offertes et reçues, M. Gustave se trouva nu comme un ver.

Restait bien le gendarme et sa boutique.

Mais la boutique du gendarme était située au centre du village.

Il fallait parvenir à ce centre.

C'est assez commun de voir des nègres aussi nus que l'était M. Gustave, et, vu la couleur de la peau, personne n'y fait attention. Mais il n'en est point de même des blancs.

M. Gustave se trouvait juste dans la situation de Robinson dans son île, ou d'Adam dans le Paradis.

Mais il n'avait point les peaux de bête de Robinson.

Il est vrai qu'il avait les feuillages d'Adam.

Ce fut donc le costume d'Adam après sa chute qu'il adopta, et avec lequel il fit son entrée dans le village d'abord, dans la boutique de son gendarme ensuite.

Parvenu là, il était sauvé.

Le gendarme lui prêta *charivari*, habit, bonnet de police.

Ce fut dans ce costume qu'il rejoignit la troupe.

Le public savait l'aventure, et fit à Stanislas une magnifique entrée.

Que faisait le capitaine Chamblon pendant ce temps?

Le capitaine Chamblon avait repris chargement aussi vite que possible, et s'était remis en mer avec son second, qui était non pas un simple lieutenant, mais un capitaine aussi savant et aussi habile que lui. On se demandait pourquoi cette alliance de deux supériorités maritimes, et les plus habiles ne pouvaient rendre compte de cette bizarrerie.

Trois jours après son départ de la Guadeloupe, la chose fut expliquée.

Le capitaine, selon son habitude, était à la poupe, et penché en dehors du bâtiment, regardait dans le sillage ce je ne sais quoi qui semblait si fort le préoccuper.

Cette fois, sa préoccupation fut si grande, qu'il oublia la loi de la pondération, et, levant les jambes en même temps qu'il baissait la tête, il se laissa tout doucement couler à la mer, où il tomba sans jeter le plus petit cri, ce qui prouvait que c'était bien volontairement qu'il accomplissait cette action, et que la maladresse n'y était pour rien.

Cinq minutes après cet événement, qui s'était passé si secrètement que le timonier ne s'était pas même retourné, le second parut hors de l'écoutille, et regarda autour de lui, comme un homme qui cherche quelqu'un.

Puis, ne trouvant point ce qu'il cherchait :

— Où est le capitaine Chamblon? demanda-t-il au timonier.

— A l'arrière, lieutenant, répondit celui-ci.

— Comment, à l'arrière? Je ne vois personne.

Le timonier, tout étonné, se retourna.

— Tiens, dit-il, c'est singulier. Il était là tout à l'heure.

— Oui, répondit le second, mais il n'y est plus.

Les deux hommes se regardèrent en secouant la tête.

— Le capitaine avait beaucoup de chagrins dans son intérieur, dit le timonier.

— Ah! fit le lieutenant, voilà donc pourquoi, depuis trois jours, il m'a mis au courant de tout comme lui-même.

— Il faudrait voir dans sa chambre, dit le timonier.

— S'il y est... ajouta le lieutenant en secouant la tête d'un air de doute.

— Non, — mais pour savoir s'il n'a pas laissé quelque chose.

Le gendarme lui prêta charivari, habit, bonnet de police. — Page 64.

— Tu as raison, dit le lieutenant, et il descendit.

Puis, remontant au bout de quelques instants :
— Tout est bien, dit-il, et notre responsabilité est sauvegardée.
— Il avait donc laissé un papier !...
— Qui explique tout...
— De sorte que le pauvre capitaine...
— Dieu veuille avoir son âme ! dit le lieutenant, en levant son chapeau,

Ce fut l'oraison funèbre du capitaine Chamblon.

XVI

La troupe donne des représentations à la Martinique et à la Trinidad. — Chasse aux serpents. — Un serpent corail dans un bocal. — Mademoiselle Mélanie pour la vie. — Gustave fait la barbe au père Verteuil.

Il y eut cependant une circonstance où M. Gustave fut obligé de se confier de nouveau à l'élément perfide. Il s'agissait d'aller donner des représentations à la Martinique et à la Trinidad, et, si ingénieux que l'on fût, il n'y avait pas moyen de faire le voyage par terre.

On s'embarqua donc vers la fin de juillet sur la goëlette la *Comtesse de Bouilly*, capitaine Mandard.

Le surlendemain, dans la nuit, on jetait l'ancre devant la Martinique.

Au point du jour, des canots entouraient la goëlette.

La Martinique n'a point de port, mais seulement une rade, exposée à tous les vents; le moindre grain qui souffle emporte les navires qui stationnent dans ses eaux, comme il emporterait une volée d'oiseaux effarouchés.

Un séjour de deux mois à la Guadeloupe avait rendu les comédiens familiers avec toutes les étrangetés qui les avaient d'abord préoccupés à leur arrivée aux Antilles. La seule qui les frappa en débarquant à la Martinique fut la quantité de serpents qu'ils trouvèrent pendus aux arbres.

Non-seulement, comme on le comprend bien, chacun a droit de vie et de mort sur ces malfaiteurs; mais encore contre toute tête de serpent on paye une prime; il en résulte que les nègres se livrent avec ardeur à la chasse des reptiles,— chasse à laquelle ils sont très-adroits.

En général, le serpent fuit devant l'homme, — le nègre court après lui, l'attrape par la queue, le fait tourner comme une fronde et lui brise la tête contre le premier mur, le premier arbre ou la première pierre qu'il rencontre.

Sinon contre la terre, notre mère commune, qui devient alors une marâtre pour le serpent.

Ces sortes de reptiles sont si communes à la Martinique, que souvent, dans les grandes pluies, on voit passer, emportés par les ruisseaux dans les rues qui vont en pente, des serpents qui viennent de la campagne, et que le torrent roule malgré eux vers la mer.

Quelque temps avant l'arrivée de la troupe comique, un nègre de la Martinique était mort mordu par un serpent corail, un des plus dangereux de la race ophidienne; le serpent avait été ficelé dans une botte de foin, et le nègre, en éparpillant le foin avec ses doigts pour le donner aux chevaux de son maître, avait été piqué par le serpent.

Ces serpents, qui faisaient grand'peur à tous les Européens, étaient fort recherchés par le père Verteuil; c'était un beau, brave et spirituel vieillard, avec une figure sereine, de beaux cheveux blancs, jouant la comédie sur une jambe à peu près paralysée, et faisant des chansons très-charmantes dans ses moments perdus.

Mais, à la Martinique, il n'avait plus de moments perdus, — il collectionnait des serpents, des iguames, des caïmans, qu'il mettait les uns dans des bocaux, les autres sur des planches, et qu'il destinait au musée de Marseille.

M. Verteuil avait été directeur du théâtre de Marseille, et avait conservé une tendresse profonde pour l'antique Phocée.

Il avait avec lui une vieille gouvernante, qui, il faut le dire, ne partageait pas ses sympathies en histoire naturelle; les premières querelles qui eurent lieu entre eux eurent lieu à propos d'un serpent à sonnettes que M. Verteuil tenait à conserver vivant, et à qui *Mélanie pour la vie* avait écrasé la tête d'un coup de manche à balai.

« Pourquoi dites-vous *Mélanie pour la vie?* » demandera le lecteur.

Ah! c'est vrai : vous ne pouvez point savoir, chers lecteurs, ce que savaient nos comédiens.

La gouvernante du père Verteuil avait l'habitude de signer tous ses comptes :

« *Mélanie pour la vie.* »

« Deux sous de beurre : *Mélanie pour la vie.* — Deux sous de lait : *Mélanie pour la vie.* — Deux sous de farine de manioc : *Mélanie pour la vie.* »

De sorte que toutes les connaissances du père Verteuil avaient pris l'habitude d'appeler sa gouvernante :

— *Mélanie pour la vie.*

Vous voyez que nos explications sont claires et précises.

On resta une quinzaine de jours à la Martinique, puis, la *ville brûlée*, comme on disait du temps du père Dumanoir, que nous retrouverons, soyez tranquilles, on partit pour la Trinidad.

Vous savez, n'est-ce pas, ce que c'est que la Trinidad, île anglaise, malgré son nom espagnol, gisant en face de l'embouchure de l'Orénoque.

Ce fut là que le père Verteuil se trouva véritablement heureux, tandis qu'au contraire *Mélanie pour la vie* entrait dans un état voisin du désespoir.

La Trinité est bien certainement l'île où aborda l'Arche : elle a conservé un échantillon de chaque espèce d'animaux, et quelques-uns, il faut bien leur rendre cette justice, ont multiplié dans une proportion désordonnée.

Entre autres les singes, les perroquets, les lézards, les crocodiles et les serpents.

Gustave, qui était bon marcheur et qui aimait la promenade pour le mouvement même qu'elle procure, restait parfois en extase devant des volées de perroquets de toutes couleurs, devant des tourbillons d'oiseaux mouches bourdonnant autour d'un buisson de fleurs, comme des abeilles autour d'une ruche, ou devant le passage, rapide comme l'éclair, d'un grand lézard qui semblait fait d'une seule émeraude.

Un jour, en entrant chez le père Verteuil, il trouva celui-ci en admiration devant un magnifique serpent corail, roulé au fond d'un de ces bocaux que dans les îles on appelle des pobans.

Le père Verteuil se tenait debout sur sa bonne jambe, appuyé des deux mains sur la table où était posé le bocal, tandis que *Mélanie pour la vie* se tordait les mains dans un coin, à l'aspect de ce nouvel hôte qui venait renforcer la collection de perroquets empaillés, de crocodiles ficelés sur des planches et des lézards jaunissant dans des bocaux.

— Ah ! venez donc, Gustave, venez donc, dit le père Verteuil en apercevant le jeune homme, qui lui apportait un papillon grand comme une assiette, cloué avec une épingle au fond de son chapeau de paille.

— Dites donc, en voilà un joli papillon, monsieur Verteuil.

— Ah bien ! oui, il s'agit bien de papillons.

— Comment, vous méprisez mon papillon !

— Non, donnez-le à *Mélanie pour la vie*, et venez voir mon serpent corail.

— Il est mort, votre serpent corail ?

— Parbleu !

— Oh ! c'est que je ne suis pas comme vous, je ne peux pas souffrir les serpents.

— Ah ! monsieur Gustave, vous avez bien raison ; une femme est bien malheureuse, allez, quand elle est obligée de vivre avec un homme qui a des goûts pareils.

— Tais-toi, vieille folle, et va nous chercher deux bouteilles de tafia.

— Ah ! père Verteuil, dit Gustave, vous croyez que nous n'en aurons pas assez d'une ?

— Mais ce n'est pas pour vous, monsieur Gustave, c'est pour son horrible bête. Tout ce qu'il gagne passe à cela.

— *Mélanie pour la vie !* fit le père Verteuil, en homme qui, sur tout autre point, souffrirait peut-être des observations, mais qui sur celui-là est intraitable.

Mélanie sortit, et M. Gustave, avec une certaine hésitation, s'approcha du bocal, introduisit sa baguette dans le récipient, et commença de tourmenter le reptile, qui demeura immobile malgré toutes les agaceries de M. Gustave.

— Bon ! dit le jeune homme, il est mort.

Et il se pencha à son tour pour voir ce magnifique composé de pierres précieuses, qu'on appelle le serpent corail.

— Il y a une chose qui m'inquiète, dit-il au père Verteuil.

— Laquelle ?

— C'est qu'ordinairement, quand ces paroissiens-là sont morts, ils perdent un peu de la vivacité de leur couleur, et le drôle persiste à être magnifique.

— Il est mort depuis ce matin seulement, de sorte qu'il n'a pas encore eu le temps de s'apercevoir qu'il l'était. Voilà pourquoi je veux le mettre presque vivant dans le tafia. Donne, *Mélanie pour la vie*, que nous offrions la goutte à cette estimable bête.

La gouvernante, de retour de la cave, livra les deux bouteilles avec une expression de regret qu'elle ne se donna pas la peine de dissimuler.

Gustave prit sa badine entre ses dents, déboucha deux bouteilles de tafia, et, une de chaque main, versa à plein goulot dans le poban.

Mais à peine le serpent corail fut-il en contact

avec l'alcool, qu'il poussa un sifflement aigu, et, se dressant sur la queue comme la Guivre des Visconti, s'élança hors du bocal et retomba sur la table.

Par bonheur, d'un mouvement aussi rapide que celui du reptile, Gustave avait lâché la bouteille qu'il tenait de la main droite, avait pris la petite canne qu'il serrait entre ses dents et maintenait sous la pression de la badine l'animal fixé sur la table.

Il y eut un moment assez terrible; le père Verteuil avait fait un pas en arrière, mais, mal servi par sa jambe paralysée, il était tombé dans un fauteuil qui le tenait prisonnier, à dix-huit pouces de la gueule sifflante du reptile.

Mélanie pour la vie avait pris la fuite en appelant du secours; et Gustave, maintenant le serpent sous sa badine, appelait un nègre quelconque de tous ses poumons, en accompagnant cet appel des plus énergiques jurons que pouvait mettre à sa disposition le vocabulaire de la haute et de la petite banque.

— Nègre negla, criait Gustave en créole, veni cher, veni donc, moi de ou.

— V'la, v'la, mouché, dit le nègre en accourant.

— Gade serpent corail là.

Le nègre regarda et comprit la gravité de la situation.

— Paix bouche ou zotes zaffais cabri pas zaffais mouton, ou tane.

Puis, prenant une cravache et s'adressant au serpent :

— Ca yo qua farfouillé su table là mouché zombi. Ah! commissaire police pas qua fait devoir à lui... avec régoise la, moa qua fouté vous en geole.

Et le nègre, maintenant de son côté le serpent avec sa cravache, le prit du bout des doigts par la queue, et, malgré toutes les difficultés qu'il fit, l'introduisit dans le poban, où il le laissa se livrer à une danse macabre des plus frénétiques, mais devenue sans danger, grâce à l'application du bouchon maintenu par une ficelle.

Alors, seulement alors, le père Verteuil respira.

— Merci, cher, ca ou vlc pour service là.

— Mouché t'en prie, répondit le nègre; baillé-moi you petit goude, pour gagner tafia; mon téni chaud, moi qua sué.

— Mais non, tu ne sues pas, farceur, dit Gustave.

— Ah! mouché! s'écria le nègre, moa qua sué en dedans.

On donna la gourde au nègre, qui sortit en gambadant.

Probablement que l'animal est à cette heure au musée de Marseille, où ceux qui le visitent et l'admirent sont loin de se douter du drame qu'il a joué avant de rendre le dernier soupir.

Cet événement refroidit l'enthousiasme du père Verteuil pour l'histoire naturelle, rendit Gustave de plus en plus circonspect à l'endroit des ophidiens, et donna une fausse jaunisse à mademoiselle *Mélanie pour la vie*.

On resta à la Trinidad quinze jours ou trois semaines, heurtant pendant la journée des milliers d'oiseaux de l'espèce des corbeaux, lesquels sont les balayeurs de la ville, auxquels, en conséquence, il est défendu de toucher, et qui passent leur douce existence à manger ce qu'ils trouvent et à aller le digérer sur le haut des toits et sur les bras de la potence qui orne la place publique, se tenant serrés les uns contre les autres comme s'ils étaient à la broche.

La nuit, on faisait la guerre aux rats, qui venaient manger les pantoufles des comédiens et les cothurnes des tragédiens.

Enfin, il fallut quitter ce lieu de délices; on s'embarqua sur l'*Élisa*, capitaine Lafargue, en comptant sur la traversée habituelle, c'est-à-dire sur quatre ou cinq jours de mer.

En conséquence, tout était organisé à bord pour vivre à l'air et coucher sur le pont, pendant ces chaudes nuits du golfe de Mexique, dont la chaleur est tempérée par une brise marine.

Ces nuits sont les heures délicieuses de la vie.

C'était ainsi qu'en avait jugé la troupe comique en venant; c'était ainsi qu'elle en jugea au retour, pendant les deux premiers jours. Mais, dès la matinée du troisième, le capitaine manifesta quelques inquiétudes à l'endroit d'un petit point noir qui venait du côté de la Nouvelle-Orléans.

Ce point noir grandit bientôt, de façon à obscurcir tout le ciel.

Le capitaine donna aussitôt l'ordre à deux matelots d'orienter au large, pour éviter les rochers, et aux passagers de descendre sous le pont pour laisser les manœuvres libres.

Le premier de ces ordres était facile à exécuter; le second à peu près impossible.

L'entre-pont, qui n'avait pas compté sur vingt

Il était tombé dans un fauteuil qui le tenait prisonnier, à dix-huit pouces de la gueule sifflante du reptile. — Page 68.

ou vingt-cinq voyageurs, était encombré de marchandises.

Il restait à peine deux pieds et demi d'espace entre les caisses et l'avant du pont.

Encore, cet espace était-il diminué par l'épaisseur des matelas.

On s'enfourna, — aucun autre mot ne saurait rendre cette manœuvre, — on s'enfourna comme on put dans l'étroit intervalle.

Seulement, on était obligé de se tenir couché, soit sur le dos, soit sur le ventre.

On avait le choix.

Mais il était défendu d'être assis, même au ténor.

Vous savez que les ténors sont soignés par les directeurs mieux que les amoureuses, même quand elles sont enceintes.

A peine fut-on couché, que, par une chaleur épouvantable, avec une odeur putride, on vit courir sur ce ciel de planches, en manière de signes du zodiaque, une foule de kankrelats, de scorpions et de mille-pieds.

On s'en inquiéta d'abord énormément.

La pauvre *Mélanie pour la vie* poussait des cris surhumains.

Deux ou trois personnes furent piquées ou mordues, le père Verteuil passa le flacon d'alcali qu'il portait sur lui à tout hasard, on se frotta, on enfla, on se refrotta, on désenfla, on commença à se moquer des kankrelats, des scorpions et des mille-pieds, puis, ce qui était bien autrement humiliant pour eux, on finit par n'y plus faire attention.

Mais ce à quoi on était obligé de faire attention, c'était à cette chaleur croissante, à cette atmosphère méphitique à laquelle un nouveau venu eût succombé à l'instant même, tandis que les autres la supportaient déjà depuis deux ou trois jours, parce qu'ils s'y étaient habitués peu à peu.

Seulement, au milieu de tous ces pauvres passagers entassés comme des nègres à bord d'un vaisseau de traite, au milieu de ces malheureux voyageurs, serrés comme des damnés dans un des cercles de l'enfer de Dante, il y en avait un qui, souffrant plus que les autres, se plaignait plus amèrement.

C'était M. Verteuil, dont la jambe roidie rendait la position encore plus douloureuse.

Mais ce qui lui faisait pousser des cris d'angoisse, c'était une barbe de huit jours, roide comme une brosse, blanche comme la neige, et qui lui montait jusqu'au-dessous des yeux.

Barbe qu'il avait l'habitude de faire tous les jours, opération qui restait la plus facile du monde sur le pont, en supposant un temps calme, mais qui devenait presque impossible par un gros temps et dans la position horizontale où l'on était forcé de demeurer.

Chacun, en se plaignant pour son propre compte, se contentait donc de plaindre le pauvre père Verteuil; mais cette pitié, quoique unanime, n'apportait aucun soulagement à ses souffrances.

Elles devinrent si intenses que le pauvre vieillard finit par demander, non plus qu'on lui fît la barbe, mais qu'on lui brûlât la cervelle et qu'on le jetât à la mer.

Nous l'avons dit, ces gémissements touchaient tout le monde, mais particulièrement Gustave, qui avait pour le bon Verteuil la respectueuse tendresse d'un fils.

Aussi, se traînant jusqu'à lui :

— Écoutez, papa Verteuil, lui dit-il, voulez-vous que j'essaye, moi?

— De me brûler la cervelle? Oh! oui, seulement, tâche de ne pas me manquer.

— Non, seulement de vous faire la barbe.

— Ah! mon ami, si vous y réussissiez, vous ne seriez pas seulement mon ami, vous seriez mon sauveur.

— Dame! vous voyez, ce n'est pas commode, par le temps qu'il fait.

Le bâtiment dansait sur les vagues à croire qu'il allait se démantibuler à chaque craquement de sa membrure.

— Oh! peu importe, enlevez-moi la peau si vous voulez, comme on enlève la couenne d'un cochon, mais débarrassez-moi de ce feu qui me brûle le visage.

— Je ne réponds de rien.

— Non.

— Vous m'absolvez d'avance.

— Dussiez-vous me couper la carotide.

— Vous entendez, vous tous qui êtes là?

— Nous l'entendons, répondirent languissamment les spectateurs.

— Alors, nous allons essayer.

On ouvrit une malle, la première venue, et on en tira un rasoir.

— Voilà, dit une voix.

— Qu'est-ce que voilà?

— Un rasoir.

— Passez le rasoir.

On passa le rasoir de main en main.

Le rasoir parvint jusqu'à M. Gustave.

La goëlette continuait de danser comme une balle élastique.

— Gringalet! cria le barbier.

Pour Gustave, tous les mousses s'appelaient Gringalet, toujours en mémoire du grand Gringalet de Caen.

Nul ne s'habitue aussi vite qu'un mousse, si bizarres qu'ils soient, à tous les noms qu'il plaît aux passagers de lui donner.

Le mousse accourut comme s'il eût reçu cet illustre nom sur les fonts de baptême.

— De l'eau et du savon.

— Nous n'avons que du savon noir.

— Ça ne fait rien, cria le patient.

— Vous allez avoir votre eau et votre savon.

— Oh! oui, mon eau et mon savon, murmura Verteuil.

Le mousse revint avec les objets demandés.

— Vous êtes résolu? fit Gustave.

— A tout, mon ami, à tout.

— Alors tenez-vous bien.

Le jeune homme enfourcha le père Verteuil,

se coucha sur lui, — s'appuya sur le bras gauche, et commença à lui frotter du bout des doigts le visage avec son eau savonneuse.

— Oh! murmura le pauvre martyr, que cela fait de bien, mon Dieu! que cela fait de bien!

M. Gustave s'arrêta.

— Vous n'aimez pas mieux attendre que la mer se calme?

— Oh! non, oh! non, tout de suite, tout de suite.

— Le jeune homme prit le rasoir et poussa un soupir.

— Allons, dit-il, avec l'aide de Dieu!...

Et le rasoir erra sur la joue du père Verteuil.

— Ah! dit celui-ci, que c'est bon!

— Ma foi, si c'est si bon que cela, en avant, marche.

Et avec une incroyable sûreté de main, avec cette sûreté de main de peintre, qui ne touche la toile que du bout de son pinceau, — de statuaire, qui ne touche la terre que du bout de son ébauchoir, il continua, au milieu du roulis et du tangage, l'impossible besogne qui, au fur et à mesure qu'elle s'accomplissait, faisait pousser à celui sur lequel elle s'accomplissait des soupirs de bien-être, des gémissements de satisfaction.

XVII

Bonheur relatif. — La rade Cayacou. — Gustave pique une tête dans la mer, et aborde la côte avec trois camarades. — Ils rapportent des vivres frais. — Retour à la Martinique. — Une tempête. — Le drapeau tricolore. — La Révolution de juillet. — Dispersion de la troupe.

L'opération dura une heure, et s'accomplit sans la plus légère estafilade.

La peau du patient était rouge comme du sang, mais parfaitement intacte.

— Ah! mon cher Gustave, murmurait-il, c'est la seconde fois que vous me sauvez la vie.

La première fois, on se le rappelle, c'était lorsque le serpent corail s'était élancé hors de son poban.

— Ah! mon Dieu, ajouta-t-il, cela m'y fait penser, que sont devenus tous mes lézards et tous mes serpents?

— Mon Dieu! s'écria *Mélanie pour la vie*, je sens quelque chose qui me grimpe le long de la jambe.

— Vous êtes folle, répondit Verteuil, le plus moderne a neuf jours d'esprit-de-vin et de tafia.

— N'importe, répondit la gouvernante, assez mal calmée par ce raisonnement chronologique, si rassurant qu'il fût, j'ai lu dans la Bible que le serpent était le plus rusé des animaux.

Le père Verteuil avait moitié raison, moitié tort, la plupart des bocaux étaient en pièces, mais serpents et lézards gisaient sans mouvement et sans vie.

Seulement ce ne fut qu'au bout de dix jours que l'on put constater le fait, qui devint l'objet de l'inquiétude du père Verteuil, du moment où sa barbe ne fut plus l'objet de sa douleur.

Tant il est vrai que l'homme ne peut pas être parfaitement heureux.

Au bout de dix jours, cependant, nos passagers eussent dû se trouver heureux, si le bonheur n'est, comme disent les philosophes, que la comparaison d'un état meilleur à un état pire.

Il était évident que le soir du dixième jour, le vent étant tombé, la mer s'étant calmée, les voyageurs ayant remonté sur le pont, au lieu d'être entassés dans l'entre-pont, respirant l'air pur de l'Océan, au lieu de l'air méphitique de la cale, ayant pour horizon l'espace infini, où le soleil se balançait dans les nuages de pourpre et d'or, au lieu de ce plancher constellé de scorpions, de mille-pieds et de kankrelats.

Il était évident que les passagers devaient se trouver heureux, du moins relativement.

Mais, comme il faut toujours que l'homme se plaigne, et par l'homme, nous entendons aussi la moitié que Dieu lui a donnée, les hommes et les femmes se plaignaient.

De quoi se plaignaient-ils?

De n'avoir mangé que du biscuit depuis cinq jours, et depuis cinq jours de n'avoir à boire que de l'eau tiède, que chaque jour rendait non-seulement plus tiède, mais encore plus infecte.

De son côté, le bâtiment se plaignait aussi.

La mer était couverte de vergues, de mâts, de barriques, de cages à poules, de débris de navires. — Page 73.

Il se plaignait d'avoir un de ses mâteraux brisé.

D'avoir toutes ses voiles déchirées.

De sentir l'eau passer à travers sa membrure disjointe.

On résolut donc de gagner la rade Cayacou, et de s'y arrêter vingt-quatre heures pour réparer les avaries.

On mit le cap sur le Cayacou.

Les passagers voyaient avec ravissement, au fur et à mesure qu'ils avançaient, sortir de terre une corbeille de fleurs dominée par une chaîne de collines boisées, pleine d'ombre et de fraîcheur, d'eaux limpides et courantes; pas un qui ne rêvât un bain dans ces eaux et le sommeil sous ces arbres.

Le capitaine Lafargue jeta l'ancre à un quart de lieue du rivage, mais quelques instances qu'on lui fît pour mettre la chaloupe à la mer, il s'y refusa constamment.

Pourquoi? on n'en sut jamais rien; par un caprice de capitaine, voilà tout.

Mais la tentation était par trop grande; au risque d'être coupés en deux par les requins ou dévorés par les caïmans, Gustave, Dupuis, Valdowsky et le jeune Verteuil, se déshabillèrent clandestinement, et d'un seul élan piquèrent chacun une tête dans la mer.

L'un d'eux avait noué son mouchoir autour de son corps et avait glissé dedans un ou deux dollars pour exciter la générosité des Cayacoutes.

Les femmes jetèrent d'abord un cri, ne sachant pourquoi le sixième de la troupe sautait ainsi à l'eau, mais lorsque les quatre nageurs leur eurent annoncé que c'était pour leur apporter de l'eau fraiche, des vivres frais et des fruits de toute sorte qu'ils s'étaient jetés à l'eau, les encouragements devinrent unanimes.

Les quatre nageurs abordèrent la côte, à quelque distance les uns des autres; tous s'étaient dirigés vers une espèce de petit fortin, dont la blancheur leur tirait l'œil.

Le petit fortin était parfaitement inhabité.

Mais du fortin on apercevait un village, ce village était à un quart de lieue à peu près.

On s'achemina vers le village.

Les quatre Européens étaient déjà aux Antilles depuis assez longtemps pour ne pas se préoccuper du costume.

Ils eussent eu tort, d'ailleurs, d'attacher à leur nudité plus d'importance que les Cayacoutes mâles et femelles n'y en attachaient eux-mêmes.

Les acquisitions se firent avec la plus grande facilité; rien de plus arrangeant que les Chevet et les Potel de l'île; moyennant un demi-dollar, on eut à la fois des bananes, des mangos, des choux palmistes, du pain de manioc.

La difficulté était de savoir comment on transporterait tout cela.

Un petit canot d'écorce d'arbre fit l'affaire, il fut empli bord à bord de fruits de toute espèce, puis deux Cayacoutes, chargés de le ramener, se mirent à la mer avec nos quatre Européens, et, conjointement avec eux, le poussèrent vers le bâtiment.

Jamais triomphateurs ne furent reçus avec de pareils cris de joie, toutes les bouches étaient séchées, tous les gosiers en feu.

On transborda la cargaison du canot sur le bâtiment, on s'assit en rond autour de la pyramide, et chacun l'attaqua avec une ardeur que les femmes partageaient, malgré la prétention que quelques-unes ont de ne pas manger.

Puis on tira les matelas de la cale, on les secoua, on les battit, on les étendit sur le pont et l'on passa une de ces belles nuits voluptueuses comme Cléopâtre en passait à Canope et Sextus Pompée dans la Cyrénaïque.

L'une dans sa cangue royale, l'autre dans sa galère de pirate.

Enfin, le lendemain, on partit par une de ces jolies brises qui, sans soulever la mer, font courir les bâtiments à sa surface.

Vingt-quatre heures après, on était de retour à la Martinique.

L'aspect du port était terrible à voir.

Quand nous disons port, c'est la rade que nous devrions dire, la Martinique, on le sait, n'a pas de port.

Le grain, — toute tempête commence par un grain, — le grain avait été si rapide et si violent, que les bâtiments n'avaient pas eu le temps de gagner le large.

Deux trois-mâts et autant de bricks désemparés, brisés, étaient échoués à la côte, couchés sur le côté, et, sans qu'on vît aucune personne de leur équipage, chaque lame qui déferlait sur eux en faisait jaillir un cri déchirant.

La mer, à deux lieues au large, était couverte de vergues, de mâts, de barriques, de cages à poules, de débris de navires, qui, moins heureux que les autres, avaient été brisés.

La garnison sous les armes était échelonnée au bord de la mer.

Les marins et les nègres travaillaient à l'envi au sauvetage.

Le capitaine Lafargue ne voulut point rester en arrière; il jeta l'ancre, et, tandis qu'on transportait les comédiens à terre, il envoya son équipage porter sa part de secours au grand désastre.

On fut trois jours sans songer à rouvrir la salle de spectacle. — On craignait de jeter l'annonce d'un plaisir au milieu des sombres préoccupations qui planaient sur la ville.

Ce fut en quelque sorte la ville qui réclama les représentations aux acteurs eux-mêmes. Pendant les six semaines d'absence de la troupe comique, le goût des spectacles avait eu le temps de reprendre racine à la Martinique.

M. Victor Marest annonça donc que, pour répondre à l'enthousiasme des Martiniquois, il ferait, le 10 septembre 1830, sa réouverture par l'opéra de *Joseph* et *Brueys et Palaprat*.

Le matin du 10 septembre, au moment où les afficheurs étaient occupés à coller à l'angle des rues l'opéra du soir, le gouverneur, suivi de quelques officiers, et précédé d'un tambour, vint à la batterie du port, fit amener le pavillon blanc et hisser le drapeau tricolore.

On le regardait avec un profond étonnement. Nul ne savait ce qu'il faisait là.

Cependant, comme on comprend bien, on le laissait faire en suivant tous ses mouvements avec une extrême curiosité.

Enfin le bruit se répandit qu'une révolution avait été faite à Paris, et que cette révolution s'appelait la Révolution de juillet, que Charles X était renversé, et que le duc d'Orléans avait accepté la lieutenance générale, en disant :

— Désormais la Charte sera une vérité.

Les mulâtres poussèrent des cris de joie. Que gagnaient-ils à une révolution faite dans la métropole, à quinze cents lieues d'eux ?

Je vais le dire.

Ils gagnaient, ou plutôt ils allaient essayer de gagner le droit d'entrer au parterre et aux galeries des théâtres, places aristocratiques réservées aux blancs, et dans lesquelles il n'était point permis aux hommes de couleur de mettre le pied.

A chaque révolution qui s'opère dans la métropole, les hommes de couleur sont habitués à faire un pas en avant.

La révolution de 1848, en affranchissant les nègres, leur a fait faire non point un pas, mais un bond par lequel ils ont non-seulement rejoint, mais dépassé les blancs.

En 1830, ils n'en étaient pas là. Ils demandaient seulement, comme nous l'avons dit, à entrer au parterre et aux galeries.

Comme ils demandaient cette faveur, en menaçant de la prendre, comme ils étaient les plus forts, et par conséquent auraient pu la prendre sans la demander, cette faveur leur fut accordée.

Seulement, le même jour où les mulâtres venaient de conquérir ce droit, ambitionné depuis deux cents ans, le gouverneur donna l'ordre à M. Victor Marest de cesser ses représentations.

Le soir, en se présentant à la porte du théâtre deux heures plus tôt que de coutume, pour ne pas perdre une minute à jouir de leur droit, les hommes de couleur trouvèrent la porte du théâtre fermée.

De leur côté, les artistes avaient reçu avis du directeur qu'il n'avait plus besoin de leurs services.

Plusieurs voulurent récriminer, faire des procès; mais il leur fut répondu qu'il y avait force majeure.

Alors, se trouvant à quinze cents lieues de la mère patrie, chacun tira de son côté, appelant, comme dans la haute et la petite banque, un truc quelconque à son secours.

Le directeur prit un café.

La première chanteuse se fit dame de comptoir de son directeur.

L'Elleviou, M. Bouzigue, et la Dugazon, madame Paul, ayant fait des économies, revinrent en France.

Le baryton, M. Dupuis, se fit chantre d'église.

Le père Verteuil et son fils partirent pour la Pointe-à-Pître, où le père Verteuil mourut, et où son fils devint prote dans une imprimerie.

Le Colin, M. Valdowski, se fit maître d'armes.

La première amoureuse se fit dame de compagnie du gouverneur.

Le père noble, M. Sallé, *qui avait vu la lumière*, devint portier des francs-maçons, ses frères.

Enfin la basse-taille, M. Gustave, après avoir hésité vingt-quatre heures entre les différents trucs qu'il avait à sa disposition, décida qu'il se ferait peintre en miniature.

XVIII

M. Gustave peintre en miniature. — Heureux début. — Histoire d'un duel. — Le père Jean reçoit un colis de la Martinique. — Son étonnement. — Une lettre dans une tabatière. — Le portrait à l'huile. — La toile est remplacée d'une façon ingénieuse. — Influence de l'humidité sur la peau d'âne.

Le jour même où cette décision fut prise, M. Gustave se rendit chez un marchand d'ustensiles de billard, acheta trois billes, se rendit de là chez un ébéniste, fit scier chaque bille en dix portions, et se trouva avoir trente tablettes de dimensions différentes.

A deux doublons le portrait, c'était quatre mille huit cents francs que M. Gustave venait d'enfermer dans son tiroir, sans autre mise de fonds que quinze francs d'achat et six francs de sciage.

Quant à la boîte d'aquarelle et aux petites bouteilles de gouache, la dépense en était faite depuis longtemps.

Les premières dispositions prises, M. Gustave écrivit cette circulaire, qu'il fit déposer dans les principales maisons de la ville.

« M. Gustave, peintre en miniature, prévient les habitants de la Guadeloupe et de la Martinique qu'il fait le portrait, et garantit la ressemblance. »

On sait qu'il n'y a qu'heur et malheur en ce monde, et que tout dépend, pour la plupart du temps, de la façon dont une entreprise débute.

La spéculation de M. Gustave débuta d'une façon splendide.

Le premier amateur qui se présenta pour faire faire son portrait fut un magistrat de la Martinique, qu'un duel terrible venait de faire l'objet de toutes les conversations.

C'était un homme de trente-cinq à quarante ans, petit, mince, à la physionomie charmante et à ce doux parler créole, qui suppose un gosier de velours à ceux qui gazouillent cette espèce de chant.

Il s'était pris de querelle avec un spadassin de profession, ou plutôt celui-là lui avait cherché querelle.

Alors, il avait été trouver son adversaire, et l'avait provoqué, à condition qu'on se battrait, un pistolet déchargé et l'autre chargé, à la distance d'un mouchoir tenu de la main gauche, tandis que l'on tirerait de la droite.

L'adversaire du magistrat avait accepté, soit qu'il n'eût pas pu, soit, mieux encore, qu'il n'eût pas voulu refuser.

Les deux champions, accompagnés chacun de leurs témoins, s'étaient rendus sur le terrain.

Le duel avait eu lieu dans les conditions que nous avons dites.

Les deux adversaires s'étaient placés à trois pas de distance, avaient reçu un pistolet chargé et un pistolet non chargé de la main de leurs témoins, et l'avaient armé.

Le sort avait donné au magistrat la chance, nous ne dirons pas du premier feu, mais de tirer le premier.

Il tira le premier; mais rien ne brûla, aucune détonation ne retentit; sa mauvaise fortune lui avait donné le pistolet non chargé.

Son adversaire avait tiré en l'air.

Mais lui n'avait pas accepté cette générosité, il avait exigé que le pistolet fût rechargé sous ses yeux, il avait mis de sa propre main la balle dans le canon, et avait sommé son adversaire de faire feu.

Devant cette mise en demeure, l'adversaire du magistrat avait été obligé de céder; il avait fait feu, et le magistrat était tombé sur le coup, la poitrine traversée de part en part, ses habits brûlés par la poudre.

Un miracle avait fait que la blessure n'avait point été mortelle, et qu'au bout de trois mois le blessé se promenait dans les rues de la Martinique.

Les créoles sont très-braves. Comme tous les hommes véritablement braves, ils ont un grand culte pour le courage.

Le magistrat était le héros du jour.

Si les magistrats n'étaient pas des hommes vertueux, et si celui-là n'avait pas été fort parmi les forts, comme le sage de l'Ecriture, il eût trouvé l'occasion de pécher sept fois par jour et même plus.

C'était donc une chance incalculable que d'avoir à faire le portrait de cet homme.

Un bonheur ne va pas sans l'autre, le portrait fut *réussi*. On l'exposa chez le Susse de l'endroit, dans le magasin duquel il obtint un succès immense.

De ce moment l'atelier de M. Gustave ne désemplit plus.

Toutes les nuances de la peau humaine, depuis le noir de jais jusqu'au rose tendre, depuis le nègre du Sénégal jusqu'à la fraîche Anglaise de Plymouth ou de Southampton, passèrent par son pinceau.

M. Gustave n'avait aucune préférence, n'y mettait aucune fierté.

D'ailleurs on l'a vu, dès son arrivée, s'il avait quelque préjugé, c'était plutôt en faveur des nègres que contre eux.

Or, pendant le temps que son fils Étienne, sous le pseudonyme de Gustave, après avoir charmé les Antilles par sa voix et par son jeu, les ravissait par la ressemblance et le fini de ses portraits, — que faisait le père Jean?

Il prenait le plus grand intérêt à l'achèvement de la Madeleine, et en demandait des nouvelles à tous ceux qui arrivaient de Paris; de temps en temps il s'étonnait bien de ne pas recevoir de lettres de son fils, il est vrai que son fils n'aimait point à écrire, mais, par une occasion quelconque, Étienne eût cependant pu lui faire dire : — Je me porte bien, et lui demander comment vous portez-vous?

Cela eût fait du bien au pauvre père.

Mais il ne se plaignait pas, il n'était plus dans les habitudes de Jean de se plaindre; il continuait de fredonner la *Marseillaise*, comme il avait fait sous l'Empire, comme il avait fait sous les Bourbons de la branche cadette, et de temps en temps, une fois par mois peut-être, il se surprenait à dire :

— Il n'est pas moins vrai que les enfants sont bien ingrats...

Un matin on lui annonça un colis de la Martinique...

De la Martinique!... qui diable pouvait lui envoyer quelque chose de la Martinique? Il ne connaissait personne aux Antilles.

Ce colis contenait une liasse de journaux, un baril de rhum, un paquet de cinq cents cigares, deux pots de tabac à priser, et une tabatière d'argent.

Le père Jean ouvrit la liasse de journaux, et lut :

« Habitation à vendre.
« Nègre à vendre.
« Négresse à vendre.
« Négrillon à vendre. »

Il était évident que cela ne le regardait en aucune façon.

Il poussa plus loin ses investigations, et lut :

THÉATRE DE LA MARTINIQUE.

« M. *Gustave* acquiert de jour en jour de nouveaux droits à la bienveillance du public, et aucun effort ne lui coûte pour justifier celle dont il est l'objet. Hier, dans le *Mariage de Figaro*, il a chanté l'air de la *Calomnie* avec beaucoup d'intelligence et de talent. Sa manière de phraser surtout a électrisé la salle. »

Ce n'est pas encore cela, dit le père Jean, qui ne connaissait son fils que sous le nom d'Étienne.

Il prit un autre journal et lut :

TRINITÉ ESPAGNOLE.
THÉATRE FRANÇAIS DE MARINE-SQUARE.
avec autorisation
DE M. LE GOUVERNEUR ET L'ILLUSTRE CABILDE.

Les artistes lyriques et dramatiques, sous la direction de M. Victor Marest, joueront :

Mahomet ou le Fanatisme.

M. *Gustave* remplira le rôle de Mahomet.

Ce nom de M. *Gustave*, souligné pour la seconde fois, le frappa.

— Que diable me veut-on, se demanda-t-il à lui-même, avec ce nom de M. Gustave? Je ne connais pas de Gustave, moi.

Il continua :

Le Dîner de Madelon, ou le Bourgeois du Marais.

Benoist, vieux garçon,	M. Verteuil.
Vincent, son ami,	M. Sallé.
Un caporal,	M. Victor.
Un commissionnaire,	M. GUSTAVE.
Madelon,	Mlle Moinet.

— M. Gustave! M. Gustave! répéta le père

Jean. Je crois que décidément c'est là que gît le lièvre!

Mais, comme dans les vingt autres journaux, rien ne lui disait autre chose que ce qu'il avait lu dans les deux premiers, il passa des journaux aux paquets de cigares.

Il en tira un, le fuma, et le trouva excellent.

— Oh! oh! fit-il, voilà qui donne envie de priser.

Et, prenant une pincée de macoubac dans la bouteille au large goulot, il l'aspira avec une confiance que justifiait une première expérience faite sur le cigare.

— Excellent, parbleu! excellent! Emplissons vite la tabatière.

Et il ouvrit la tabatière.

Dans la tabatière il y avait un billet.

— Tiens! dit-il, l'écriture d'Étienne!

Il ouvrit le billet, et lut :

« C'est moi, papa; j'ai renoncé, selon ton désir, à la comédie, que je jouais sous le nom de Gustave, et je suis peintre en miniature, à la Martinique.

« Ton fils bien respectueux, qui
gagne beaucoup d'argent,

« Étienne. »

Le père Jean demeura atterré.

Cependant il fit part à deux personnes de la lettre, ou plutôt du billet qu'il venait de recevoir.

Au lieutenant des douaniers, sur la tabatière duquel son fils avait copié son premier dessin.

A M. Odelli, qui lui avait fait avoir son premier prix.

D'ailleurs, une chose le consolait un peu, c'est que son fils n'était plus comédien, mais peintre.

Pendant ce temps, M. Gustave, chose rare, tenait les promesses de son prospectus. Il avait garanti la ressemblance, et ses ressemblances étaient telles, qu'un jour un riche colon eut l'ambition d'avoir son portrait, non plus en miniature, mais de grandeur naturelle, non plus à l'aquarelle et à la gouache, mais à l'huile.

Il vint trouver M. Gustave et lui demanda s'il faisait le portrait à l'huile.

— Je fais tout ce qui concerne mon état, répondit M. Gustave.

— Alors, vous garantissez la ressemblance en grand comme en petit?

— Je la garantis bien mieux.

— Et quelle différence cela fera-t-il dans le prix?

— Au lieu de deux doublons, ce sera quatre doublons.

— Va pour quatre doublons. Nous commencerons demain.

— Demain, c'est impossible, j'ai toute ma journée prise.

— Après demain, alors.

— Je ne puis être à vous que lundi.

— A lundi, donc, répondit l'amateur en poussant un profond soupir, qui exprimait tout son regret d'être remis à quatre jours.

Et il sortit en faisant bien promettre à M. Gustave qu'il aurait sa séance le lundi suivant.

M. Gustave avait eu ses raisons pour remettre sa première séance au lundi. Il était en effet pressé, mais pas au point de ne pouvoir enlever deux heures aux autres modèles.

Ce qui lui avait fait demander quatre jours, c'était la crainte de ne point trouver de toile préparée pour la peinture à l'huile, et la nécessité de suppléer par son imagination à cette absence de la matière première.

Il avait prévu parfaitement juste.

Quelques recherches qu'il fît dans l'île, il ne put trouver une toile à portrait.

Alors, il se mit à chercher un vieux portrait sur lequel il pût passer une couche de blanc.

Recherche aussi inutile que la première.

Ces deux mécomptes, qui, au reste, étant prévus, n'étaient que relatifs, n'abattirent point son courage. Du moment où il avait eu l'idée qu'il ne trouverait pas de toile, et où cependant il avait pris l'engagement de faire le portrait, c'est qu'il avait quelque ressource cachée au fond de son bissac, comme le renard de la fable.

M. Gustave se rendit chez le chef de la musique de la garde nationale, et se mit à chercher parmi les instruments de rebuts.

Il trouva une grosse caisse crevée d'un côté.

C'était justement ce qu'il cherchait.

Il acheta la peau d'âne intacte, et la cloua sur un châssis de la même dimension que la caisse, en la tendant du mieux qu'il put.

Puis il attendit son amateur.

L'amateur vint à jour fixe.

Gustave s'était procuré ce qu'il avait trouvé de mieux en couleurs de peintres d'enseignes.

L'amateur fut d'abord un peu étonné de voir que sa ressemblance allait se refléter sur une peau d'âne; mais M. Gustave lui dit, avec un imperturbable aplomb, que ses connaissances en chimie lui avaient démontré qu'à cause de l'air salin, la peau d'âne, aux Antilles, était de beaucoup préférable à la toile.

L'amateur se rendit à ce raisonnement.

M. Gustave aborda hardiment l'huile, se gardant bien de dire à son modèle que c'était la première fois qu'il l'abordait.

Seulement, l'exécution était plus bruyante que sur la toile. Chaque coup de pinceau résonnait comme un coup de baguette, et produisait sa symphonie.

Le peintre mit huit jours à achever son portrait; mais aussi ce portrait était un chef-d'œuvre.

L'amateur, au comble de la joie, rentra chez lui, et inaugura le portrait dans sa famille.

Mais il ne souffla pas le mot de la matière sur laquelle était peint le portrait.

Il eût craint, en disant qu'il était sur peau d'âne, de perdre de sa considération dans l'esprit de sa femme et de ses enfants.

Seulement, sans que personne s'en doutât, pas même le peintre, une grande catastrophe menaçait le malheureux portrait.

La saison d'hiver, c'est-à-dire l'époque des pluies, arrivait.

A la chaleur sèche qui roidit toute chose, succédait la chaleur humide qui détend et qui amollit.

Le portrait, si parfait qu'il paraissait vivant, sembla voir venir cette époque avec une grande répugnance.

Son visage, si souriant d'habitude, semblait s'attrister et vieillir; il se ridait, non-seulement horizontalement, ce qui eût été un effet connu du temps sur les choses humaines, mais encore il se ridait verticalement, ce qui était un effet complétement inconnu jusqu'alors.

La famille s'effraya de voir un portrait qui vivait comme un éphémère, tandis que l'original vivait de la vie des autres hommes.

Elle envoya chercher le peintre.

Le peintre s'approcha du tableau, plein de confiance, et comme son visage restait calme, le visage de la famille se rasséréna.

— Tiens, dit-il, par bonheur, je ne l'ai pas verni.

Puis, du ton d'un médecin qui ranime des parents affligés:

— Ce n'est rien, dit-il, dans trois jours, revenez le voir à la maison, et il n'y paraîtra plus.

M. Gustave avait deviné du premier coup que l'humidité avait fait détendre la peau d'âne, et que le portrait était tout simplement atteint d'un ramollissement.

Cette maladie, ordinairement mortelle pour l'homme, soit qu'elle attaque le cerveau, soit qu'elle attaque la moelle, ne l'est pas pour les portraits.

M. Gustave mit le portrait pendant trois jours dans une chambre chauffée à trente degrés, et au bout de trois jours, comme il l'avait dit, il n'y paraissait plus.

La famille fut enchantée, toutes ses craintes superstitieuses disparurent, seulement elle fut prévenue que le portrait était d'une constitution hydrophobe, et avait cet avantage sur les autres peintures qu'il pouvait servir à la fois de portrait et de thermomètre.

XIX

Le démon des planches. — M. Gustave s'embarque sur l'*Ursin*. — Une manière de faire changer le temps. — Un fameux cuisinier. — Satisfaction du capitaine. — Désappointement. — Le capitaine suspend les ustensiles de cuisine. — Ce que disent en se choquant les bassines et les tourtières.

M. Gustave avait tout simplement retrouvé la source du Pactole.

Mais que voulez-vous, ces misérables artistes ! et c'est là sur les autres hommes leur infériorité dans le présent et leur supériorité dans l'avenir.

— C'est qu'au lieu que leur pensée soit esclave de leur intérêt, c'est, au contraire, leur intérêt qui est constamment esclave de leur pensée.

Or, M. Gustave était, comme on le sait, possédé d'un démon, que l'or, ce grand exorciste, ne pouvait chasser de chez lui.

Le démon des planches.

Oh ! c'est un démon terrible, qui vous tient, éveillé comme endormi, qui, à l'aide d'une baguette, transforme les salons en théâtre, les candélabres en quinquets, les cheminées en trous à souffleur, qui vous chuchote à une oreille le *Cid*, — à l'autre *Figaro*, qui vous poursuit éternellement par un bruit lointain d'applaudissements et de bravos, et qui vous fait, comme à Ninon, dire au milieu des splendeurs : « Oh ! le bon temps que celui où j'étais si malheureux ! »

Eh bien ! M. Gustave, tout en blaireautant ses miniatures, qui lui rapportaient trente mille francs par an, pensait en soupirant à l'époque où on lui promettait cinquante francs par mois chez Zozo du Nord, et où on les lui donnait chez Seveste.

Quand on est dans une situation d'esprit pareille, l'avenir bon ou mauvais dépend de la moindre circonstance.

Gustave fit connaissance avec un jeune homme de Rouen, qui l'avait vu jouer à un précédent voyage.

— Tiens, lui dit-il, vous faites donc de la miniature, à présent ?

— Comme vous voyez.

— Pourquoi donc ne jouez-vous plus la comédie ?

— Il n'y a plus de théâtre.

— Quel malheur, vous qui aviez tant de talent !

M. Gustave eût dû voir passer la queue du serpent ; — il ne la vit pas, ou ne voulut pas la voir.

— Que voulez-vous ! répondit-il, — l'homme propose, Dieu dispose.

— Eh bien ! moi, si vous voulez...

Le serpent faisait tout doucement son chemin.

— Si vous voulez, moi, je connais Valter.

— Qu'est-ce que cela, Valter ?

— C'est le directeur du théâtre de Rouen.

— Non.

— Comment, non ?

— Je ne veux plus jouer en province.

— Bon ! Rouen est sur la route du Havre à Paris ; en allant à Paris, vous vous arrêtez à Rouen ; ce n'est pas un engagement, c'est une simple halte.

Oh ! tentateur ! tout autre qu'un fils d'Adam t'eût vu venir.

Mais, hélas ! nous sommes tous fils d'Adam.

— Eh bien ! oui, certainement, répondit Gustave déjà à moitié vaincu, c'est tentant, mais voulez-vous que je me présente à lui sans recommandation ou avec une simple lettre ?

— Oh ! j'ai quelque chose de mieux à vous proposer : je pars demain.

— Vous partez demain, vous êtes bien heureux.

— Bien heureux ! C'est un bonheur que vous pourriez vous donner.

— Oh ! moi...

— Écoutez, je pars demain ; partez dans quinze jours, vous trouverez votre engagement prêt à signer, quand vous arriverez à Rouen.

— Vraiment !

— Parole d'honneur !

— Je vous demande jusqu'à ce soir pour réfléchir.

— Soit, pardieu ! je ne veux pas vous faire violence, moi.

Le démon lâchait de la ligne au poisson qu'il avait pris.

Et le Rouennais prit son chapeau et sortit en disant :

— A ce soir.

Mais il n'avait pas fait quatre pas dehors que M. Gustave rouvrait la porte.

— Oh ! dit-il, ce n'est pas la peine d'attendre à ce soir.

— Vous refusez! demanda le tentateur avec un sourire satanique, qui eût dû trahir Méphistophélès, si Méphistophélès n'avait pas été si sûr de sa proie.

— Non, j'accepte.

— Allons donc, fit le Rouennais.

Et il disparut à l'angle de la rue.

Le pacte était signé.

Le Rouennais ne reparut plus; il tenait l'âme de M. Gustave, et avait peur de la lâcher.

Quinze jours après, jour pour jour, il s'embarquait sur l'*Ursin*, capitaine ***.

Le passage était de quatre cents francs, nourriture comprise.

Mais, sans doute, le capitaine *** s'était arrangé avec la mer pour faire, pendant toute la route, des économies sur la nourriture de ses passagers.

A peine hors de la rade, le temps fut exécrable.

Au reste, le capitaine avait un tic.

Quand le temps devenait par trop mauvais :

— Il va donc falloir que j'éreinte un mousse, disait-il.

C'était, selon lui, la manière de faire changer le temps.

— Mousse! disait-il.

Le mousse, qui connaissait la superstition du capitaine, hasardait à grand'peine le bout de son nez.

— Mousse! répétait-il avec trois dièzes à la clef.

Le mousse apparaissait.

— Mousse, un verre de rhum!

Le mousse allait chercher, au galop, l'objet demandé, et revenait au petit pas.

— Voilà, capitaine, disait-il avec une défiance visible.

— Donne donc, animal!

Le mousse donnait et fuyait.

Mais jamais assez vite pour échapper au pied du capitaine.

Si le capitaine avait fait mouche :

— Vous allez voir, disait-il, le vent va tourner.

L'expérience se renouvelait si souvent, qu'il était rare que le vent ne tournât point une ou deux fois sur dix.

Cela suffisait pour maintenir le capitaine dans sa croyance.

Puis, à ce tic, il joignait une manie qui le complétait.

Il y avait un cuisinier à bord.

Ce cuisinier avait cruellement trompé le capitaine ***.

Au moment de son départ pour les Antilles, il avait chargé son second de lui trouver un cuisinier.

Le second avait cherché, s'était informé et avait fini par découvrir un homme qui se donnait comme un chef de premier ordre.

On était cuisinier, disait-il, de père en fils, dans sa famille.

Il avait travaillé chez Brillat-Savarin; son père avait servi chez Cambacérès; son grand-père avait servi chez Grimod de la Reynière, et son bisaïeul chez le maréchal de Richelieu.

Ce prospectus commença par effrayer le capitaine ***, et ce ne fut qu'avec hésitation qu'il lui demanda le chiffre des gages qu'il désirait avoir.

Mais celui-ci lui répondit que le désir qu'il avait de voyager et d'étudier la cuisine des différents pays le ferait passer par-dessus la médiocrité des appointements.

Le prix fut arrêté à cinq cents livres par an.

Seulement, le cuisinier avait prévenu le capitaine *** que probablement serait-il malade les deux ou trois premiers jours après l'embarquement; mais, ce tribut à la faiblesse humaine une fois payé, tout irait à merveille.

Le capitaine avait passé par-dessus les cinq cents livres, il avait adhéré aux trois jours; mais, moyennant ces cinq cents livres et ces trois jours passés, il exigeait de lui les plats les plus fins et surtout les pâtisseries les plus exquises.

Le cuisinier parut enchanté; mais il fit observer que, si le capitaine désirait tous ces raffinements de gourmandise, il lui fallait, surtout dans la partie des tourtières, des terrines et des fours de campagne, un supplément notable de batterie de cuisine.

Le capitaine trouva la demande trop juste, et autorisa le cook à acheter des fours, des terrines et des tourtières jusqu'à concurrence de cinquante écus.

Le lendemain, le cuisinier était revenu au bâtiment, couvert d'une véritable cuirasse d'ustensiles à pâtisserie.

Le capitaine *** contempla avec admiration tous ces objets, dont il ne savait pas même les noms, et comme c'était plus pour lui encore que pour ses passagers qu'il désirait un ordinaire confortable, il se passa d'avance la langue sur les lèvres, à l'idée des plats inconnus qu'il allait déguster.

Mais, jamais assez vite pour échapper au pied du capitaine. — Page 80.

On partit.

Un des moyens de séduction du capitaine, à l'endroit de ses passagers, avait été surtout une table comme on n'en trouverait pas une sur toute la terre ferme.

Il avait en même temps prévenu ses passagers qu'ils eussent à prendre patience les deux ou trois jours qui suivraient le départ, ce voyage étant le premier que l'illustre chef faisait dans un navire, et tous les hommes, même les rois de la cuisine, étant égaux devant le mal de mer.

Les passagers comprirent d'autant mieux la chose, que la plupart pouvaient lui dire comme Didon à Énée :

Malheureuse, j'appris à plaindre le malheur.

Les trois premiers jours s'écoulèrent donc sans que le capitaine lui-même se plaignît, et sans que personne songeât à se plaindre.

Mais, vers la fin du troisième jour, le capitaine ayant fait prévenir le cuisinier que, le lendemain étant le jour anniversaire de sa naissance, il désirait donner un grand dîner à bord, force fut au chef de sortir de sa cabine, et de donner signe d'existence.

Le signe d'existence qu'il donna faillit être le signal de mort du capitaine et de ses passagers.

Chaque plat que l'on servait, depuis le potage jusqu'aux tartes et aux soufflés, semblait être une gageure.

Il avait tout gâté, hors les pommes ; encore celles qu'il avait fait cuire et mises à une sauce quelconque n'étaient-elles pas mangeables.

Aussi, entre le café et les liqueurs, le capitaine envoya-t-il chercher le malheureux cuisinier pour en faire un exemple aux yeux mêmes des passagers.

Le pauvre cook n'oubliait point que, sur son bâtiment, un capitaine a droit de vie et de mort.

Il se jeta aux pieds du maître, et avoua humblement que, se trouvant à l'âge de trente-cinq ans sans ressources et sans état, il avait résolu d'adopter celui de cuisinier.

Mais que, sachant qu'à tout métier il faut un apprentissage, il avait eu l'idée de faire le sien sur un bâtiment dont le capitaine était renommé pour sa douceur.

Que la preuve du grand désir qu'il avait d'apprendre était la grande dépense qu'il avait fait faire au capitaine en batterie de cuisine.

Que cette batterie de cuisine, avec l'aide de Dieu, il l'utiliserait un jour, et d'une façon digne d'elle et de l'honorable capitaine au service duquel il avait l'honneur d'être entré.

Tous ces raisonnements étaient plus touchants que spécieux.

Aussi le cuisinier reçut-il cinquante coups de garcette et fut-il mis aux fers.

Après quoi le maître timonier, qui savait un peu de cuisine, fut chargé de lui apprendre à faire rôtir un gigot de mouton et à faire durcir des œufs.

On conçoit donc que, dans les jours de tempête ou sous l'influence de l'électricité répandue dans l'atmosphère, l'irritabilité nerveuse du capitaine s'augmentait encore; les souvenirs des mauvais dîners qu'il avait fait faire à ses passagers, de cette batterie de cuisine, pour laquelle il avait inutilement sacrifié cinquante écus de bon argent, se représentaient à son esprit et le sollicitaient à des idées de vengeance.

D'abord, ces idées, dont l'application s'exerçait sur les mousses, avaient un but d'utilité générale, puisqu'elles devaient faire changer le vent.

Mais ensuite elles tournaient avec un égoïsme, hélas ! trop naturel chez l'homme, à la satisfaction de la vengeance personnelle.

Quand le mauvais temps était simplement un grain passager, un nuage que le même vent qui l'a amené dissipe et éparpille, le capitaine ***, satisfait de voir le ciel s'éclairer et le vent changer, s'en tenait à son ou ses coups de pied au derrière.

Mais quand le grain persistait et tournait à la tempête, c'était autre chose : tous les griefs, griefs bien légitimes, on en conviendra, que le capitaine *** avait contre son cuisinier, lui revenaient à l'esprit.

Alors, comme le lion qui se bat les flancs avec sa queue pour augmenter sa colère, il s'excitait lui-même.

— Mousse! criait-il.

Le mousse, qui reconnaissait à l'intonation de la voix que ce n'était plus lui que l'orage menaçait, et que la foudre passait au-dessus de sa tête pour aller frapper des sommets plus élevés, le mousse accourait sans défiance et presque joyeux.

— Me voilà, capitaine. Qu'y a-t-il pour votre service ?

— Mon manteau de caoutchouc, petit drôle !

Le mousse disparaissait pour reparaître presque immédiatement, et l'objet demandé à la main.

— Voilà, capitaine.

Le capitaine grommelait un *bon !* puis renvoyait le mousse.

Le mousse, qui craignait toujours quelque réminiscence du capitaine, se retirait, marchant à reculons comme on fait devant les majestés, tenant les deux mains croisées derrière le dos et même plus bas.

Cinq minutes après, le capitaine criait :
— Mousse!
— Capitaine ?
— Mon chapeau de toile cirée.

Le mousse apportait un chapeau ayant la forme des chapeaux des forts de la halle, c'est-à-dire retombant arrondi jusqu'au milieu du dos, afin que l'eau glissât dessus comme sur la carapace d'une tortue.

Le capitaine se coiffait du chapeau de toile cirée, ce qui lui donnait un air formidable.

Le mousse se retirait.

A peine avait-il disparu, que le capitaine criait :
— Mousse !
Le mousse reparaissait.
— Capitaine ?
— Mes grandes bottes.
Le mousse apportait des bottes qui semblaient les bottes de sept lieues de l'Ogre.
Le capitaine passait ses bottes tout en jetant un regard torve sur la cheminée fumante de la cuisine et en murmurant :
— C'est comme ce gredin de cook, est-ce qu'une lame ne lui enlèvera pas un jour ou l'autre sa baraque et ne l'enlèvera pas avec elle ?
Les bottes passées, il se redressait grandi de trois pouces.
— Mousse !
— Capitaine ?
— Viens ici.
— Me voilà, capitaine.
— Va dire au cuisinier de ma part que c'est un misérable.
— Oui, capitaine.
Le mousse partait pour accomplir sa commission, l'accomplissait ou ne l'accomplissait pas.
— Qu'a-t-il dit ?
— Il a dit que c'était bien.
— Que c'était bien ! que c'était bien ! Bien pour lui, mais à coup sûr pas bien pour moi. — Mousse !
— Capitaine ?
— Va dire au cuisinier de ma part que c'est une canaille.
— Oui, capitaine.
Le même jeu se reproduisait
— Qu'a-t-il dit ?
— Il a dit que c'était bon, capitaine.
— Bon ! le drôle, ce n'est pas son dîner d'hier qui était bon, dans tous les cas. — Mousse !

— Capitaine ?
— Va lui dire de ma part, entends-tu, de ma part, que c'est un failli chien.
— Oui, capitaine, répondait le mousse avec la même impassibilité.
— Eh bien ?
— Il a dit que c'était à merveille, capitaine.
— A merveille, l'empoisonneur ! Ah ! il a dit que c'était à merveille ! — Mousse !
— Capitaine ?
— Va me chercher un marteau, des clous, de la ficelle et toute la batterie de cuisine de ce drôle.
Cinq minutes après, le mousse revenait avec les objets demandés.
— Voilà, capitaine ! Faut-il vous aider ?
— Donne-moi les clous et le marteau, et passe-moi deux œillets de ficelle à tous ces ustensiles-là. Cinquante écus de cuivrerie, morbleu ! Quand j'y pense ! cinquante écus ! plus que je ne gagne sur six passagers !
Et il prenait les clous dans sa bouche, son marteau de la main droite, le bastingage du bâtiment de la main gauche, et, au risque d'être enlevé par une lame comme les cages à poulets, qui depuis longtemps déjà flottaient vers le cap de Bonne-Espérance, il gagnait la cantine, plantait ses clous dans les parois extérieures, faisait signe au mousse de lui apporter les bassines, les moules, les tourtières, les pendait par les œillets de ficelle aux clous qu'il avait enfoncés, et jouissait du bacchanal horrible que faisaient, en se choquant à chaque roulis, à chaque tangage, à chaque coup de vent, ces grotesques harpes éoliennes dont chaque glapissement, au dire du capitaine, criait au malheureux cook :
— Tu ne sais pas faire la cuisine ! Tu ne sais pas faire la cuisine ! Tu ne sais pas faire la cuisine !

Frédérick Lemaitre.

XX

M. Gustave au théâtre de Rouen. — La statue de Corneille. — Succès de Gustave. — Visite du père. — Ses adieux. — Un bon conseil de madame Dorval. — La statue mise en loterie. — Départ pour Paris.

Tout en roulant et en tangageant, après deux mois de traversée, on arriva au Havre.

M. Gustave avait trouvé moyen de se faire l'ami du capitaine. M. Gustave était fort câlin quand il avait le mal de mer; dans ses moments de calme, il faisait le portrait du capitaine; ce loup des deux océans adorait sa mère, et l'idée que, grâce à M. Gustave, il pourrait lui envoyer son portrait, faisait qu'il dérogeait à toutes les habitudes du bord.

Tout passager couché était de fait à la diète.

M. Gustave seul avait le droit de manger dans son lit.

Malgré tous les petits priviléges dont il jouis-

Madame Dorval.

sait à bord, deux mois de traversée sont fort longs.

Aussi, tout joyeux d'être arrivé, quoique en quarantaine encore, M. Gustave commença-t-il par donner tous ses arcs, toutes ses flèches, tous ses casse-têtes, tout son arsenal caraïbe, enfin, aux artistes du théâtre du Havre.

Puis, une fois pied à terre, un grand banquet, dont firent les frais les doublons de la Guadeloupe et de la Martinique, célébra le retour de l'artiste dans la mère patrie.

Le lendemain, M. Gustave partit pour Rouen.

Le Rouennais lui avait tenu parole.

Il était engagé d'avance pour deux mille francs par an. Il devait jouer tous les rôles qu'il plairait à l'administration de lui distribuer, et se fournir tous les costumes.

Cette dernière clause était bien indifférente à M. Gustave, il s'était fait là-bas une magnifique garde-robe, et il rapportait dans le fond de sa malle quinze ou dix-huit cents francs, c'est-à-dire une fortune pour un artiste dont le dernier truc a été de pêcher des grenouilles, et la dernière ressource de mendier un morceau de pain à la porte d'une pauvre chaumière.

L'éléphant Kiuni venait d'arriver à Rouen.

On annonça les débuts de mademoiselle Kiuni et de M. Gustave dans une pièce intitulée : l'*Éléphant du roi de Siam*.

Tous deux eurent un grand succès.

Puis M. Gustave créa tous les grands rôles du drame moderne; le duc de Guise de *Henri III*, Charles-Quint d'*Hernani*, Raphaël Bazas de *Clotilde*, Buridan de la *Tour de Nesle* (1).

Au milieu de tout cela, M. Gustave, *que le travail fait travailler*, et qui est paresseux comme un Napolitain, quand les répétitions ne lui donnent pas la fièvre; au milieu de tout cela, M. Gustave, pour avoir, comme on dit dans la bonne société, une autre corde à son arc, mais, comme on dit dans la haute et la basse banque, pour avoir un truc de plus, M. Gustave apprit à faire de la gravure à l'eau-forte avec Brevière, le grand artiste qui a illustré *Paul et Virginie*, le *Napoléon*, et qui vient de graver, dans l'histoire des peintres, la planche des *Sabines* de David.

Alors M. Gustave, dans ses moments perdus, se mit à illustrer la *Revue de Caen*.

Un jour, Valter vint le trouver.

Valter était le directeur, un pauvre et brave garçon que j'ai beaucoup connu et qui m'a récité les premiers vers tragiques que j'ai faits.

J'ai oublié de dire dans mes *Mémoires* à quelle occasion. Je dis dans mes *Mémoires*, attendu que je m'aperçois que je ne fais pas mes *Mémoires*, mais ceux de M. Gustave.

Que voulez-vous? j'avais compté sur deux ou trois chapitres, et me voilà tantôt à la fin d'un volume.

Mais M. Gustave a eu tant d'aventures et possède une façon si entraînante de les raconter, que je l'ai suivi de Paris à Lille, de Lille à Caen, de Caen à Belleville, de Belleville au Havre, du Havre à la Guadeloupe, de la Guadeloupe à la Martinique, de la Martinique à la Trinidad. Je l'eusse suivi au Chili, dans l'Océanie; j'eusse fait le tour du monde avec lui.

> ... Pedir, de nuestras faltas,
> Perdon; y humilde el autor
> Osle pide a vuestras plantas.

Comme disent les Espagnols.

* Le rôle que M. Gustave a créé à Rouen me prouve que je me suis embrouillé dans ma chronologie, et que c'est en 1833 seulement que je reçus la visite de M. Gustave.

C'est-à-dire : Pardonnez les fautes de l'auteur, qui vous demande humblement pardon.

Valter entra donc dans la chambre de son pensionnaire, au moment où celui-ci étendait une couche de vernis sur une planche de cuivre.

— Ah! ce n'est pas tout cela, dit-il.

M. Gustave leva la tête.

— Qu'y a-t-il donc, mon cher directeur? demanda-t-il.

— Il y a que c'est dans un mois l'anniversaire de la naissance de Pierre Corneille.

— Bon; et vous voulez que je dise des vers?

— Ah! bien oui!

— Que voulez-vous donc?

— D'habitude, on couronne un buste.

— Après?

— Il faut que cette année le théâtre de Rouen se signale.

— En faisant quoi?

— En couronnant une statue.

— Ah! oui; et cette statue, n'est-ce pas, il faut que ce soit moi...

— Il faut que ce soit vous qui la fassiez.

— Je ne demande pas mieux.

— Une statue colossale.

— Je ne puis pas la faire de plus de six pieds et demi de haut.

— Pourquoi cela?

— Dame! parce que ma chambre n'en a que sept.

— Ah! je comprends, c'est une raison; eh bien, *faisons-la* de six pieds et demi.

— Soit, *nous la ferons* de six pieds et demi.

Comme il n'y avait pas de temps à perdre, attendu qu'on n'avait qu'un mois devant soi, — le même jour on monta le premier tombereau de terre glaise.

M. Gustave demeurait au sixième.

Au vingtième tombereau la maison craqua.

— Diable! dit Valter, il faut faire attention.

— On tâchera de s'en tirer avec vingt tombereaux, dit M. Gustave.

Et il se mit à la besogne.

Vingt tombereaux suffirent, et la statue se trouva faite et moulée en plâtre pour le jour de l'anniversaire.

L'exécution n'avait pas été facile.

Pour travailler aux pieds, M. Gustave avait été obligé, comme pour faire la barbe au père Verteuil, de se mettre à plat ventre.

Le soir de la représentation anniversaire, la statue fut inaugurée au théâtre, au milieu des applaudissements d'une salle comble.

Ce soir-là, le nom de Gustave fut dans toutes les bouches.

Le lendemain, la statue était transportée à l'Hôtel de Ville, et tout Rouen défilait devant elle.

Tous les journaux rendirent compte de la solennité et exaltèrent M. Gustave.

Le jeune homme fit une collection de tous les journaux qui parlaient de lui, et l'envoya au père Jean.

Trois jours après, Gustave encore endormi entendait frapper à six heures du matin à sa porte, s'éveillait, et, en s'éveillant, en sautant en bas de son lit, en courant à la porte, s'écriait :

— C'est papa !

Il ouvrit la porte.

C'était en effet le Père.

Le Père ne rit point ; vous savez qu'il avait désappris de rire.

Mais il pleura.

Il y a des scènes qu'on n'essaye pas même de raconter.

Chaque homme, même le plus méchant, a dans son cœur quelque souvenir d'une scène pareille. Qu'il s'y reporte, son souvenir lui en dira bien plus que notre plume.

Le Père resta trois jours, et vit son fils jouer trois rôles différents.

Il ne lui fallut pas moins que les applaudissements de toute une salle, trois fois répétés, pour qu'il pardonnât au jeune homme de faire des Corneille au théâtre de Rouen, au lieu de tailler des chapiteaux à l'église de la Madeleine.

La nuit qui précéda le départ du Père, Gustave s'était couché le premier, le Père avait allumé sa pipe, et était resté au coin du feu, pensif, et les yeux perdus dans les nuages de fumée dont il s'enveloppait avec délices.

Tout à coup il se leva, vint s'asseoir près du lit de son fils, et lui tendant la main :

— Écoute, Étienne, lui dit-il. On comprend que, pour le père Jean, Étienne était resté Étienne, et ne pouvait devenir Gustave. — Écoute, Étienne, lui dit-il, je pars demain, peut-être ne nous reverrons-nous plus jamais.

— Comment cela ? et pourquoi cela ? dit le jeune homme tout étonné.

— Eh ! mon Dieu ! qui sait ?

Étienne resta muet, le Père siffla deux ou trois mesures de la *Marseillaise*.

— Enfin, dit-il, peu importe.

— Comment, peu importe ! s'écria Étienne.

— Oui, peu importe que les vieux s'en aillent, pourvu que les jeunes restent.

— Mais, père, pourquoi es-tu donc ainsi ?

— J'ai une idée ; c'est que demain je te dirai adieu pour tout de bon.

— Alors, papa, il ne faut pas t'en aller.

— Et la douane, donc ?

— Oh ! père, s'il n'y avait que cela, on a gagné de l'argent là-bas à faire des portraits.

— Silence !

— Je me tais, père.

— Si tu entendais dire un matin : Le père Jean est mort.

— Ah çà ! mais qu'est-ce que c'est donc que cette idée-là ?

— Quand je te dis silence.

— J'obéis.

— Si tu entendais dire un matin : Le père Jean est mort, tu partirais tout de suite pour Caen ; en entrant, tu irais droit à l'armoire de noyer, et dans le tiroir où était ma queue tu trouverais douze cents francs dans mon bonnet de police.

— Oh ! que vous êtes bête, papa, de me dire de pareilles choses ! s'écria Étienne en sanglotant.

Le Père sourit avec mélancolie.

— Puis, continua-t-il, tu ferais venir à Paris tous les meubles qui viennent de ta mère ; il est bon, vois-tu, de conserver ces souvenirs de famille.

Étienne continuait de pleurer.

— Tu me le promets, dit le Père.

— Je vous le promets, papa.

— Eh bien, voilà tout ce que j'avais à te dire. Bonsoir ; je vais me coucher maintenant.

Et le Père alla à son lit, sans dire un mot de plus, se déshabilla et se coucha.

Dix minutes après, il était endormi.

Il n'en fut pas de même de Gustave, il dormit mal cette nuit-là. Le lendemain, selon son habitude, à cinq heures du matin, le Père était sur pied.

La diligence partait à sept heures.

Gustave, tout naturellement, accompagna son père.

Celui-ci ne paraissait pas plus triste que de coutume, mais il semblait plus triste à Gustave, parce qu'il était plus affectueux.

Avant que de monter dans la diligence, il l'embrassa à plusieurs reprises.

Puis, au moment où la diligence partait, il passa par la portière sa tête blanche, et envoya un dernier baiser de la main à son fils.

Mademoiselle Georges.

A l'angle de la rue, la voiture disparut.
Nous avons dit un dernier baiser.
Ce fut en effet le dernier.
Gustave rentra chez lui le cœur brisé.
Frédérik-Lemaître venait d'arriver à Rouen, pour y donner des représentations.
Frédérik était dans toute la force de son talent.
Il venait jouer à Rouen *Richard d'Arlington*, la *Tour de Nesle*, le *Joueur*.

M. Gustave passait naturellement des premiers rôles aux seconds et même aux troisièmes.

Dans le prologue de *Richard*, il joua le médecin.

Dans la *Tour de Nesle*, le truand qui ouvre la scène en criant : « Ohé ! maître Orsini, tavernier du diable ! »

Enfin, dans le *Joueur*, il jouait l'ami du joueur.

Puis vint Potier, avec lequel il joua les *Frères féroces*.

Arnal, avec lequel il joua le garçon des *Cabinets particuliers.*

Enfin Dorval, avec laquelle il joua la scène de l'archevêque de *l'Incendiaire*, le mari *d'Antony*, etc., etc.

Un soir qu'il était venu dans la loge de la grande actrice pour lui faire des compliments :

— Gustave, lui dit-elle après l'avoir regardé pendant quelque temps avec ses beaux yeux doux et clairs.

— Madame ? dit Gustave.

— Voulez-vous que je vous donne un conseil ?

— Je crois bien.

— Le suivrez-vous ?

— Je tâcherai.

— Croyez-moi, allez à Paris.

— Je ne demande pas mieux.

— En province, on est classé dans un emploi; une fois classé dans cet emploi-là, on n'en sort plus.

— Je m'en aperçois bien.

— Vous jouez les pères nobles.

— Ce n'est pas ma vocation, croyez-le bien.

— Votre emploi, ce sont les grands premiers rôles.

— C'est mon avis aussi, mais...

— Oui, mais il faut connaître quelqu'un, voulez-vous dire ?

— Oui.

— Et vous ne connaissez personne.

— Je connais mademoiselle Duchesnois.

— Eh bien ?

— Elle m'a envoyé à Soumet.

— Et Soumet ?

— Il m'a envoyé à Seveste.

— Et Seveste ?

— M'a classé dans les basses-tailles et dans les pères nobles.

— Vous ne connaissez pas Dumas ?

— Non.

— C'est votre homme.

— Mais puisque je ne le connais pas.

— Je le connais, moi.

— Ah !

— Et je vais vous donner un mot pour lui.

— Mais je suis engagé pour six mois encore.

— Bon ! vous arrangerez cela avec Valter.

— Et s'il ne veut pas ?

— N'avez-vous jamais joué le déserteur ?

Gustave se mit à rire.

— C'est un de mes meilleurs rôles, dit-il.

— Eh bien ! voilà tout... Venez prendre votre lettre chez moi demain.

Le lendemain, M. Gustave alla prendre sa lettre.

Le surlendemain, il partait pour Paris, après avoir mis sa statue de Corneille en loterie.

La statue fut gagnée par un tailleur, qui la plaça devant sa porte, et qui prit pour enseigne :

AU GRAND CORNEILLE.

Elle resta dix ans à la porte du tailleur, et finit par perdre sa forme sous la pluie, le vent et la neige.

Le jour même de son arrivée à Paris, M. Gustave se présentait chez moi.

On a vu son entrée, on a entendu le récit qu'il me fit.

Ce récit m'avait fait une certaine impression, on le voit, puisque, au bout de vingt ans, je le remets sous les yeux du lecteur.

Je regardai ce beau garçon de vingt-cinq ans, qui avait déjà mené une si rude vie.

— Eh bien ! après ? lui dis-je.

— Eh bien ! vous allez me faire entrer quelque part, voilà tout.

— Où préférez-vous entrer ?

— Dame ! à la Porte-Saint-Martin.

— Eh bien ! nous ferons tout notre possible. Revenez me voir après-demain, — j'aurai parlé à Harel.

XXI

Mauvaise humeur d'Harel. — Gustave va voir M. Merle. — M. d'Épagny. — Les Malcontents. — Une lithographie. — Mademoiselle Georges.

Le lendemain, j'étais chez Harel, comme je l'avais promis au protégé de Dorval.

Je m'arrêtai un instant, avant d'entrer au n° 12, devant le théâtre de la Porte-Saint-Martin.

L'affiche portait ces mots en tête du spectacle :

Dernière représentation de la *Tour de Nesle*.

En effet, la *Tour de Nesle* n'a guère été jouée que six cents fois depuis.

Bocage quittait le rôle et même la Porte-Saint-Martin.

Je trouvai Harel d'une humeur exécrable.

Il me repoussa avec perte, dès les premiers mots que je lui dis de M. Gustave.

J'avais bien mon recours auprès de Georges; mais quand Harel était de mauvaise humeur, c'est que Georges était de mauvaise humeur.

J'étais assez familier dans la maison pour savoir cela.

Je battis en retraite au premier coup de boutoir qu'il me donna.

Le lendemain je revis M. Gustave.

— Le vent est à Hugo, lui dis-je, il n'y a rien à faire pour moi en ce moment à la Porte-Saint-Martin.

Il paraît que Hugo fait un drame.

— Donnez-moi un mot pour Hugo.

— Je ne puis pas, nous sommes en brouille.

Vous rappelez-vous, cher ami, de l'autre côté de la mer, que nous ayons jamais été en brouille?

Il est vrai que notre brouille n'a pas duré longtemps.

Connaissez-vous M. d'Épagny? On joue une pièce de lui demain ou après-demain.

— Oui, les *Malcontents*. Il paraît qu'il y a dans la pièce un magnifique décor de Séchan.

— Je vous demandais si vous connaissiez M. d'Épagny?

— Comme nous nous connaissons tous, pas assez pour vous recommander à lui; mais attendez, connaissez-vous Merle, le mari de Dorval?

— Oui, sa femme m'a donné une lettre pour lui.

— Allez voir Merle, alors.

— Je vais aller voir Merle.

Et M. Gustave alla voir Merle.

— Connaissez-vous M. d'Épagny? demanda-t-il à Merle.

— Tiens, pardieu! c'est un ami.

— Alors donnez-moi une lettre pour lui.

— Volontiers.

Et Merle se mit à son bureau, et, de sa jolie petite écriture fine et propre, donna à M. Gustave une lettre pour son ami d'Épagny.

Il était deux heures de l'après-midi.

— N'y allez pas aujourd'hui, dit Merle. Il ne sera plus chez lui; il sera à quelque répétition. Allez-y demain.

— A quelle heure?

— A dix heures du matin.

Le lendemain, à dix heures précises, M. Gustave sonnait chez d'Épagny.

Une femme, entre deux âges, vint ouvrir la porte.

C'était la gouvernante de l'auteur de *Dominique le possédé*, charmante petite pièce jouée au Théâtre-Français d'une façon admirable par Monrose père.

— Monsieur d'Épagny?

— Que lui voulez-vous?

— J'ai une lettre à lui remettre.

— De quelle part?

— De la part d'un de ses amis.

La gouvernante avait bonne envie de lui demander le nom de l'ami, mais, sans doute, elle n'osa point.

Elle ouvrit la porte du cabinet de son maître.

— Tenez, dit-elle, c'est un jeune homme qui veut vous donner une lettre de la part d'un de vos amis.

— Où est-il? dit d'Épagny en levant le nez.

— Le voilà, monsieur, dit Gustave en s'avançant et souriant le plus agréablement qui lui était possible.

— Vous m'apportez une lettre de la part d'un de mes amis?

— Oui, monsieur.

— Le nom de cet ami-là?

— M. Merle.

— M. Merle n'est pas mon ami, monsieur, dit d'Épagny en roulant les yeux et en haussant la voix.

— M. Merle n'est pas votre ami? hasarda Gustave.

— Non! et la preuve, tenez, lisez l'article qu'il m'a flanqué dans sa *Quotidienne*, à propos de ma première représentation des *Malcontents*.

Et il se mit à fouiller dans ses papiers pour y chercher la *Quotidienne*, qu'il finit par découvrir enfin au bout d'un quart d'heure.

— Lisez, dit-il.

— Oh! fit Gustave,

— Hein! qu'en dites-vous?

— Je dis qu'il faut qu'il ait eu quelque motif particulier d'en vouloir à la Porte-Saint-Martin pour parler ainsi d'un si bel ouvrage.

— Vous l'avez vu?

— L'ouvrage? Voilà trois jours que j'y vais...

D'Épagny regarda en face M. Gustave.

— Tiens! dit-il, vous avez une bonne figure, vous.

— Tant mieux!

— Donnez-moi votre lettre tout de même. — Ah! vous êtes peintre?... Bon.

— Comment, bon?

— Je m'entends.

— Je ne comprends pas très-bien.

— Connaissez-vous Harel?

— Je n'ai pas cet honneur.

— Si je vous présente à lui comme comédien, il ne voudra pas de vous.

— Ah! ah!

— Tandis que, si je vous présente comme peintre, il regrettera que vous ne jouiez pas la comédie.

— Alors, voilà comme il est fait, M. Harel?

— Ah! je le connais, il a de l'esprit; mais soyez tranquille, nous en aurons plus que lui.

— Parlez pour vous.

— Attendez donc... at—ten—dez?

Et d'Épagny se mit à ruminer.

— J'ai trouvé un moyen.

— Lequel?

— Savez-vous faire de la lithographie?

— Je sais faire un peu de tout.

— En ce cas, déjeunez avec moi.

— J'ai déjeuné.

— Qu'avez-vous mangé?

— Un œuf et une côtelette.

— Eh bien, on fera deux œufs et deux côtelettes; on a de l'appétit à votre âge.

— Oui! on en a souvent de trop, et il y a des circonstances où cela gêne.

— Ah!... ah! il paraît que nous avons mangé de la vache enragée?

— Si nous avions eu de la vache, nous ne nous serions pas plaint... quand même la vache eût été enragée.

D'Épagny sonna.

— Quatre œufs, quatre côtelettes.

— Mais j'ai eu l'honneur de vous dire...

— Silence!

— Oh! pourvu que vous me fassiez entrer au théâtre de la Porte-Saint-Martin, je ferai tout ce que vous voudrez.

On apporta les quatre œufs et les quatre côtelettes.

M. Gustave se prépara à manger son œuf à la mouillette.

— Que faites-vous donc? s'écria d'Épagny.

— Moi! rien. Vous voyez, je mange mon œuf, s'écria M. Gustave tout effrayé.

— Est-ce que c'est comme cela qu'on mange les œufs?

— Excusez-moi, pardon. Je croyais...

— Donnez-moi votre œuf.

M. Gustave passa son œuf à d'Épagny.

— Tenez, voilà comme cela se prépare.

Et d'Épagny mit lui-même, par mesures égales, dans l'œuf de M. Gustave, un morceau de beurre, une pincée de sel, une pincée de poivre, tourna et retourna ce mélange avec son couteau, et rendit l'œuf brouillé à son convive.

M. Gustave mangea son œuf le plus gravement qu'il put.

Après le déjeuner, d'Épagny sonna.

— Que demande monsieur? s'informa la gouvernante tout étonnée.

— Mon habit.

— Pourquoi faire?

— Je sors.

— Monsieur sort?

— Sans doute, je sors!

— Mais monsieur n'a pas de répétition.

— J'ai affaire.

— Affaire?

— Ah! silence. Je veux sortir.

— Alors, c'est autre chose.

Et la pauvre gouvernante, tout étonnée que M. d'Épagny eût une affaire qu'elle ne connût pas, apporta l'habit, qu'elle passa tristement à son maître.

D'Épagny est un excellent homme, tout cœur et toute flamme, malgré ses soixante-cinq ou soixante-six ans, il doit bien avoir cela; mais il y a vingt ans, il n'en avait que quarante-cinq, et il était encore plus prêt à s'enflammer et à rendre service qu'aujourd'hui.

Et encore, qui sait ? En vieillissant, le bon devient meilleur.

Il prit M. Gustave par-dessous le bras et l'entraîna vers le passage du Caire.

C'était là qu'on imprimait sa pièce.

Il prit une feuille et la plia.

— Voilà le format de ma brochure, dit-il.
— Bon.
— Vous avez vu ma pièce?
— Trois fois, je vous l'ai dit.
— C'est vrai?
— Parbleu, je ne mens jamais.
— Eh bien ! faites-moi une lithographie de mademoiselle Georges dans sa grande scène, et ne vous inquiétez pas du reste.

Le fait était que M. Gustave n'avait vu ni mademoiselle Georges ni la pièce.

Mais il alla le soir au théâtre, et de sa stalle fit un croquis de mademoiselle Georges dans sa grande scène.

Pendant trois jours, il resta le nez sur la pierre ; puis le troisième jour, jugeant son chef-d'œuvre à point, il fit tirer une épreuve et la porta à d'Épagny.

— C'est cela, morbleu! c'est cela.— Thérèse!
— Ah ! mais vous faites très-bien la lithographie, jeune homme. — Thérèse !
— Me voilà, monsieur.
— Cousez-moi cette lithographie en tête de ma brochure.
— Oui, monsieur... — Tiens, c'est mademoiselle Georges.
— Vous voyez que je ne le lui fais pas dire.— Oui, c'est mademoiselle Georges. Crois-tu qu'elle sera contente? Thérèse.
— Je crois bien.
— Ah ! tout ira comme de cire, jeune homme. Trouvez-vous ce soir, à huit heures, rue de Bondy, entrée des artistes.
— On y sera.
— Allez, maintenant.
— A ce soir, monsieur d'Épagny.
— A ce soir.

Et M. Gustave partit, le cœur plein d'espérance.

Le soir, à l'heure indiquée, il était à son poste.

Cinq minutes après, il reconnaissait d'Épagny dans l'obscurité et allait au-devant de lui.

— Eh bien?

— Eh bien, me voilà, montons.

Tous deux montèrent.

— Passez sur le théâtre ; moi je vais attendre Georges à la porte de sa loge.

M. Gustave était d'une taille et d'un physique à ne pas passer inaperçu dans les coulisses d'un théâtre.

Cinq minutes après son entrée, il y avait émeute.

— Quel est celui-là ?
— D'où vient-il ?
— Où va-t-il ?
— Que veut-il ?
— Beau garçon ! disaient les femmes.
— Peuh ! répondaient les hommes.

Sur ces entrefaites, la toile tombait, et Georges rentrait dans sa loge.

— Mademoiselle Georges !
— Ah ! c'est M. d'Épagny, dit la grande actrice avec cet accent un peu traînant qui donnait un si grand charme à une voix qui passait à travers les plus belles lèvres et les plus belles dents du monde.
— Oui, c'est moi. Tenez, je viens vous apporter cela.
— Qu'est-ce que c'est, que cela ?
— Eh bien! mais... c'est notre brochure.
— Ah ! merci.

Et Georges étendit nonchalamment son beau bras pour laisser tomber la brochure sur son canapé.

— Vous ne regardez pas la lithographie?
— Ah ! il y a une lithographie?
— Voyez.
— Que représente-t-elle?
— Vous, dans votre grande scène.
— Ah ! ah ! vraiment.

Georges ouvrit la brochure.

— Ah ! que c'est joli ! s'écria-t-elle.
— Vous trouvez?
— Je crois bien. Qui a fait cela?
— Un jeune peintre de mes amis.
— Où est-il ?
— Dans les coulisses.
— Que fait-il dans les coulisses ?
— Dame ! vous comprenez, c'est la première fois qu'il a l'occasion de mettre le pied sur un théâtre, et il en profite.
— Allez me le chercher.

XXII

La ligne est amorcée. — Stratégie du protecteur de M. Gustave. — L'occasion prise aux cheveux. — Un raccord de la *Tour de Nesle*. — M. Gustave joue Buridan, au théâtre de la Porte-Saint-Martin, sous son nom véritable.

Cinq minutes après, d'Épagny rentrait, conduisant par la main M. Gustave, rougissant comme une fiancée.

— Oh! monsieur, dit Georges de sa plus charmante voix, mais venez donc, mais venez donc! — mais c'est admirable! mais c'est on ne peut plus ressemblant! mais...

En ce moment, on entendit une clef tournant dans la serrure du cabinet d'Harel, qui n'était séparé de la loge de Georges que par une cloison.

— Tenez, dit Georges, voici Harel qui rentre.
— Harel! Harel!
— Quoi? répondit Harel à travers la cloison.
— Viens ici.
— Me voilà!

Cinq secondes après, Harel entrait en se frottant les mains selon son habitude.

— Mais, viens donc voir.

Harel accourut.

Et Georges lui montra la lithographie.

— Que dis-tu de cela?

Harel, qui attendait d'habitude que Georges émît un avis pour oser en avoir un, tira sa tabatière tout en regardant la lithographie, bourra son nez de tabac en disant :

— De cela? hum! hum! c'est une lithographie.

— Oui sans doute, imbécile; mais de cette lithographie, qu'en dis-tu?

— Hum... hem... haum!...
— C'est-à-dire que c'est charmant.
— Charmant, répéta Harel.
— Adorable.
— Adorable, répéta Harel.
— Ravissant!
— Ravissant, répéta Harel.

M. Gustave buvait du lait à pleine tasse.

D'Épagny le regardait boire.

Quand la scène eut duré assez longtemps, d'Épagny donna un coup de coude à M. Gustave.

M. Gustave, qui savait son monde, salua et sortit.

Georges le suivit des yeux.

— Eh bien! où va-t-il donc, votre jeune homme? demanda-t-elle.

— Je vous ai dit qu'il ne savait pas ce que c'était qu'un théâtre? l'idée de passer une soirée dans les coulisses le ravit, et il ne veut pas perdre une minute.

Alors, allant à la porte comme pour voir si M. Gustave s'était éloigné :

— Heim! dit-il en s'adressant à Georges et à Harel, quel malheur que ce garçon-là ne joue pas la comédie!

— Le fait est que c'est un malheur, dit Georges.

— Un très-grand malheur, dit Harel.
— Une belle voix.
— Très-belle, dit Georges.
— Magnifique, dit Harel.

— Un beau physique de premier rôle. — Allons, adieu, Harel, adieu, mademoiselle Georges. Je vais le rejoindre dans les coulisses. Je lui ai dit de se tenir près de la lyre; mais j'ai peur qu'il ne sache pas ce que c'est que la lyre, et qu'en vaguant çà et là il ne tombe dans quelque trappe.

— Allez.

D'Épagny sortit.

— Eh bien? demanda M. Gustave.

— La ligne est amorcée; soyez tranquille, à la première occasion, le poisson mordra.

— Vous croyez?

— J'en suis sûr. En attendant, tous les soirs, de huit heures à huit heures et demie, à l'entrée du théâtre.

— Oui.
— Vous entendez?
— Je ne demande pas mieux; je n'ai rien à faire.

Et tous les soirs, pendant les soixante représentations des *Malcontents*, on se trouva devant le théâtre.

A peine réunis, l'auteur et le peintre montaient et entraient dans les coulisses.

C'était toujours dans un entr'acte.

D'Épagny allait droit au trou de la toile.

S'il y avait grande chambrée :
— Bon ! disait-il, allons voir Georges, Harel sera de bonne humeur.

S'il y avait des trous dans la salle :
— Rien à faire aujourd'hui, disait-il ; restez si cela vous amuse, vous ; moi, je m'en vais.

Et en effet, il s'en allait.

Quant à M. Gustave, personne n'y faisait plus attention ; c'était un peintre.

Cependant les jours suivaient les jours. M. Gustave avait épuisé ses doublons, et avait commencé à attaquer les costumes

Le premier qu'il vendit était un habit de général. Les aiguillettes, les épaulettes, les boucles d'argent, l'habit brodé d'or, passèrent chez un marchand de la place de la Bourse, le prédécesseur, probablement, de celui où vous voyez ces belles armes et ces belles broderies turques.

Puis, peu à peu, la garde-robe défila.

Plus la garde-robe défilait, plus M. Gustave devenait pressant, plus d'Épagny disait :

— Quel malheur, qu'au lieu d'être peintre, mon peintre ne soit pas comédien !

Et quand d'Épagny était sorti :

— Mais qu'a donc d'Épagny à répéter toujours la même phrase ? disait-elle à Harel.

— Quelle phrase ? demandait Harel ?

— Comment, quelle phrase ?

— Oui, je te demande quelle phrase ?

— Tu ne l'écoutes donc pas ?

— Est-ce que j'écoute ce que dit d'Épagny !

— Il dit : « Quel malheur que mon peintre ne soit pas comédien ! »

— Bon, c'est un tic.

— C'est possible.

Et Georges rentrait en scène, saluait M. Gustave, qu'elle trouvait sur son chemin, et répétait comme d'Épagny :

— En effet, c'est malheureux que M. Gustave ne soit pas comédien ; quel beau premier rôle cela ferait !

Un jour, ou plutôt un soir, Harel s'était avisé de reprendre la *Tour de Nesle*.

Il y avait salle comble.

C'était Delaistre qui devait jouer Buridan.

D'Épagny et M. Gustave arrivèrent comme d'habitude.

On jouait *Jeanne Vaubernier* avant la grande pièce.

— Ah ! c'est vous, Harel ! dit d'Épagny.

— Bonsoir, répond Harel d'un ton brusque.

D'Épagny se retourne, et voit derrière lui la belle et grave figure de Georges.

— Mon jeune homme... dit-il à Georges...

— Flanquez-moi la paix, avec votre jeune homme, dit Harel. Peut-il me jouer Buridan ce soir ?

— Comment cela, vous jouer Buridan ?

— Oui, me jouer Buridan. Voilà M. Delaistre qui me fait dire qu'il est malade. Il ne peut pas me jouer Buridan, n'est-ce pas, votre jeune homme ?

— Eh bien ! si fait, il peut vous le jouer, s'écrie d'Épagny, saisissant l'occasion aux cheveux.

— Il peut me le jouer ! s'écria Harel, saisissant d'Épagny au collet.

— Oui, il peut vous le jouer.

— Comment cela ?

— C'est un comédien.

— Comment, c'est un comédien ?

— Oui, c'est un comédien.

— Vous m'avez dit que c'était un peintre ?

— Eh bien ! après, c'est un comédien-peintre, ou un peintre-comédien, comme vous voudrez.

— Où est-il ?

— Il est là, près de la lyre.

— Allez me le chercher.

D'Épagny s'élança à la recherche de M. Gustave.

Il le trouva derrière la coulisse du premier plan, côté cour.

— Et vite, dit-il, ça chauffe, ça flambe, ça brûle. — Venez, venez, venez.

— Où cela ?

— Dans la loge de Georges, cria Harel.

On alla dans la loge de Georges.

Harel ne donna pas le temps à M. Gustave d'entrer :

— Pouvez-vous me jouer Buridan ? lui cria-t-il dès qu'il l'aperçut.

— Certainement que je le puis.

— Vous savez le rôle ?

— Je l'ai joué vingt fois.

— Mais, ce soir, je demande.

— Je puis le jouer dans dix minutes.

— Comme cela, sans répétition ?

— Bon, je ferai un raccord, derrière la toile de fond, avec les autres. Et puis, après tout...

— Quoi, après tout?
— Vous aurez la complaisance de faire une annonce.
— On la fera. Montez au magasin pour essayer les costumes.
— Inutile, j'ai les miens.
— Sont-ils convenables?
— Oh! soyez tranquille, je les ai peints moi-même; c'est moins cher et c'est plus beau. Dans dix minutes, je suis ici.
— Allez, jeune homme, allez!
M. Gustave s'élança hors de la loge.
— Harel se retourna du côté de Georges.
— As-tu entendu, Georges, ce qu'il a dit?
— Qu'il allait jouer le rôle de Buridan.
— Et non, c'est convenu, cela.
— Qu'a-t-il dit, alors?
— Il a dit que les costumes peints étaient moins chers et plus beaux.
— Eh bien?
— Eh bien! si nous mettions sur son engagement qu'il nous peindra les costumes.
— Veux-tu te taire, pleutre? s'écria Georges en jetant un oreiller à la tête d'Harel.
— Ah! tu ne comprends rien à l'administration, toi.
— Cinq minutes après, M. Gustave était de retour avec les costumes.

En effet, son costume de Buridan, assez laid de près, comme une décoration, était magnifique vu à distance. M. Gustave l'avait peint sur calicot d'après un dessin byzantin; puis, sur une indication que je lui avais donnée, au lieu de porter l'épée suspendue à un ceinturon prenant la taille, il avait fait coudre son ceinturon à la jaquette de son pourpoint, ce qui donnait à son costume le caractère bien tranché du treizième siècle.

Le reste du costume avait été calqué, dans l'atelier de Saint-Èvre, sur un seigneur de son tableau d'Inès de Portugal couronnée après sa mort.

Un quart d'heure après, un Buridan se promenait dans les coulisses, qui avait l'air d'un personnage descendu d'une tapisserie.

Georges jeta un cri en l'apercevant.
— Ah! il est magnifique! Regarde donc, Harel, quel beau costume!
— Tu trouves?
— Comment! tu ne trouves pas, toi?

— Si fait, magnifique! superbe!
Puis, à demi-voix:
— C'est égal, ajouta-t-il, j'aimais mieux le mien. — Allons, mes enfants, *au raccord!*
On alla derrière la toile de fond, et l'on *raccorda*.
Pendant qu'on raccordait, la toile tomba sur la fin du troisième acte de la comédie.
— Et l'annonce? demanda M. Gustave.
— C'est juste, dit Harel.
Et il appela:
— Moëssard! Moëssard! Moëssard!
— Me voilà, monsieur Harel, me voilà, dit Moëssard se courbant devant Harel, autant que son gros ventre lui permettait de le faire.
— Vite, Moëssard, une annonce.
— Dans quels termes, monsieur Harel?
— Dans les termes que vous voudrez, parbleu!
— Pardon, monsieur Harel; je fais les annonces, mais ne les rédige pas. Rédigez l'annonce, monsieur Harel, et je la ferai.
— Voyons; tenez, c'est bien simple, peuh!

« M. Delaistre s'étant trouvé subitement indisposé, M. un tel, artiste arrivant de Rouen et se trouvant par hasard dans les coulisses, s'offre pour jouer le rôle de Buridan.

« Il réclame l'indulgence du public. »

— Mais, dit Moëssard, M. un tel n'est pas un nom.
— Au fait, demanda Harel, comment vous nommez-vous?
— M. Gustave.
— C'est un nom de province qui ne vaut rien à Paris. Cherchez vite un autre nom.
— Je n'ai pas besoin d'en chercher un, j'ai le mien.
— C'est vrai. Et votre nom, c'est...
— Mélingue.
— Un bon nom, bravo, un bon nom; Moëssard, vous entendez.

« M. Delaistre s'étant trouvé subitement indisposé, M. Mélingue, artiste, arrivant de Rouen, et se trouvant par hasard dans les coulisses du théâtre de la Porte-Saint-Martin, s'offre pour jouer le rôle de Buridan. »

— Bien, monsieur Harel. — Frappez trois coups !

— Ajoutez, Moëssard!...

— Monsieur Harel?

— Ajoutez que les costumes sont à lui.

— Oui, monsieur Harel.

— M. Mélingue, entendez-vous bien, M. Mélingue.

— Oui, monsieur Harel.

Voilà l'histoire véridique de la vie et des aventures de M. Étienne-Marin MÉLINGUE, l'ancien compagnon de misère de M. Hippolyte TISSERANT, depuis le jour de sa naissance jusqu'au jour où il débuta dans le rôle de Buridan au théâtre de la Porte-Saint-Martin.

Chers lecteurs, vous qui l'avez si souvent applaudi depuis vingt ans, vous savez le reste de son histoire aussi bien que moi, je n'ai donc pas besoin de vous la raconter.

FIN

Coulommiers. — Imprimerie PAUL BRODARD.

CHRONIQUE DE CHARLEMAGNE

PAR

ALEXANDRE DUMAS

I

Comment le bâtard Wenneman accusa faussement la bonne princesse Hildegarde, et de ce qui en advint.

endant que le roi Pépin vivait encore, Charlemagne avait épousé la bonne princesse Hildegarde, et cela non point à cause de sa haute naissance, car elle était fille d'un simple chevalier, mais à cause de sa grande réputation de piété et de sagesse.

Or il arriva que l'année qui suivit celle où le nouveau roi était monté sur le trône, les infidèles s'étant réunis de nouveau en Saxe et en Hongrie, le roi Charlemagne confia sa femme à son frère Wenneman, et ayant appelé à lui tous ses chevaliers, il se mit à leur tête et marcha contre les païens.

Le roi Charlemagne était alors ce qu'il avait promis de devenir, lorsqu'il demeurait encore chez le meunier, c'est-à-dire un puissant chevalier aux cheveux noirs, à la figure colorée et à l'aspect sévère; quant à sa taille, elle était juste de huit de ses propres pieds, qui étaient très-longs, puisque ce fut d'après eux qu'on donna leur nom à cette mesure que l'on appelle encore aujourd'hui pied de roi. Sa figure avait une palme, et son front seul un de ses pieds; ses sourcils avaient chacun la longueur de son nez, c'est-à-dire une demi-palme, et couvraient des yeux si étincelants, que celui qu'il regardait avec colère demeurait sans mouvement et comme pétrifié. Il mangeait peu de pain; mais le quart d'un mouton, ou deux poules, ou une oie, ou un paon, ou une grue, ou un lièvre entier. Il était si fort, qu'il fendait en deux d'un seul coup de son épée, que l'on appelait Joyeuse, un cavalier avec sa monture, et qu'en s'amusant il lui arrivait parfois de prendre quatre fers de chevaux et de les redresser tous ensemble, ou que, faisant monter un homme tout armé dans sa main, il le levait rapidement et sans effort jusqu'à la hauteur de son épaule, et au bout d'un instant le reposait à terre.

On devine donc que les païens n'eurent pas beau jeu en s'attaquant à lui; mais plus il en pourfendait, plus il en avait de nouveaux; si bien qu'au lieu d'une campagne d'une année qu'il avait cru faire, celle-ci durait depuis deux ans et demi, qu'il ne savait point encore quand elle finirait.

Pendant ce temps il était arrivé que Wenneman, tenté par le démon sans doute, était devenu si fort amoureux de la bonne princesse Hildegarde, que lui avait confiée son frère, que, dans l'espoir de voir sa coupable passion payée de retour, il avait mis en œuvre pour lui plaire toutes les ressources de la plus fine galanterie. Hildegarde recevait toutes ces attentions ou comme des hommages dus à son rang, ou comme des familiarités permises entre si proches parents qu'ils étaient; si bien qu'il fallut que Wenneman s'expliquât plus clairement, et c'est ce qu'il osa faire un jour qu'il se trouvait seul avec la reine. Mais Hildegarde reçut l'aveu de son amour avec une si glaciale dignité, qu'elle espéra que sa froideur suffirait pour le guérir. Il n'en était point ainsi, car quelques jours après, s'étant retrouvé en tête-à-tête avec la reine, non-seulement il osa lui reparler de son amour, mais encore, comme elle voulait se retirer, il la retint de force, lui disant que, si elle ne partageait point ses sentiments, il se tuerait à ses yeux. Hildegarde resta d'abord muette d'étonnement et de honte; puis, réfléchissant qu'elle était seule, éloignée de son mari, et presque sous la dépendance de son beau-frère, elle résolut d'agir de ruse, afin de se débarrasser une fois pour toutes de pareilles poursuites. En conséquence, elle feignit d'être touchée de la violence d'une passion qui se manifestait par de pareils éclats, sa défense devint de jour en jour plus faible; enfin elle finit par consentir à lui accorder un rendez-vous; mais, comme si elle eût eu honte d'elle-même, elle exigea que ce fût dans un des appartements les plus reculés du château. Wenneman, facile à aveugler comme tout homme qui aime, passa par toutes les conditions qu'on lui fit, et vint le premier attendre la reine dans la chambre obscure et retirée où elle devait venir le rejoindre. En effet, au bout d'un instant, il entendit des pas; mais ces pas s'arrêtèrent à la porte, et, la porte s'étant fermée tout à coup, il entendit une voix qui lui dit : « J'espère, mon cher beau-frère, que la fraîcheur de ces murailles calmera votre sang. Attendez ici le retour de l'empereur. » Puis les verrous grincèrent. Wenneman comprit qu'il était joué, et se trouva en prison.

Le premier moment fut tout à la colère. Wenneman voulait se briser le front contre les murailles; mais bientôt il calcula que mieux valait dissimuler à son tour, et rendre le coup avec la même arme dont il avait été frappé.

Le lendemain, une femme de la suite de la reine, et qui possédait toute sa confiance, vint apporter la nourriture au prisonnier. Comme cette chambre était un ancien retrait où longtemps une recluse avait demeuré en expiation de quelque gros péché, il y avait un tour pratiqué dans le mur : c'était par ce tour que la confidente de la reine faisait passer le déjeuner et le dîner du prisonnier. Pendant les cinq ou six premiers jours, il mangea et but comme s'il était en liberté, mais au commencement de la seconde semaine, il commença à se plaindre et à se lamenter d'être tombé dans la disgrâce de la reine, puis il commença à manger moins, disant que, si la reine ne lui pardonnait pas, il se laisserait mourir de faim. La suivante d'Hildegarde, qui connaissait Wenneman pour un homme méchant et rusé, commença par rire de ses menaces; mais un beau jour, ainsi qu'il l'avait dit, il cessa de manger tout à fait, et pendant trois jours refusa obstinément de toucher à la nourriture qu'on lui apportait. Enfin, le troisième jour, il pria d'une voix mourante la confidente de la reine d'aller lui dire qu'il la suppliait de venir recevoir l'expression de son repentir, attendu qu'il ne voulait pas mourir sans être pardonné par elle. Hildegarde, effrayée de la résolution de son beau-frère, et joyeuse de son retour à de meilleurs sentiments, se rendit alors de sa personne à la porte de la prison et demanda à son beau-frère si ce qu'on lui avait dit de son repentir était vrai. Alors Wenneman jura par les serments les plus terribles qu'il était guéri de son fol amour; et qu'ainsi donc ce n'était point à cause de cela qu'il mourait, mais parce qu'il ne se sentait pas le courage d'encourir la colère de son frère, qu'il avait si cruellement offensé; alors la bonne princesse, touchée de ses remords, non-seulement lui ouvrit la porte, mais encore lui promit qu'elle garderait le secret sur l'injure qu'il lui avait faite.

Wenneman reparut à la cour sans que personne se doutât de ce qui lui était arrivé. Une mission secrète expliqua son absence, et nul ne soupçonna le véritable motif de sa disparition. Peu de jours après, un courrier de Charlemagne arriva, porteur de dépêches qui annonçaient à la fois sa victoire et son retour.

Ces nouvelles rendirent la bonne princesse Hildegarde bien joyeuse; mais Wenneman, ne pouvant croire qu'elle lui garderait le secret promis, résolut de la prévenir et d'aller au-devant de Charlemagne. Il se mit donc en route, suivi seulement de quelques serviteurs, et, l'ayant rejoint à une cinquantaine de lieues de son château, il lui demanda un entretien secret, lui disant qu'il avait des choses de la plus haute importance à lui communiquer. Ces choses importantes étaient une fausse accusation d'adultère si bien établie contre la reine, que le roi Charles, qui ne pouvait supposer à son frère aucune intention de le tromper, crut à tout ce qu'il lui dit; et, convaincu qu'il ne pouvait rentrer au château de Weihenstephan que vengé de la tache publique que la reine avait faite à son honneur, il ordonna à Wenneman de prendre les devants et de faire conduire la reine dans une grosse tour située à quinze lieues à peu près du château et au milieu d'une immense forêt. Quant à lui, il s'arrêta où il était, ne voulant pas rentrer en son château que ses ordres ne fussent exécutés.

Du moment où la reine avait vu partir Wenneman, elle s'était bien doutée que quelque chose se tramait contre elle; mais elle espérait que Charlemagne ne la condamnerait pas sans l'entendre, de sorte qu'elle attendait avec confiance son retour, lorsque des soldats la vinrent prendre et la conduisirent dans la tour avec sa confidente.

Heureusement la confidente était une femme de sens qui, du moment où elle soupçonna le malheur qui pouvait arriver à sa maîtresse, fit un grand amas de bijoux et d'or monnayé qu'elle emporta avec elle; de sorte que le lendemain même du jour où la reine et elle étaient prisonnières, ayant appris que la femme du concierge avait été tuée, en traversant la forêt pendant une tempête, par une branche qui s'était rompue, et en tombant lui avait brisé le front, elle fit monter le concierge, et, lui montrant sur une table une montagne d'or et de bijoux, elle lui dit que tout cela était à lui s'il voulait mettre le cadavre de sa femme dans le lit de la reine, et dire que c'était celle-ci qui s'était tuée en se précipitant du haut en bas de la tour; pendant ce temps, la reine et elle se sauveraient et quitteraient l'Allemagne, où elles s'engageaient à ne jamais plus revenir. Le concierge, qui vit un moyen de faire facilement sa fortune, accepta; il coucha sa femme dans le lit de la reine, et le soir même, ayant procuré à la bonne princesse Hildegarde et à sa suivante des habits de pèlerines, toutes deux se mirent en route pour Rome.

Et bien leur en prit d'avoir fait ainsi; car, Wenneman ayant obtenu de Charlemagne l'ordre de faire mourir la reine, deux hommes se présentèrent vers les cinq heures du matin à la tour, pour exécuter l'ordre de leur maître; mais le concierge leur raconta que, la veille au soir, la bonne princesse Hildegarde s'était précipitée de la terrasse dans la cour, et, leur ayant montré le cadavre défiguré gisant dans le lit, les deux meurtriers ne firent aucun doute de ce qu'on leur disait, et retournèrent vers celui qui les avait envoyés, disant que la reine n'avait point attendu le châtiment qu'elle méritait, mais au contraire s'était tuée elle-même et qu'ils avaient vu le cadavre.

Ce récit fut une nouvelle preuve au bon roi Charlemagne de la culpabilité de son épouse, et sa confiance en Wenneman s'accrut de ce que dans son absence il avait pris un si grand soin de son honneur.

Cependant Hildegarde et sa compagne s'étaient mises courageusement en route, et, au bout de six semaines de voyage, elles étaient parvenues en la sainte cité de Rome. Là, le premier soin de la pieuse princesse fut de visiter toutes les églises, et de participer à la bénédiction générale que le pape donne tous les ans à la chrétienté : puis ces devoirs remplis, la bonne reine résolut de se vouer entièrement à la guérison des pauvres malades; et comme, à l'exemple de toutes les filles nobles de cette époque, elle avait appris l'art de connaître les plantes et de soigner les blessures, elle se mit à composer des remèdes que Dieu bénit. Au bout d'un certain temps, il n'était question à Rome que des cures miraculeuses qu opérait dame Dolorosa, — c'était le nom qu'avait pris la bonne princesse Hildegarde; si bien qu'un jour, le pape Adrien l'ayant rencontrée au sortir d'une église, il lui donna sa bénédiction particulière.

Bientôt des pèlerins qui revenaient de Rome racontèrent à la cour de Charlemagne les merveilles que faisaient chaque jour la science ou les prières de dame Dolorosa, et comment elle guérissait, rien qu'au toucher, les paralytiques, les boiteux et les aveugles. Or il était arrivé que, par une punition du ciel, Wenneman, à la suite d'une maladie qu'il avait faite, venait de perdre la vue. Ne se trompant point à l'intention du Seigneur, il regardait ce malheur comme un châtiment, et se repentait bien sincèrement du crime qu'il avait commis, sans cependant oser l'avouer au redoutable Charles, car les premiers mouvements de sa colère étaient terribles comme la tempête. Mais, sur ces entrefaites, Wenneman demanda à son frère la permission de l'accompagner, espérant sa guérison de la science miraculeuse, ou des prières saintes de la dame Dolorosa. Le roi, qui aimait beaucoup Wenneman, consentit volontiers à ce qu'il lui demandait.

Lorsqu'on apprit à Rome l'arrivée du roi Charles, ce fut une grande joie pour le pape, pour les cardinaux et pour le peuple, car la chrétienté n'avait pas de plus grand défenseur que le pieux roi des Francs. Mais nul n'éprouva une joie aussi grande que dame Hildegarde, car elle avait le pressentiment que ce voyage était une inspiration du ciel qui devait la récompenser de tout ce qu'elle avait souffert, en lui offrant quelque moyen encore inconnu d'elle-même pour prouver son innocence. Aussi passa-t-elle tout le temps qui s'écoula entre la nouvelle de son arrivée et l'arrivée elle-même, agenouillée au pied des autels, ne se levant que pour porter secours aux malades ou aux affligés, qui se ressentaient eux-mêmes de ce redoublement de piété par leur guérison plus grande ou une consolation plus efficace.

Charles fit son entrée à Rome au milieu d'un cortége de cardinaux que le pape avait envoyés au-devant de lui pour lui faire honneur, tandis que lui-même l'attendait en grande pompe au palais pontifical. Wenneman était avec lui, et, tout aveugle qu'il était, partageait les honneurs qui lui furent rendus; mais, aussitôt la réception finie, il s'informa de la demeure de dame Dolorosa, et quand il l'eut apprise, il lui fit dire qu'il se rendrait le lendemain chez elle. Dame Dolorosa répondit qu'elle était sensible à l'honneur que le frère du roi des Francs lui faisait, et qu'elle l'attendrait le lendemain.

Wenneman se rendit chez dame Dolorosa à l'heure dite, la suppliant d'employer tout son pouvoir à lui rendre la vue. — Seigneur, lui dit-elle avant de rien entreprendre, au nom de Dieu, de son Fils, du Saint-Esprit et de la Vierge sainte, il faut avant que votre âme soit déchargée du poids de toutes ses fautes. Agenouillez-vous donc et confessez-moi vos péchés, car sans votre repentir sincère, ni ma science ni mes prières ne peuvent rien.

— Hélas! hélas! s'écria Wenneman en se mettant à genoux et en se frappant la poitrine, je reconnais que je suis un grand pécheur, mais aucun de mes péchés, — il est vrai que ce n'est point un péché, mais que c'est un crime, — mais aucun de mes péchés, dis-je, ne pèse aussi lourdement sur ma conscience que la haine qui m'a fait lâchement calomnier la plus pure et la plus vertueuse des femmes, laquelle a été injustement mise à mort par l'effet de cette calomnie; si bien que, s'il faut que je sois pardonné du Seigneur pour obtenir de vous ma guérison, j'ai bien peur de mourir aveugle.

— Et avez-vous fait l'aveu de ce crime, demanda Dolorosa, à celui qui, après le Seigneur du ciel, avait le plus à s'en plaindre, étant votre seigneur sur la terre?

— Hélas! répondit Wenneman, j'en ai bien souvent été tenté, et je vois maintenant que c'était une inspiration du ciel; mais je ne l'ai jamais osé, car je connais celui-là que j'ai offensé, et sa colère est pareille à la foudre du ciel, elle brille, tombe, et anéantit.

— Il y a quelque chose de plus redoutable et de plus à craindre que la colère des hommes : c'est la colère de Dieu, répondit la sainte, et, quant à moi, je vous le répète, je ne saurais rien entreprendre pour votre guérison. Faites cet aveu, et je vous promets d'intercéder pour vous d'abord auprès du roi Charles; et, votre pardon accordé ici-bas, d'obtenir, à force de prières, le pardon d'en haut.

Un frisson courut par toutes les veines du

La princesse Hildegarde.

coupable à l'idée d'affronter ainsi la colère du roi; mais cette crainte ne fut que passagère, et, se relevant, car pendant tout ce temps il était resté à genoux : « Vous avez raison, dit Wenneman, mieux vaut faire le sacrifice de sa vie que celui de son âme, et être puni en ce monde que dans l'autre; accompagnez-moi donc au palais, sainte femme, soyez témoin de mon repentir; écoutez l'aveu de mon crime, et mettez-vous, ainsi que vous me l'avez promis, entre lui et la colère du roi. »

La dame Dolorosa prit un voile et suivit Wenneman, qui se fit conduire droit au palais pontifical. Le roi Charles était en ce moment occupé de parler des affaires de la chrétienté avec le pape Adrien; mais Wenneman avait maintenant une telle hâte d'avouer ce qu'il avait caché pendant trois années, qu'il entra dans la chambre où étaient son frère et le souverain pontife. Dame Dolorosa, toujours voilée, se tint près de la porte.

Charles fut étonné de l'altération qu'il remarqua sur la figure de Wenneman, et lui demanda ce qu'il avait. Celui-ci, guidé par la voix, vint s'agenouiller sans répondre devant son frère et son roi, et là, en sanglotant et se frappant la poitrine, il confessa son crime tout entier et implora son pardon. Charles resta un instant muet; mais dès qu'il eut réfléchi à quel crime abominable il avait été entraîné lui-même par la calomnie de son frère, sa surprise fit place à l'indignation, et, tirant son épée avec un rugissement pareil à celui d'un lion, il la leva sur la tête du coupable. Mais, à cette vue, dame Dolorosa s'élança de la porte où elle était restée, et d'une main arrêtant le bras de son mari, de l'autre elle ôta son voile.

Charlemagne s'arrêta stupéfait; il venait de reconnaître Hildegarde.

Alors la bonne princesse mit un doigt sur sa bouche en signe de silence, et allant à Wenneman, qui était resté agenouillé et attendant le coup, elle lui souffla sur les yeux, et alors des écailles en tombèrent comme de ceux de saint Paul. La première chose que vit le coupable devant lui fut celle-là même dont il croyait avoir causé la mort. Refermant aussitôt les yeux et tendant ses mains jointes :

— O sainte femme! lui dit-il, rendez-moi les ténèbres dans lesquelles j'étais plongé, j'aime mieux cela que de revoir l'ombre de celle que j'ai assassinée.

— Ce n'est point son ombre, mon frère, répondit Hildegarde, c'est votre sœur elle-même, que le bras du Très-Haut a miraculeusement sauvée pour qu'elle vous pardonnât, et que le Seigneur Dieu a récompensée bien au delà de ses mérites, en la rendant aujourd'hui à votre seigneur et maître.

Et, en disant ces mots, elle se tourna vers Charles, qui ouvrit ses bras et la pressa sur son cœur.

Le pape Adrien bénit les époux que la miséricorde du Seigneur venait de réunir, et, à la prière d'Hildegarde, Charles ayant pardonné à Wenneman, ils repartirent tous trois pour l'Allemagne.

II

Comment le roi Charles, étant à la chasse, découvrit une source d'eau chaude, et résolut de bâtir une magnifique église à la Vierge.

Parmi tous les amusements que le roi Charles adoptait pour se distraire de ses travaux politiques et guerriers, la chasse était celui qu'il affectionnait le plus; car, disait-il, cet amusement est le seul où un roi puisse encore, tout en se récréant, s'occuper du bien-être de son peuple, puisqu'il combat ou les animaux féroces qui dépeuplent les troupeaux, ou les animaux timides qui mangent les moissons.

Or, comme on savait, dans toutes les parties de son vaste empire, le goût qu'il avait pour cet amusement, un jour il trouva à son lever des messagers qui arrivaient de Frankenberg pour le prier de venir chasser dans les forêts qui environnaient le vieux château et les villages qui en dépendaient, attendu qu'il y avait une telle quantité d'animaux de toutes sortes, tant ours que daims, tant loups que cerfs, que pas un troupeau ne rentrait complet au bercail, et que les moissons étaient dévorées avant que de mûrir.

Rien ne pouvait être plus agréable au roi Charlemagne qu'une pareille demande. Depuis trois mois, il n'avait manié ni l'épée, ni l'arc, ni la lance, de sorte que sa main droite, qu'il n'avait pas l'habitude de laisser dans un si long repos, avait été prise d'un rhumatisme pour lequel il pensait que l'exercice lui ferait grand bien. Il donna donc l'ordre à ses piqueurs de remettre toutes ses meutes au complet, et il partit avec ses plus fidèles serviteurs pour aller chasser dans les bois du Frankenberg.

Là, le roi Charles vit bien qu'on lui avait dit la vérité, car les forêts étaient tellement remplies d'animaux sauvages, qu'il était presque impossible d'y chasser d'abord, tant les chiens les mieux dressés prenaient de fausses voies. Alors, que fit le roi Charles? il laissa là ses meutes et ordonna de grandes battues, qu'il renouvela jusqu'à ce que les animaux fussent aux trois quarts détruits, et alors il se remit à chasser comme d'habitude, à courre, avec ses piqueurs et ses chiens; mais, contre son attente, tout cet exercice ne faisait rien à sa main droite, qui restait toujours engourdie, de façon que c'était à peine s'il pouvait s'en servir.

Sur ces entrefaites, il arriva qu'un jour que le roi Charles chassait le sanglier, l'animal, qui était un vieux solitaire, prit un grand parti et l'emmena dans une portion de la forêt où il n'avait jamais été. Sa course avait été si rapide, que quelques chiens seulement étaient restés sur sa voie, et que le roi Charles seul, grâce aux bonnes jambes de son bon cheval, avait pu le suivre; mais bientôt le sanglier lassé, voyant qu'il n'avait derrière lui que quelques chiens et un seul chasseur, s'arrêta pour leur faire tête, et, s'étant acculé contre un arbre, il commença à si bien jouer des boutoirs, qu'en moins d'un instant il avait décousu les quatre ou cinq chiens qui le poursuivaient.

Le roi Charles, voyant cela et que le sanglier allait peut-être lui échapper, prit alors un fort épieu, et, quoiqu'il ne pût pas se servir de sa main droite à cause de la douleur qu'il y ressentait, il lui porta de si rudes coups de la main gauche, et son bon cheval évita avec tant d'adresse les bourrades de l'animal, qu'il finit par le serrer contre l'arbre avec son épieu, et, une fois qu'il le tint ainsi, il poussa si bien qu'il parvint à le lui faire entrer jusqu'au cœur.

Cependant la lutte avait été longue, et le bon cheval du roi Charles était si échauffé de la course et du combat, qu'ayant flairé à quelques pas de là un petit ruisseau, il emporta son maître de son côté; mais, en arrivant sur le bord, le bon roi Charles, qui craignait que son cheval ne se fît mal en buvant tout en sueur comme il était, et qui traitait les animaux par le raisonnement comme s'ils eussent été des hommes, frappa sur le cou du noble animal en lui disant :

— Tout à l'heure, mon beau coursier, car nous avons trop chaud maintenant, et plus cette eau est fraîche et pure, plus elle est dangereuse.

Et le cheval, qui comprit ce que disait son maître, à la voix duquel il était habitué, tourna la tête de son côté pour le remercier de l'avis qu'il lui donnait; mais, en tournant la tête, il mit, sans y faire attention, le pied dans le ruisseau, et, alors, ayant poussé un grand hennissement de douleur, il se cabra si violemment que, si le roi n'eût point été si ferme sur ses étriers, il l'eût certainement jeté à dix pas derrière lui.

Charles connaissait trop bien son bon cheval pour croire qu'il avait pu faire un tel écart sans cause; aussi mit-il aussitôt pied à terre, et,

croyant que son fidèle compagnon s'était blessé à quelque pierre aiguë, il plongea sa main droite dans l'eau, afin d'aller chercher cette pierre au fond du ruisseau. Mais ce fut lui à son tour qui jeta un grand cri et fit un bond en arrière; l'eau du ruisseau était bouillante, sans qu'on vît nulle part le feu qui la chauffait.

Le roi Charles crut alors qu'il était le jouet d'une illusion, et, revenant au bord du ruisseau, il plongea de nouveau la main, mais cette fois avec plus de précaution que la première, et trouva, à son grand étonnement, l'eau toujours aussi chaude; enfin, ayant renouvelé une troisième fois la même expérience, et toujours avec la même main, il demeura convaincu que, soit par une cause naturelle qui lui était inconnue, soit par un miracle dont il ne voyait pas l'auteur, il était la victime d'une réalité, et non le jouet d'une illusion.

Le roi Charles remarqua bien l'endroit de la forêt où il se trouvait : c'était un charmant vallon, environné de tous côtés de collines boisées où les oiseaux chantaient les louanges du Seigneur, où l'herbe poussait verte et drue, et où l'on respirait un air si fortifiant, que l'on eût cru que c'était celui du paradis terrestre. Ces remarques faites, le roi se promit de revenir le lendemain au même lieu avec le philosophe du roi son père, qui avait beaucoup vieilli depuis que le lecteur en a entendu parler, mais qui n'avait fait que grandir en science et en sagesse. Afin de reconnaître son chemin, il rompit, tout le long de la route, des branches d'arbres qui, le lendemain, devaient lui servir de guide; et comme, pour cette opération, il employait la main droite, il s'aperçut avec joie qu'il commençait à s'en servir avec plus de facilité.

Le lendemain, sans rien dire à personne de la découverte qu'il avait faite, il revint au même lieu avec le philosophe, et, craignant que, pendant la nuit, le ruisseau n'eût refroidi, il descendit le premier à terre, et enfonça sa main dans l'eau pour voir si elle était toujours chaude, et elle lui sembla plus chaude que la veille, car, comme sa main allait de mieux en mieux, la sensibilité y était revenue. Alors il dit au philosophe de faire comme il avait fait, et, comme la main du philosophe n'était point comme la main de Charles, endurcie à manier des lances, des épées ou des épieux, il se brûla jusqu'aux os.

Lorsque le philosophe eut la main brûlée jusqu'aux os, il s'assit au bord de l'eau et se mit à réfléchir, tandis que le roi Charles, qui, fort

Il fit son entrée à Rome. — Page 4.

ignorant en physique et en géologie, croyait toujours à quelque cause visible, remontait le cours du ruisseau afin d'arriver à sa source, pensant y trouver quelque immense chaudière qui bouillait sur un énorme fourneau; et, comme tout le long de la route il tâtait l'eau et la trouvait de plus en plus chaude, il se confirmait dans son opinion. Mais, à son grand étonnement, arrivé enfin à la source, il vit qu'elle sortait du sol comme une source ordinaire; seulement il y trempa encore une fois la main, et, à cet endroit, la chaleur de l'eau était insupportable. En revenant auprès du philosophe, le roi Charles avait la main entièrement pelée, mais aussi il se servait de sa main comme s'il n'y avait jamais ressenti la moindre incommodité.

Il trouva le philosophe au même endroit où il l'avait laissé, et toujours assis et méditant. Au bout d'un instant, le philosophe tira ses tablettes et se mit à faire des calculs, puis il prit de l'eau du ruisseau dans une petite coquille, la goûta, recalcula encore, et déclara que cette eau était de l'eau chaude, laquelle avait de 46 à 48 degrés de chaleur, et, contenant une grande quantité d'acide muriatique, d'acide carbonique et d'acide sulfureux, devait être excellente pour la lèpre et les rhumatismes. Le roi Charles, qui en avait fait l'expérience par lui-même, reconnut alors que son philosophe était un grand philosophe, et son respect pour lui s'en accrut. Quant à la cause qui faisait que ses eaux étaient chaudes au lieu d'être froides, il reconnut franchement qu'il n'en savait rien et n'en pouvait rien savoir, et qu'elles étaient ainsi par la volonté du Seigneur. C'était, comme on le voit, un savant tel qu'il n'en existe plus, et qui, quand il ignorait quelque chose, disait tout bonnement qu'il ne le savait pas.

Quoi qu'il en soit, le roi Charles, miraculeusement guéri de son rhumatisme, ne voulut point qu'une si précieuse découverte fût perdue pour l'humanité ; en conséquence, il décida qu'en ce lieu même il bâtirait une cathédrale en l'honneur de la Vierge, dont c'était la fête le jour où il avait découvert cette bienheureuse source, et il chargea son philosophe de s'entendre avec un architecte pour que cette cathédrale fût la plus belle qui eût jamais existé, afin qu'elle fût à la fois une preuve de sa grandeur et de la dévotion particulière qu'il avait toujours eue pour la sainte mère de Notre-Seigneur Jésus-Christ.

Ces choses convenues, le roi Charles laissa une grande somme d'argent au philosophe et partit pour son château de Weihenstephan, où les affaires de son royaume le rappelaient impérieusement.

—◦◊◦—

III

Comment le philosophe, n'ayant plus d'argent, en emprunta au diable, et comment le diable fut volé par le philosophe.

En exécution des ordres qu'il avait reçus de son maître, le philosophe fit venir un architecte de Constantinople, et, ayant réuni les meilleurs ouvriers qu'il put trouver, et qui connaissaient l'art des dessins en mosaïque, il plaça, pour surveiller les travaux, un jeune homme qui était son élève, et dont il était sûr comme de lui-même. Ce jeune homme se nommait Eginhard.

Grâce au savant architecte, ainsi qu'aux ouvriers habiles qu'il avait choisis, et surtout à l'argent dépensé à pleines mains, le philosophe vit bientôt son église sortir de terre et pousser à vue d'œil. Déjà l'édifice surpassait en hauteur les plus hauts arbres d'alentour; des colonnes de marbre magnifiques venaient d'arriver toutes taillées de Ravennes et de Rome; les portes et les grillages de bronze étaient fondus, lorsqu'un beau jour le philosophe s'aperçut qu'il en était à son dernier sac d'argent.

Le philosophe expédia aussitôt un courrier au roi Charles, afin qu'il lui envoyât le double d'argent qu'il lui en avait déjà laissé, attendu que, calcul fait par l'architecte, la cathédrale n'était encore qu'au tiers faite. Mais le courrier arriva dans un très-mauvais moment : Witikind venait de battre tous les lieutenants du roi Charles, de sorte que celui-ci, obligé de lever de nouvelles troupes, afin de marcher en personne contre le terrible Saxon, avait réuni toutes ses ressources pour cette suprême expédition, et ne pouvait absolument rien distraire de son trésor; mais, comme d'un autre côté il tenait fortement à ce que la cathédrale s'achevât, il fit répondre au philosophe que, puisqu'il s'était chargé de la besogne, c'était à lui de l'achever ; qu'il se procurât donc de l'argent comme il l'entendrait, et que, s'il ne pouvait pas se procurer d'argent, il fît de l'or, ce qui ne devait nullement embarrasser un savant tel que lui; que de quelque manière que ce fût, au reste, il comptait, à son retour, trouver sa cathédrale finie : il n'y a roi si pieux qui n'ait ses moments de mauvaise humeur, pendant lesquels il est ingrat et injuste. Et, comme nous l'avons dit, le messager avait pris le roi Charles dans un de ces moments-là ; il ne demanda donc point son reste, et s'en vint rapporter au philosophe la réponse telle que Charles l'avait faite.

Cette réponse ne laissa point que d'embarrasser considérablement le pauvre fondé de pouvoirs. Comme nous l'avons dit, il en était à son dernier sac d'argent, lequel s'était fondu pendant la course du messager. En emprunter, il savait fort bien que c'était chose inutile à entreprendre. Quant à faire de l'or, il avait bien dit quelquefois, dans un de ces petits mouvements de vanité dont l'homme le plus modeste n'est point le maître, qu'il en ferait s'il voulait ; mais au moment de l'exécution, comme le bon philosophe ne s'illusionnait point sur sa propre science, il reconnaissait que c'était sinon une chose impossible, du moins fort difficile; et, d'ailleurs, une des premières nécessités pour faire de l'or est d'avoir beaucoup d'argent, et, comme nous l'avons dit, le philosophe venait de voir finir son dernier sac.

Il était donc occupé à réfléchir profondément à la colère dans laquelle entrerait le roi Charles au retour de son expédition, quand il trouverait sa cathédrale seulement au tiers faite, lorsqu'on lui annonça qu'un inconnu désirait lui parler. Le philosophe, qui, lorsqu'il était dans ses calculs ou dans ses méditations, n'était point facile à aborder, dit au valet d'aller demander le nom de cet inconnu. Le valet revint en disant qu'il se nommait messire Euriant. C'était la première fois que le philosophe entendait prononcer ce nom. Il allait donc faire dire qu'il n'y était pas, lorsque le valet ajouta que l'étranger avait dit qu'il venait de fort loin pour tirer le philosophe de l'embarras où il se trouvait. Cette dernière observation répondait tellement à la pensée intérieure du philosophe, qu'il donna l'ordre de faire entrer sur-le-champ le seigneur inconnu. Un instant après maître Euriant parut sur le seuil.

C'était un beau jeune homme de vingt-cinq à trente ans, mis à la dernière mode de l'époque, et qui avait bien plutôt l'air d'un emprunteur que d'un prêteur d'argent. Seulement il avait des gants qui n'étaient point de la couleur de cette époque, et des bottes si pointues qu'on ne pouvait comprendre d'où lui venait cette exagération étrange, dans un moment où la mode était, au contraire, de les porter carrées.

Mais comme le philosophe était trop préoccupé d'une seule et unique pensée pour faire attention à de pareilles misères, et que d'ailleurs il n'était point assez au courant des habitudes de la jeunesse pour constater ainsi du premier coup d'œil les infractions que maître Euriant avait pu y faire, il le reçut avec cette figure ouverte et riante qui caractérise l'espérance ; et, voulant être poli envers un homme qui se dérangeait ainsi pour le tirer d'embarras, il se leva malgré son grand âge, et, allant au-devant de lui, il lui offrit un siège, que maître Euriant accepta avec toute l'aisance et toute la fatuité d'un petit-maître.

Les rôles étaient renversés : c'était le vieillard qui empruntait, c'était le jeune homme qui prêtait, et le vieillard, comme un véritable fils de famille, n'avait ni terres, ni gages avec lesquels il pût garantir son emprunt, ce qui mettait le bon philosophe dans une perplexité extrême, attendu qu'il avait assez de connaissance des choses de la terre pour savoir que, dans ce bas monde, on ne fait rien pour rien, et on ne prête rien sur rien : il était donc occupé à tourner dans son esprit un compliment flatteur pour maître Euriant, car il savait aussi que la flatterie est la monnaie de celui qui n'en a pas d'autre, lorsque le jeune homme, le regardant d'un air goguenard et se dandinant sur les pieds de derrière de sa chaise, alla au-devant de sa pensée, en lui disant tout à coup :

— Donc, mon pauvre philosophe, nous n'avons plus d'argent ?

— Ma foi, dit le vieux savant sans chercher à dissimuler sa situation financière, vous êtes un habile homme, maître Euriant, car vous avez touché la chose du premier coup.

— Et le roi Charles qui n'entend pas raison, une fois qu'il s'est mis une chose dans la tête, veut que la bâtisse continue, comme si nous roulions sur l'or ?

— C'est encore vrai, dit en soupirant le philosophe.

— De sorte que, si à son retour il ne trouve pas sa cathédrale finie, il a promis de se mettre dans une grande colère : ce qui nous embarrasse tant soit peu ?

— C'est exactement comme vous dites.

— Eh bien, moi, continua maître Euriant en appuyant ses mains sur ses hanches et en regardant le philosophe entre les deux yeux, — moi je viens vous tirer d'affaire.

— Vous pouvez donc me prêter de l'argent ? demanda le philosophe.

— Certainement, répondit maître Euriant.

— Mais vous pouvez m'en prêter beaucoup ?

— Tant que vous voudrez.

— Diable ! fit le philosophe.

— Hein ! demanda maître Euriant.

— Plaît-il ?

— Pardon, je croyais que vous me parliez.

— Et quel gage demandez-vous ? continua le philosophe.

— Oh ! rien, une bagatelle.

— Mais encore ?

— Je demande l'âme de la première personne qui entrera dans l'église le jour de sa consécration ; voilà tout !

— Vous êtes donc le diable ? dit le philosophe en abaissant ses lunettes sur son nez et en regardant maître Euriant avec curiosité.

— Pour vous servir, répondit Satan en se levant et en faisant la révérence.

— Enchanté de faire votre connaissance, dit le philosophe en se levant à son tour et en lui rendant son salut.

— Alors vous dites donc... continua Satan.

— Mais je dis que la chose peut se faire, reprit le philosophe.

— Je le savais bien! dit Satan plein de joie.

— Et vous avez l'argent sur vous? demanda le philosophe.

— Dans cette bourse, répondit Satan en frappant sur son escarcelle.

— Votre Majesté veut rire; il me faut plus d'un million pour finir ma cathédrale, et à peine tient-il dans cette bourse cinq cents écus d'or.

— Votre philosophie s'amuse, reprit Satan, car elle sait bien que nous autres pauvres diables, nous avons une foule de tours de passe-passe à notre usage particulier, et qui sont inconnus des hommes.

— Expliquons-nous, dit le philosophe.

— Volontiers, répondit Satan.

— Je vous écoute.

— Vous connaissez l'histoire du Juif-Errant?

— Qui avait toujours cinq sous sur lui : parfaitement.

— Eh bien, cette bourse est faite avec la même étoffe que la doublure de sa poche; seulement, comprenez-vous? au lieu de cinq sous, elle contient cinq cents écus d'or.

— De sorte qu'on a beau les en tirer...

— Ils y sont toujours.

— Je comprends.

— C'est bien heureux!

— Mais je doute.

— Prenez garde, le doute a failli perdre saint Thomas.

— Ah! oui, mais saint Thomas doutait de ce que disait Dieu, à plus forte raison s'il avait eu comme moi l'honneur de causer avec le diable.

— C'est juste, dit Satan.

— C'est pour le coup qu'il eût demandé la preuve, continua le philosophe, sans avoir l'air d'attacher à ces paroles l'importance qu'il y attachait.

— La preuve, dit Satan, la voilà.

Et trois fois de suite il vida sa bourse sur la table du philosophe; et le philosophe compta avec la plus grande attention, et il trouva juste quinze cents écus d'or.

— Ils ne sont pas rognés? demanda le philosophe.

— Est-ce que vous me prenez pour un juif? répondit Satan.

— Très-bien, je m'en rapporte à la parole de Votre Majesté. — Et le traité, quand le ferons-nous?

— Il est tout fait.

— Ah! ah!

— Vous voyez, continua Satan, en lui présentant un papier noir avec des caractères rouges, c'est une obligation en bonne forme, et sans intérêts.

— Je vois bien, dit le philosophe. Mais si une fois entre mes mains l'étoffe de la bourse allait perdre sa vertu reproductrice?

— Le marché serait nul.

— Ne pourriez-vous pas mettre cela en marge de l'acte par un petit renvoi?

— Volontiers, dit Satan; et il fit le renvoi comme le demandait le philosophe, et le parafa de la première lettre de son nom; puis, passant l'acte au philosophe : — A votre tour, continua-t-il.

— Ah çà! nous disons donc, reprit le philosophe, qu'il vous faut l'âme du premier individu qui entrera dans l'église.

— Mais c'est chose convenue.

— Convenue, convenue, dit le philosophe en hochant la tête, cela vous plaît à dire, c'est selon la qualité de l'âme; si, quand je vais avoir signé, vous me demandez l'âme d'un pape ou l'âme d'un empereur, ce serait trop cher.

— Une âme quelconque, dit Satan. En enfer, un est un, et l'âme d'un pape ou d'un empereur, si puissant qu'il ait été, ne compte jamais pour deux.

— Alors une âme quelconque? répéta le philosophe.

— Une âme quelconque, répondit Satan.

— Allons! dit le philosophe, je vois que vous êtes un bon prince. Voici votre acte signé.

— Et voici votre bourse pleine, dit Satan.

— Ainsi, au revoir, maître Euriant.

— Au revoir, messire philosophe.

— Reconduisez monsieur, cria le philosophe au valet qui attendait dans la première pièce.

— Ce n'est pas la peine, dit Satan, vous connaissez le proverbe : Tout chemin mène à Rome.

Et à ces mots, frappant du pied, il s'enfonça à travers les dalles qui pavaient le cabinet du philosophe, et disparut au moment même où le valet ouvrait la porte.

— Que demande Votre Seigneurie? fit le valet.

— Va-moi chercher l'architecte, dit le philosophe.

Le valet sortit, et le philosophe se mit aussitôt à puiser à pleines mains dans l'escarcelle. Le diable tenait son engagement en conscience, et la bourse se remplissait avec la même rapidité que le philosophe la vidait, de sorte que, quand l'architecte revint, le philosophe lui donna de l'or non-seulement pour achever sa cathédrale, mais encore pour bâtir un palais. L'architecte n'en pouvait pas revenir, l'or était du plus pur qu'il eût jamais vu; seulement il sentait un peu le soufre, encore fallait-il l'approcher très-près du nez pour s'en apercevoir.

Aussi, comme jamais architectes ni ouvriers n'ont refusé de l'or par la raison que cet or sentait un peu le soufre, les travaux, interrompus un instant, recommencèrent aussitôt avec une nouvelle vigueur, et bientôt les colonnes se dressèrent comme si elles étaient vivantes, la coupole s'éleva dans les airs, les portes et les grilles se trouvèrent dorées comme par enchantement; bref, au bout de dix-huit mois, chacun y avait mis une telle activité, que non-seulement la cathédrale, mais encore le palais, étaient achevés.

Il était temps, au reste, car le roi Charles était de retour de la Saxe, et il avait fait dire qu'il allait venir à Aix-la-Chapelle pour voir où le philosophe en était de ses travaux. Le philosophe lui fit répondre qu'il pouvait venir quand il voudrait, et qu'il espérait qu'il serait content.

Lorsque de loin Charlemagne aperçut une coupole étincelante et un magnifique palais là où il n'avait laissé, en partant, qu'un site agreste et sauvage, il fut tellement étonné de ce changement, qu'il n'en pouvait croire ses yeux, d'autant plus qu'il savait parfaitement au fond du cœur que l'argent qu'il avait laissé au philosophe n'avait pas même dû conduire la cathédrale à la moitié de son édification.

Mais son étonnement redoubla quand, ayant été reçu par son philosophe à l'entrée du palais, celui-ci l'eut mené de chambre en chambre et lui eut montré les magnifiques tentures qui le tapissaient, ainsi que les beaux meubles dont il l'avait enrichi; puis, lorsqu'il eut fait voir au roi toutes les chambres, il le mena dans les caves et lui montra, bien fermées sous triple cadenas, douze grandes tonnes pleines d'or. Pour en arriver là, le pauvre philosophe avait passé près d'un mois occupé à rien autre chose, sinon qu'à vider la bourse à mesure qu'elle se remplissait.

Le roi Charles croyait faire un rêve; mais enfin il lui fallut bien convenir avec lui-même qu'il était éveillé. Alors il demanda au bon philosophe comment il avait fait pour se procurer une pareille somme. — Sire, lui répondit celui-ci, quelque chose qu'ordonne un roi si puissant que vous, il doit être obéi. Vous m'avez ordonné de faire de l'or; j'en ai fait.

Quelque invraisemblable que parût au roi Charles cette réponse, il fallut bien qu'il s'en contentât : d'ailleurs l'évidence était là; il n'y avait point à aller contre.

Le roi Charles décida alors que l'inauguration de la cathédrale aurait lieu le jour des Rois de l'année suivante, et il invita son frère le pape Léon III, qui était monté sur le trône pontifical l'an de Notre-Seigneur 795, d'en venir faire la dédicace; il devait être accompagné par trois cent soixante-cinq archevêques et évêques de son royaume.

Le jour de la cérémonie approchait. Déjà le pape Léon III était arrivé à Aix-la-Chapelle, et avait apporté au roi Charles un bouclier d'or massif; les archevêques et les évêques venaient de tous côtés, et on en comptait déjà plus de trois cents dans la ville.

Enfin la veille de la dédicace arriva. Jusqu'à ce jour, et à mesure que l'époque fixée approchait, tout le monde avait remarqué que le philosophe devenait de plus en plus sombre, ce qui avait coutume d'arriver chez lui lorsqu'il ruminait quelque problème difficile à résoudre. Tout à coup son visage s'éclaircit d'une manière visible, et il monta chez le roi Charles, ce qu'il n'avait point fait depuis fort longtemps.

Il le trouva en grande discussion avec son frère Léon. Une question de préséance les divisait. Chacun d'eux croyait avoir droit à entrer le premier dans la cathédrale, et réclamait le pas sur l'autre, l'un en sa qualité de chef temporel, l'autre en sa qualité de chef spirituel de la chrétienté.

A peine virent-ils paraître le philosophe, qu'ils le prirent pour juge. Alors le philosophe leur dit qu'il était d'autant plus aise de les trouver dans cette noble rivalité, qu'il venait leur faire l'aveu du grand embarras où il se trouvait, à propos d'un acte imprudent qu'il avait passé avec le diable; et, en disant ces paroles, il leur remit copie du pacte par lequel l'âme du premier individu qui entrerait dans l'église appartiendrait à Satan.

Alors ce fut tout le contraire, et ni l'un ni l'autre ne voulurent plus entrer dans l'église, si bien qu'ils se cédaient le pas avec autant d'humilité qu'un quart d'heure auparavant ils mettaient d'orgueil à le réclamer. Mais le philosophe les mit d'accord en leur disant qu'on ouvrirait les deux battants, et qu'ils y entreraient ensemble, mais que cependant ils fussent tranquilles, attendu qu'ils n'y entreraient pas les premiers.

Le soir, trois cent soixante-trois évêques étaient réunis. Ce qui faisait que le nombre était incomplet, c'est que l'évêque de Tongres et l'évêque de Trèves étaient morts et n'avaient point encore été remplacés.

Dès le lendemain du jour de l'Épiphanie, jour où l'ouverture de l'église devait avoir lieu, tous les habitants des villes et des villages situés à plus de cinquante lieues à la ronde étaient rassemblés autour de la nouvelle cathédrale, dont les portes étaient soigneusement fermées ; quant au palais, il était plein de prélats, de seigneurs et de chevaliers.

A dix heures, le pape et l'empereur sortirent tous deux en grand costume, et marchant sur la même ligne, l'un coiffé de la tiare et l'autre de la couronne. Derrière eux s'alignèrent, selon leurs rangs, les seigneurs, les prélats, les archevêques et les évêques. Ces derniers étaient au complet : Dieu avait permis, pour que rien ne manquât à la pompe, que les deux trépassés se levassent de leur tombe et vinssent assister à la cérémonie comme s'ils eussent été vivants.

Arrivés à deux pas de l'église, le pape et l'empereur trouvèrent un groupe de soldats qui tenaient un sac de toile bien fermé. Le philosophe leur fit signe alors de s'arrêter, et, tirant la clef de sa poche, il alla ouvrir la porte de l'église, dont il poussa les deux battants du pied.

Au même instant, les soldats ouvrirent le sac, et un énorme loup en sortit en bondissant. Comme il ne voyait d'autre issue à sa fuite que le porche béant, il ne fit qu'un saut du sac dans l'église ; mais à peine y était-il entré, qu'un hurlement terrible se fit entendre, et que l'animal disparut dans un tourbillon de flammes. Satan, furieux, s'était précipité sur lui, car il était forcé, d'après ses conventions avec le philosophe, de se contenter, quelle qu'elle fût, de la première âme qui entrerait dans l'église.

Le pape, l'empereur, les seigneurs, les prélats, les archevêques, les évêques, les chevaliers et le peuple répondirent à ce hurlement diabolique en entonnant d'une seule voix les hymnes sacrés, et tous, se remettant en marche, entrèrent joyeusement dans l'église, laquelle était si grande, qu'il y tint ce jour-là soixante-deux mille âmes, si bien que tous ceux qui étaient venus, de près et de loin, depuis le premier jusqu'au dernier, purent assister à la consécration de la cathédrale.

Aussitôt la cérémonie achevée, les évêques de Tongres et de Trèves disparurent sans qu'on pût dire où ils étaient allés, comme on n'avait pu dire d'où ils étaient venus. En sortant de l'église, le philosophe voulut fouiller à son escarcelle magique pour faire l'aumône aux pauvres ; mais la main passa au travers ; le fond en était disparu, doublure et étoffe.

Mais c'était là une trop mince vengeance pour une colère de la taille de celle de Satan ; il avait bien encore, d'un coup de son aile, fendu une des portes de bronze de la cathédrale, ainsi qu'on peut le voir encore aujourd'hui ; mais qu'était-ce qu'une porte fendue, c'était la cathédrale maudite qu'il voulait détruire de fond en comble. Il planait donc au-dessus de la terre, cherchant par quel moyen il pourrait y arriver, lorsqu'il aperçut sur les côtes de la Hollande une de ces dunes immenses que le flux de l'Océan y a amoncelées grain par grain depuis le commencement du monde. Il jugea alors qu'il avait trouvé ce qu'il y avait de mieux pour ensevelir la ville naissante sous le sable, et, fondant sur la plus haute de ces dunes, rapide comme un oiseau de mer, il la chargea sur son épaule, et comme, ainsi placée, elle empêchait le jeu de ses ailes, il prit à pied le chemin d'Aix-la-Chapelle.

Cependant, réduit aux moyens pédestres, le voyage fut long et ne laissait pas que d'être incommode. La dune, posée sur l'épaule de Satan, s'était affaissée peu à peu et avait pris la forme d'un énorme bissac, dont moitié pendait par devant et l'autre moitié par derrière ; de sorte que la moitié qui pendait par devant lui cachait le chemin, et que Satan, à toute heure, était obligé de demander sa route. Enfin, à force d'aller à droite, d'aller à gauche, de s'informer et de se remettre dans le bon chemin, Satan rencontra la Meuse, la franchit d'une enjambée, et se trouva bientôt dans le vallon d'Aix. Mais, arrivé là, le vent, qui s'engouffrait entre les montagnes, commença de lui souffler tellement le sable au visage, qu'il lui fallait marcher les yeux fermés, et que ce fut avec bien de la peine et mille douleurs qu'il arriva au vallon de Sœrs. Arrivé là, il aperçut sur son chemin une bonne femme qui revenait d'Aix, et qui s'était rangée pour laisser passer cette montagne qui venait à elle, ainsi que son noir porteur, écrasé de fatigue.

— La mère, dit Satan, combien de chemin ai-je encore à faire pour arriver à Aix-la-Chapelle?

— Ah! mon bon monsieur, dit la vieille, reconnaissant Satan et se doutant dans quel dessein il lui demandait sa route, Seigneur Dieu, vous en êtes encore bien loin d'Aix-la-Chapelle! Tenez, mes souliers étaient tout neufs quand j'ai quitté Aix. Voyez maintenant comme ils sont usés, tant j'ai marché depuis ce temps-là!

L'argument était si positif, et surtout si visible, qu'il frappa Satan.

— Allons, dit-il, les misérables échapperont pour aujourd'hui à ma colère; mais qu'ils se tiennent bien : un jour ou l'autre je les estropierai.

Et il laissa tomber la dune, qui, en tombant, se sépara en deux, à l'endroit où l'avait creusée son épaule, et forma les deux collines qui dominent aujourd'hui Aix-la-Chapelle, et qu'on appelle encore, en mémoire de cet événement, le Loosberg et le Sanks-Salvator, c'est-à-dire la montagne de la Ruse et de Saint-Sauveur.

En effet, Satan tint parole, quoiqu'il tarda quelque peu à l'accomplir. L'an 1224 de Notre-Seigneur, Aix-la-Chapelle, devenue une grande et une belle ville, fut presque entièrement dévorée par un épouvantable incendie, et comme, quelques recherches qu'on ait faites, il fut impossible d'en connaître la cause, personne ne fit doute que ce ne fût une revanche que prenait Satan.

IV

Comment le bon roi Charles, ayant une cathédrale, voulut avoir une cloche, et fit venir de Saint-Gall un fameux fondeur nommé maître Tanko.

Cependant le bon roi Charles s'était aperçu, le jour de l'inauguration, qu'une chose essentielle manquait à sa cathédrale : c'était une cloche.

Il s'informa donc où se trouvaient les plus habiles fondeurs en métaux, et si c'était en France, en Italie ou en Allemagne. On lui répondit alors que le plus habile fondeur était maître Tanko de Saint-Gall, lequel avait fondu la grosse cloche de la cathédrale de Worms. Le roi Charles se rappela alors avoir entendu le son de cette cloche de son palais d'Ingelheim, quoiqu'il fût bien éloigné de quinze lieues, et que ce son l'avait réjoui tout à fait. En conséquence, il arrêta son choix sur maître Tanko, et envoya un messager à Saint-Gall avec ordre de le ramener, coûte que coûte. Le messager partit et arriva à Saint-Gall; mais à Saint-Gall on lui dit que maître Tanko se trouvait pour le moment à Francfort, où il fondait la cloche de la cathédrale. Le messager partit pour Francfort, et étant arrivé juste au moment où l'on mettait la cloche en branle, au grand honneur de maître Tanko, il lui transmit les propositions du roi Charles, que le bon Suisse se garda bien de refuser. En conséquence, au bout de six semaines d'absence, à peu près, le messager revint à Aix-la-Chapelle, accompagné du fondeur.

Ce fut une grande joie pour le bon roi Charles que d'apprendre qu'il allait avoir une cloche : aussi fit-il venir sans retard maître Tanko au palais, et lui demanda ce qu'il lui fallait de métal pour fondre sa cloche.

— Vous voulez une belle cloche? demanda maître Tanko.

— C'est-à-dire que je veux la plus grosse cloche que vous ayez jamais faite.

— Eh bien, dit maître Tanko, il me faut dix mille livres de bronze, dix mille livres de cuivre, dix milles livres de fonte, cinq mille livres d'argent et mille livres d'or.

— N'est-ce que cela, dit le roi Charles, et vous en faut-il davantage? Parlez pendant que vous y êtes, et on vous donnera ce que vous demanderez.

— Non, dit maître Tanko, si l'on me donne ce que je demande, j'aurai ce qu'il me faudra.

Le roi Charles fit donner à maître Tanko dix mille livres de bronze, dix mille livres de cuivre, dix mille livres de fonte, cinq mille livres d'argent et mille livres d'or, et maître Tanko se mit à la besogne.

Mais, tout en jetant ses métaux dans la fournaise, une mauvaise pensée lui vint : c'est que, s'il ne mettait dans la cloche que quatre mille livres d'argent et huit cents livres d'or, cela changerait si peu de chose au son de la cloche, que personne ne s'en apercevrait, et de cette façon il lui resterait pour lui mille livres d'argent et deux cents livres d'or, ce qui, joint à ce qu'il avait déjà et à ce que lui donnerait le roi Charles, lui ferait une petite fortune et lui permettrait de quitter un métier où il se brûlait le sang. Comme c'était la première fois qu'une pareille pensée venait à maître Tanko, il la combattit longtemps; mais, comme dit le proverbe, porte entre-bâillée par un ange, le diable y passe; le diable passa donc par la porte de maître Tanko. Maître Tanko succomba à la tentation, et, ayant distrait de ses trente-six mille livres de métaux mille livres d'argent et deux cents livres d'or, il les cacha dans sa paillassse et jeta le reste dans la fournaise.

Quinze jours après, la cloche était fondue, et, malgré la soustraction de maître Tanko, présentait une rotondité tout à fait remarquable; quant au mélange des métaux, il avait été fait par une si habile fusion, qu'il était bien impossible, maintenant, d'aller reconnaître la proportion dans laquelle chacun avait contribué à la formation générale. Maître Tanko s'applaudissait donc de ce qu'il avait fait, et, au lieu de se retirer honnêtement chez lui comme il en avait d'abord eu l'idée, il se promettait bien de continuer encore pendant un an ou deux le métier de fondeur, qu'il commençait seulement à envisager sous son véritable aspect.

Le jour où l'on devait pendre la cloche arriva, et ce fut un jour de grande fête. Il n'y avait plus là, pour consacrer cette solennité, un pape et trois cent soixante-cinq évêques; mais il y avait encore une des plus honorables assemblées que maître Tanko eut encore vue pour l'inauguration de ses cloches.

La cloche fut baptisée par l'archevêque de Cologne. Ce fut le bon roi Charles qui fut son parrain, et la bonne reine Hildegarde qui fut sa marraine, et on l'appela Madeleine, en mémoire de sainte Marie-Madeleine, à laquelle Notre-Seigneur apparut lors de sa résurrection. Puis, lorsqu'elle fut baptisée, on la hissa dans son clocher par le moyen d'un mécanisme très-ingénieux qu'avait inventé le philosophe. On remarqua avec étonnement que maître Tanko n'était ni au baptême ni à l'ascension de sa cloche; mais on crut qu'il était caché dans quelque coin pour assister incognito à son triomphe, et l'on ne fit pas autrement attention à cette absence. Le fait est que maître Tanko, honteux au fond du cœur du vol qu'il avait commis, était resté dans sa maison, attendant avec impatience que le premier son de sa cloche lui annonçât que tout était fini.

Lorsque la cloche fut bien assurée dans son clocher, on présenta la corde au bon roi Charles, afin qu'en sa qualité de parrain il déliât le premier la langue à sa filleule. Le bon roi Charles se pendit donc à la corde, mais inutilement, Madeleine resta muette comme une tanche. Le roi, qui connaissait sa force et qui savait qu'elle équivalait à celle de dix hommes ordinaires, redoubla d'efforts; mais ses efforts furent inutiles, et force lui fut de lâcher la corde pour essuyer la sueur qui coulait de son front sur sa barbe, et cela sans qu'il fût parvenu à faire rendre le moindre son à Madeleine.

Alors on envoya un messager à maître Tanko, pour lui dire que le bon roi Charles voulait lui parler à l'instant même, et à cet effet l'attendait dans la cathédrale. Maître Tanko aurait bien voulu se dispenser d'aller parler au roi, mais il n'y avait pas moyen, un refus pouvait donner des soupçons; il ferma donc sa porte à la clef et suivit le messager.

Arrivé dans la cathédrale, il trouva le bon roi Charles de très-mauvaise humeur de ce qu'il avait une cloche qui ne clochait pas. Maître Tanko, rassuré par l'exposé même du motif qui avait nécessité sa venue, répondit que la chose était impossible. Mais le bon roi Charles, qui avait appris la logique à l'école du philosophe, mit la corde entre les mains de maître Tanko, et lui dit:
— Tirez.

Maître Tanko se suspendit à la cloche, et soit qu'il eût plus de force ou plus d'habitude, ou soit enfin que le charme fût rompu, Madeleine se mit en branle, et sonna de si belle et de si grande façon qu'on l'entendit à la fois de Liége et de Cologne; mais, à la dix ou douzième volée, le battant de la cloche se détacha tout à coup, et, étant tombé sur la tête de maître Tanko, il le tua roide.

D'abord on crut que le pauvre fondeur n'était peut-être qu'évanoui, et le roi Charles, l'ayant fait relever, ordonna qu'il lui fût administré toute sorte de secours; mais enfin, ayant reconnu que le pauvre diable était mort, et bien mort, il ordonna au bedeau et au sacristain de le reporter dans sa chambre et de le coucher bien proprement dans son lit.

Le bedeau et le sacristain obéirent, et reportèrent maître Tanko dans sa chambre; mais, au moment où, selon les ordres du bon roi Charles, ils voulaient le coucher dans son lit, ils s'aperçurent que le matelas faisait une énorme bosse. Alors ils fouillèrent dans le matelas, et trouvèrent les mille livres d'argent et les deux cents livres d'or. Comme ces mille livres d'argent et ces deux cents livres d'or étaient marqués en lingots au coin du royaume, il n'y avait point à s'y tromper; aussi revinrent-ils en toute hâte dire au bon roi Charles la découverte qu'ils avaient faite chez maître Tanko.

Et alors il fut visiblement reconnu aux yeux de tous que la mort de maître Tanko était une punition du ciel : et, comme le bon roi Charles ne voulait pas reprendre les mille livres d'argent et les deux cents livres d'or qui lui avaient été volés par le pauvre fondeur, il en fit don à la cathédrale.

Vers cette époque, le philosophe mourut, âgé de cent six ans, en recommandant son élève Éginhard au bon roi Charles, et le bon roi Charles, qui avait toujours fort aimé le mourant, par égard pour sa recommandation, nomma Éginhard son secrétaire.

―――――◊―――――

V

Comment le roi Charles, ayant chassé sa fille Emma de sa présence, fut accueilli six ans après par elle dans une forêt, et la reconnut à la manière dont elle assaisonnait le chevreuil.

Le bon roi Charles avait eu de la princesse Hildegarde une fille, qui, se trouvant la plus jeune, était l'enfant de son cœur.

Mais aussi est-il juste de dire qu'Emma méritait et au delà encore, si la chose eût été possible, tout l'amour que lui portait le bon roi Charles ; non-seulement elle était belle comme un ange, et fleurissait comme une rose, mais encore elle avait au suprême degré tous les talents qui composaient l'éducation d'une princesse à cette époque. C'était elle qui brodait, pour le jour où le bon roi Charles siégeait sur son trône, des étoffes d'or et d'argent plus belles qu'on n'en aurait pu trouver sur les marchés de Venise, ou dans les bazars de Grenade et d'Alexandrie ; c'était elle qui, le soir, assise près de son lit, lisait à son père ces vieilles chansons allemandes qu'il aimait tant,

qu'il donna une récompense de cinq cents pièces d'or à celui qui les réunit en un seul recueil ; enfin c'était encore elle qui savait préparer le chevreuil, gibier favori du chasseur royal, d'une façon si succulente, que le bon roi Charles, eût-il achevé de souper, recommençait ordinairement sur de nouveaux frais, lorsque arrivait tout fumant le plat préparé par sa fille.

Or il arriva que, par la nouvelle place qu'il occupait au palais, Éginhard se trouva avoir l'occasion de rencontrer plus souvent qu'il ne l'avait fait jusqu'alors la fille du roi Charles, qui, pour mériter le nom que lui donnait son père, lequel l'appelait sa gentille abeille, était sans cesse, soit dans le jardin à cueillir des fleurs, soit dans le cellier à ranger les fruits. A force de se rencontrer ainsi, les jeunes gens se sourirent ; à force de se sourire, ils se parlèrent ; puis ils ne se furent pas plutôt parlé qu'ils s'aperçurent qu'ils s'aimaient. C'était, de la part d'Emma, bien vite oublier la distance qu'il y avait d'elle à un secrétaire ; mais on est si peu princesse à quinze ans !

Malheureusement il arriva sur ces entrefaites que le roi Charles eut un surcroît d'affaires, de sorte que, comme il avait reconnu dans son secrétaire, non-seulement une grande intelligence, mais encore une grande discrétion, il le faisait assister à tous ses conseils. C'était un grand honneur pour un jeune homme de dix-huit ans, et il était fort sensible à cette marque de confiance ; mais il eût mieux aimé que cette faveur royale fût un peu moins grande, car depuis qu'elle durait, à peine s'il avait pu une fois par jour apercevoir Emma, et une fois par semaine échanger trois mots avec elle.

Cette situation n'était point tenable pour les deux amants ; les affaires du royaume semblaient s'embrouiller à mesure qu'on les discutait ; il y avait quelquefois trois conseils dans la journée, et il y avait fort à craindre qu'il n'y en eût bientôt plus qu'un, mais qu'il durât du matin jusqu'au soir.

Alors, dans l'innocence de leur âme, les deux jeunes gens résolurent de faire de la nuit le médecin du jour ; et comme leurs amours leur paraissaient chose aussi importante et surtout tout aussi embrouillée que la politique du royaume, ils commencèrent à tenir conseil chaque nuit dans la petite chambre d'Emma, sur la manière de les faire tourner à bien.

Ces conseils nocturnes durèrent tout l'été ; et cependant quand vint l'automne, il en était de leurs amours comme des affaires de l'État : plus

Il lui porta de si rudes coups. — Page 7.

ils en parlaient, plus ils trouvaient qu'il y avait chaque nuit sur cette matière de nouvelles choses à dire.

L'hiver vint à son tour, et avec lui les brouillards et le froid; mais l'amour est une fleur de toute saison, de sorte qu'il n'y eut ni froid ni brouillard pour les deux amants; au contraire, les nuits n'en étaient que plus obscures, et Éginhard n'en regagnait que plus sûrement le pavillon qu'il habitait et qui était situé de l'autre côté de la cour.

Mais, par une belle nuit de novembre, il arriva que le conseil amoureux dura si longtemps, que les jeunes gens virent se glisser les premiers rayons de l'aube à travers les contrevents qui fermaient les fenêtres. Éginhard courut aussitôt à la porte; mais à peine l'eut-il ouverte, qu'il jeta un cri. A ce cri, Emma accourut à son tour et resta stupéfaite. Tout le grand espace qu'Éginhard devait parcourir pour rentrer dans son pavillon était couvert d'un tapis de neige.

La position était terrible, Eginhard ne pouvait ni rester ni sortir : s'il sortait, ses pas, imprimés sur la neige, le dénonceraient à la première personne qui traverserait la cour; s'il restait, l'empereur le ferait appeler à neuf heures du matin comme d'habitude, et s'il ne venait pas, peut-être le ferait-il si bien chercher qu'on le trouverait.

Il n'y avait qu'un moyen, et la courageuse jeune fille l'adopta sans hésiter. Elle prit son amant entre ses bras, le souleva de terre, et l'emporta vers le pavillon.

Le bon roi Charles, lui aussi, avait passé la nuit à veiller, non pas dans les tendres causeries de l'amour, mais tout préoccupé des soins importants de son royaume; de sorte que lorsqu'il vit venir le jour, il entr'ouvrit la fenêtre pour respirer l'air du matin, et, voyant la cour couverte de neige, il se réjouit, ardent chasseur qu'il était, de ce que le gibier allait laisser une trace qui le rendrait plus facile à détourner.

Tout à coup le bon roi Charles pousse un cri de surprise et se frotte les yeux, croyant être le jouet de quelque illusion. Emma, sa fille bien-aimée, Emma, la sylphide à la taille souple et pliante, qu'un souffle courberait comme un roseau, Emma traverse la cour portant un homme dans ses bras; puis, après avoir déposé cet homme à la porte du pavillon, elle revient sur ses pas, si légère qu'à peine, cette fois, elle laisse une trace de neige, et, croyant avoir passé inaperçue, rentre toute joyeuse dans son appartement.

Le lendemain, les conseillers étaient assemblés à l'heure ordinaire, et Éginhard était assis à la table où il avait coutume d'écrire leurs délibérations, lorsque Charles entra, et jeta sur l'assemblée un regard si sombre et si sévère que chacun trembla, et Éginhard plus fort que personne, quoiqu'il fût loin de se douter que c'était son aventure de la nuit qui rembrunissait ainsi le front de son souverain. Le roi s'avança vers son trône, s'y assit toujours silencieux, et, après un instant, pendant lequel il n'osa prononcer une parole :

— Messeigneurs, dit-il en s'adressant à ses ministres, quel châtiment mérite la fille d'un roi qui, pendant la nuit, reçoit un jeune homme dans sa chambre?

Les conseillers se regardèrent un instant avec stupéfaction, tant ils étaient loin de s'attendre à une demande de ce genre; puis, s'étant réunis entre eux et ayant à peu près deviné ce dont il s'agissait, ils répondirent à l'unanimité, qu'en matière d'amour, comme paraissait être la question dont il s'agissait, le plus sage était de pardonner.

L'empereur écouta cette discussion avec la même gravité; puis, après un nouveau silence, il continua :

— Quel châtiment mérite un jeune homme qui, pendant la nuit, s'est glissé dans la chambre de la fille d'un roi?

Et tous se doutant, à la rougeur d'Éginhard, qu'ils avaient devant les yeux l'un des deux coupables, répondirent, comme ils l'avaient déjà fait :

— Sire, dans les affaires d'amour, le plus sage est de pardonner.

— Et vous, monsieur le secrétaire, demanda Charlemagne à Éginhard, quel est votre avis?

— Sire, répondit d'une voix ferme Éginhard, si j'avais eu voix délibérative, je vous eusse déjà répondu que ce jeune homme méritait la mort.

Le bon roi Charles tressaillit à l'accent de fermeté avec lequel ces paroles avaient été dites; puis, ayant fixé quelque temps son œil sévère sur Éginhard :

— Non pas la mort, dit-il, et vous êtes trop sévère, monsieur le conseiller. Mais que ceux qui ont commis le crime s'éloignent de devant nos yeux et n'y reparaissent jamais.

Éginhard se leva silencieusement, s'inclina devant le roi en signe d'obéissance, et, sans prononcer une seule parole, sortit de la salle du conseil.

En même temps et à la même heure, le même jugement et la même sentence furent signifiés à Emma. La pauvre enfant pleura d'abord à se briser le cœur, puis bientôt elle réfléchit que sa punition était plus douce encore qu'elle n'aurait dû s'y attendre. Sans chercher à revoir son père, sans chercher à l'attendrir, elle dépouilla ses vêtements de princesse, détacha les pierreries qui entouraient ses bras et ornaient ses cheveux, revêtit une simple robe de toile, et ayant baisé le seuil de cette chambre, qu'elle quittait pour n'y plus rentrer, elle s'éloigna du château royal et paternel, et suivit, en essuyant ses larmes avec ses cheveux, le sentier qui conduisait à la grande route. Sur le sentier parallèle au sien, elle aperçut un homme qui marchait la tête baissée, et elle reconnut Éginhard. Et ainsi marchèrent-ils tous deux, jusqu'à ce que les deux sentiers fussent venus aboutir à la grande route, et qu'ils se trouvassent sur le même chemin ; là, elle lui tendit la main, et comme, dans sa respectueuse douleur, il hésitait à la prendre :

— Que me reste-t-il au monde, lui dit-elle, si ce n'est toi ? Qui t'aimera, si ce n'est moi ?

Et alors Éginhard prit la main que lui tendait Emma, la pressa sur son cœur, et tous deux continuèrent leur chemin, marchant côte à côte, et silencieux, et pareils à Adam et Ève chassés du paradis terrestre.

Cependant, tout convaincu qu'il était de la justice et de la douceur de son jugement, le bon roi Charles était peut-être celui qui en avait le plus souffert ; lui n'avait plus les fraîches illusions de la jeunesse et les douces larmes de l'amour pour l'aider à supporter son exil, car tout cœur solitaire est exilé, et il sentait que son cœur était seul depuis que sa douce Emma, sa gentille abeille, n'était plus là. Alors il appela successivement à son secours ses deux choses favorites, la chasse et la guerre ; mais au milieu des combats et sur le champ de bataille même, il pensait à sa fille. Au retour de la chasse, elle n'était plus là pour le recevoir sur le perron de son palais et pour lui apprêter le chevreuil qu'il avait tué : de sorte que quiconque l'avait vu avant l'époque où il avait perdu sa fille, et le revoyait à cette heure, ne le reconnaissait plus, tant son visage s'était décoloré et tant ses cheveux avaient blanchi.

Ce fut vers ce temps que Charlemagne alla à Rome, et que le pape Léon le fit empereur des Romains. Mais cette seconde couronne ne lui fut qu'un fardeau de plus, et il revint de Rome à Aix-la-Chapelle plus triste et plus sombre encore qu'il n'était lorsqu'il en partit : si bien que les conseillers, désirant au fond du cœur le retour des deux exilés, envoyèrent de tous côtés des messagers pour les découvrir ; mais ce fut vainement. Nul ne put donner de leurs nouvelles ; ils avaient disparu comme si leur malheur, pareil à un mauvais ange, les avait enlevés de ce monde.

Deux années s'écoulèrent encore ainsi ; et l'on était arrivé à l'automne de la sixième année depuis l'exil d'Emma et d'Éginhard, lorsque l'empereur Charlemagne décida de faire une grande chasse dans Lodenvald. C'était une forêt fort giboyeuse, où il n'avait point chassé depuis sa jeunesse, et il espérait, en revoyant les lieux qu'il avait vus autrefois, trouver un petit allégement à sa douleur.

Le bon empereur se mit en chasse dans cet espoir, et comme, au lieu de suivre le cerf, il suivait sa pensée, il s'égara bientôt et ne reconnut qu'il était perdu que lorsqu'il fut assez loin de sa suite pour que le son du cor n'en fût point entendu. Au reste, ce n'était point la première fois que pareille chose arrivait à Charlemagne. Il continua donc de marcher sans s'inquiéter aucunement ; mais sur le midi, il se trouva que la chaleur était si grande, et le bon empereur si fatigué, qu'il descendit de cheval ; il détacha son épée, dont le ceinturon le gênait, et se coucha à l'ombre d'un arbre touffu, ayant à ses pieds un petit ruisseau dont le murmure ne tarda point à l'endormir.

Au bout de deux heures, Charlemagne se réveilla, et en regardant autour de lui, dans ce premier doute qui suit le sommeil, afin de reconnaître où il était, il aperçut un joli enfant aux longs cheveux blonds, qui galopait à cheval sur sa longue épée, qu'il tenait par le ceinturon comme par une bride. L'empereur regarda un instant le petit écuyer sans que celui-ci s'aperçût que le propriétaire de son cheval était éveillé, et, étonné de voir un si bel enfant dans une pareille solitude, il l'appela par un petit bruit de la bouche avec lequel il avait l'habitude d'appeler Emma. Le petit bon homme se retourna aussitôt, et au lieu de venir à celui qui l'appelait, il remit son cheval au galop et s'enfonça en riant dans la forêt. Le bon empereur vit que c'en était fait de sa bonne épée s'il ne courait après elle, et, comme après sa fille ce qu'il aimait le plus tendrement peut-être c'était Joyeuse, il se mit à suivre le petit voleur, qui du reste s'arrêtait de temps en temps pour voir si l'empereur le suivait, et qui semblait bien plutôt le guider que fuir devant lui.

Ils arrivèrent ainsi tous deux dans une clairière, et le roi aperçut une jolie cabane toute tapissée de lierres et de vignes. Sur le seuil de cette cabane était assise une jeune femme. En le voyant elle se leva pour aller au-devant de lui ; mais à peine eut-elle fait quelques pas qu'elle s'arrêta, et qu'une vive rougeur couvrit son visage ; cependant elle n'en reçut pas moins l'inconnu avec un respect qui eût pu faire croire que, tout isolé et sans couronne qu'il était, elle avait reconnu l'empereur.

Alors le bon roi Charles lui raconta comment il s'était endormi, comment en se réveillant il avait vu un bel enfant jouant avec son épée, et comment enfin, l'enfant s'étant sauvé, il avait couru après lui, et était ainsi arrivé jusqu'à eux. La jeune femme appela l'enfant, et, tout en le grondant, elle le baisa au front ; puis, lui prenant des mains la grande épée qu'il ne voulait point lâcher, elle en baisa respectueusement la poignée et la rendit à l'empereur. L'empereur pensa que la jeune femme en agissant ainsi parce que la poignée de son épée avait la forme d'une croix, et il fut tout content de voir une femme si belle être en même temps si pieuse; de sorte que lorsque celle-ci lui offrit de rester avec elle jusqu'à ce que sa suite l'eût rejoint, le bon empereur accepta de toute son âme et sans se faire le moins du monde prier. Aussitôt la jeune femme rentra dans la chaumière, et bientôt en ressortit avec des fruits et un goûter froid. L'empereur s'assit sur le gazon, et, servi par la mère et par l'enfant, il fit un des meilleurs repas qu'il eût fait depuis longtemps.

A la nuit tombante, et comme l'empereur, assis devant la porte de la cabane, faisait sauter sur le bout de son pied le joli enfant blond, un chasseur survint portant sur ses épaules un chevreuil qu'il avait tué, et en apercevant le chasseur, l'enfant blond se dégagea des bras de l'empereur, et courut au nouvel arrivant : « Papa ! papa ! »

Le chasseur s'approcha; c'était de son côté un beau jeune homme de vingt-six à vingt-huit ans, mais qui, à cause de la barbe et des moustaches qu'il portait, paraissait un peu plus âgé qu'il n'était réellement. A la vue de l'empereur, il parut à son tour saisi d'une grande surprise; mais, s'inclinant avec respect devant lui, il renouvela l'offre d'hospitalité qui lui avait déjà été faite par sa femme, et rentra dans la cabane tandis que l'enfant, aux derniers rayons du soleil couchant, revenait jouer avec le bon empereur.

Charlemagne avait d'ordinaire grand appétit, surtout dans ses jours de chasse, si bien que le léger goûter qu'il avait pris trois heures auparavant était déjà bien loin, lorsqu'il commença à reconnaître par l'odeur les apprêts du souper. Le chevreuil, comme nous l'avons dit, était autrefois son mets favori; mais il n'en avait pas voulu manger depuis que sa fille Emma n'était plus là pour le préparer. Son étonnement fut donc grand, lorsque dans le fumet venu de la cuisine il reconnut cette odeur succulente qui seule suffisait pour lui rendre l'appétit quand il ne l'avait pas. L'empereur soupira, car tel est l'enchaînement de nos pensées et la direction qu'elles peuvent recevoir de nos sens, que cette odeur le reportait à l'époque où il était heureux.

Cependant ni le mari ni la femme ne reparaissaient, et le bon empereur restait toujours seul avec l'enfant. Celui-ci, étant entré dans la cabane, en ressortit aussitôt en disant :

— Grand-père, c'était le nom que l'enfant avait donné au bon empereur à cause de sa grande barbe, le chevreuil est sur la table.

L'empereur entra et trouva que l'enfant avait dit vrai; mais comme il n'y avait qu'un couvert à cette table, il comprit que ses hôtes n'osaient point, par respect, partager son souper; il dit donc à l'enfant d'aller chercher son père et sa mère, et de les amener. L'enfant sortit.

Le bon empereur resta seul, et comme il avait grand'faim, il s'approcha de la table pour voir de quelle façon était apprêté ce chevreuil qui sentait si bon. Alors, à son grand étonnement, il vit qu'il était dressé exactement de la même manière que celui qu'on lui servait autrefois. Ne pouvant vaincre sa curiosité, et incapable de résister plus longtemps au désir que lui inspirait ce mets dont il n'avait pas mangé depuis six ans, il prit un couteau, en coupa une tranche, et y ayant goûté, il s'écria en pleurant de joie :

— Il n'y avait que ma fille Emma qui sût assaisonner le chevreuil ainsi. Ma fille ! ma fille ! où est ma fille ?

A cette voix qui l'appelait, la jeune femme sortit avec son époux. Elle s'était coiffée comme elle se coiffait étant jeune fille, et son mari avait coupé sa barbe et ses moustaches; de sorte que Charlemagne, au premier coup d'œil, avait reconnu sa fille Emma et son secrétaire Éginhard.

Tous deux s'approchèrent de l'empereur et tombèrent à ses genoux; mais l'empereur les prit dans ses bras en leur disant :

— Un père ne devrait jamais punir, car il se punit lui-même lorsqu'il croit punir ses enfants.

Et le lendemain, le bon empereur Charlemagne, le visage rayonnant, rentrait à son palais, dans la chapelle, entre ses enfants et ses petits-enfants.

Mais Emma et Éginhard n'oublièrent point la cabane où ils avaient vécu six ans et où ils avaient retrouvé leur père, et au lieu même où elle s'élevait, ils fondèrent un couvent qu'on appela *Peligenstatt*, ou la place Bienheureuse.

La princesse Emma.

VI

Comment le bon empereur Charlemagne, après avoir retrouvé sa fille Emma et son secrétaire Éginhard, retrouva sa sœur Berthe et son neveu Roland.

Le bon empereur Charlemagne avait été d'autant plus sensible à l'exil de sa fille Emma, que, trois ans auparavant, et pour une faute pareille, il s'était séparé de sa sœur Berthe.

Car Berthe s'était éprise d'amour pour un beau et brave chevalier nommé Milon; mais comme le pauvre Milon n'avait pour toute fortune que sa lance et son épée, Berthe avait bien pensé qu'elle n'obtiendrait jamais le consentement de son frère, et, s'étant mariée secrètement avec celui qu'elle aimait, elle était partie un matin avec lui. Alors ils avaient longtemps voyagé ensemble, sans que leur fortune s'accrût d'autre chose que d'un fils, qui avait reçu au baptême le nom de Roland. Enfin, comme ils traversaient l'Espagne, Milon avait appris que le roi d'Aragon était en guerre avec les Sarrasins, et avait été lui offrir le secours de sa lance et de son épée; mais, abandonné par les Espagnols au moment où il chargeait sur leurs ennemis, il avait été fait prisonnier et emmené dans le royaume de Tunis; si bien que la pauvre Berthe, restée seule avec le petit Roland, avait traversé à pied l'Espagne et la France, et s'en était revenue dans le pays allemand dans l'intention de supplier son frère en faveur de son mari. Arrivée à Aix-la-Chapelle, en se retrouvant si près de son frère redouté, elle comprit d'abord qu'il fallait le supplier pour elle-même; mais il lui inspirait une telle terreur, que, depuis huit jours, elle errait autour du palais d'Aix-la-Chapelle, vêtue d'un habit de pèlerine et le bâton de la mendiante à la main, sans oser se présenter devant l'empereur.

Enfin, un jour elle tomba de faiblesse, car elle avait donné le seul morceau de pain qu'elle eût au petit Roland, qui l'avait mangé avec l'insouciance de son âge, tandis qu'elle, depuis vingt-quatre heures, elle n'avait rien pris.

— Qu'as-tu, mère? demanda le petit Roland lorsqu'il la vit tomber et pâlir.

— J'ai faim, murmura Berthe.

— Attends, dit le petit Roland, je vais t'apporter à manger, moi.

Alors, comme il avait vu, un jour qu'il avait quitté un instant sa mère pour aller jouer avec les enfants de la ville, passer, à l'heure du dîner de l'empereur, une multitude de valets portant des plats tout fumants, il s'achemina vers le palais; mais les valets venaient de passer et la table était servie.

Heureusement le petit Roland ne s'inquiétait pas de si peu de chose : il pénétra hardiment dans le palais, grimpa les escaliers, suivit les corridors, entra dans la salle où dînait l'empereur, et ayant jeté un coup d'œil sur la table, il allongea le bras, prit le plat qui lui semblait le meilleur, et, sans dire parole à âme qui vive, il se dirigea vers la porte. Le majordome voulut arrêter l'enfant, les valets se précipitèrent pour lui barrer le passage; mais le bon empereur, à qui cette hardiesse plaisait, et qui était curieux de savoir ce que deviendrait cet enfant, fit de la main un signe pour qu'on le laissât passer, en ordonnant toutefois au valet qui était près de lui de le suivre de loin et sans être vu, afin de savoir à qui il portait le plat qu'il avait pris sur la table impériale.

Le valet revint au bout d'un instant, et dit que l'enfant avait porté le plat à une pauvre femme mourante de faim et qui paraissait être sa mère.

En effet, le petit Roland avait porté le plat à dame Berthe, et, comme elle avait grand'faim, elle avait mangé avidement, sans s'apercevoir qu'elle n'avait rien à boire. Quand sa faim fut apaisée, elle s'aperçut que le besoin si impérieux n'avait disparu que pour faire place à un besoin plus impérieux encore; aussi, regardant autour d'elle et n'apercevant pas le plus petit filet d'eau:

— Hélas! dit-elle, j'ai bien soif.

— Attends, mère, répondit le petit Roland, et je vais t'apporter de quoi boire, moi.

Et aussitôt l'enfant se remit en marche, et, reprenant le chemin du palais, il franchit de nouveau le perron, remonta l'escalier, reprit le corridor, rentra dans la salle; et comme en ce moment l'échanson du roi venait de remplir du vin du Rhin sa coupe d'or tout émaillée de pierres précieuses, le petit Roland étendit le bras et prit la coupe de l'empereur; mais l'empereur à son tour lui prit le bras en disant :

— Halte-là ! mon hardi coquin.

Mais le petit Roland ne lâcha pas la coupe, et regarda le bon empereur avec une telle assurance, que celui-ci se mit à rire; mais le petit Roland ne rit pas, lui, et, regardant l'empereur avec colère :

— Lâchez-moi le bras, lui dit-il, que j'aille porter à boire à ma mère qui a soif.

— Mais, lui dit l'empereur, ne pourrais-tu pas prendre une autre coupe que la mienne, et lui porter d'autre vin que mon meilleur vin du Rhin?

— Rien n'est trop beau ni trop bon pour une fille de roi et pour une sœur d'empereur.

— Mais si ta mère est fille de roi et sœur d'empereur, reprit Charlemagne, elle doit avoir un palais. Où est le palais de ta mère?

— Le palais de ma mère, dit l'enfant, c'est le dôme des vertes forêts.

— Et ses courtisans?

— Ses courtisans sont les oiseaux du Seigneur, qui chantent quand elle s'éveille, et qui chantent quand elle s'endort.

— Et son écuyer tranchant?

— C'est ma main droite.

— Et son échanson?

— C'est ma main gauche.

— Et sa garde?

— C'est mon œil bleu.

— Et son ménestrel?

— C'est ma bouche rose.

— Une si noble dame qui a un palais si splendide, une cour si magnifique, et une maison si bien montée, ne peut pas, tu as raison, demeurer ainsi sans manger ni sans boire. Porte-lui donc à boire comme tu lui as porté à manger, et reviens avec elle quand elle aura bu.

— Ainsi ferai-je, dit le petit Roland.

Et, tout joyeux, il alla porter à sa mère la coupe du bon empereur, et lui rapporta ce qu'il était chargé de lui dire de sa part.

Alors dame Berthe vit bien que c'était par une permission du ciel que les choses étaient engagées ainsi, elle se leva, prit son bâton et suivit le petit Roland.

Et comme le bon empereur allait sortir de la salle, il vit paraître sur le seuil l'enfant qui rapportait le plat d'argent et la coupe tout émaillée de pierreries, et derrière lui sa mère.

— Dieu me pardonne, s'écria-t-il, si ce n'est pas ma propre sœur que je vois entrer dans mon palais, avec la robe grise de la pèlerine sur le dos et avec le bâton de la mendiante à la main !

Alors dame Berthe s'inclina pour se mettre à genoux devant son frère ; mais le bon empereur ne le voulut pas permettre, et, d'une main relevant sa sœur tandis qu'il tendait l'autre au petit Roland :

— Tu avais raison, lui dit-il, mon enfant, et tu pouvais prendre pour ta mère ce qu'il y avait de plus beau et de meilleur, non pas parce qu'elle est sœur d'un empereur et fille de roi, mais parce qu'elle revient vraiment repentante, et que le repentir véritable, partout où il revient s'asseoir, a droit à la place d'honneur.

Et, dès le lendemain, l'empereur Charlemagne envoya une ambassade au roi de Tunis avec vingt prisonniers infidèles, auxquels il fit faire des colliers et des bracelets d'or, car ce n'était point trop de vingt prisonniers infidèles pour payer la rançon d'un aussi brave chevalier que Milon.

Si bien que, trois mois après le jour où les choses que nous venons de raconter s'étaient passées au palais, dans la chapelle Berthe embrassait son époux, et le petit Roland son père.

VII

Comment l'empereur Charlemagne, n'ayant pas pu rapporter à un pauvre prêtre la peau de daim qu'il lui avait promise, lui donna en place une peau d'hermine.

Vers ce temps, l'évêque de Cologne étant mort, il s'éleva de grandes discussions à propos de son successeur, car tous les prélats, à vingt lieues alentour de la ville, avaient la prétention d'obtenir la mitre.

En conséquence, le bon empereur jugea que sa présence était nécessaire à Cologne, et que, dans une chose aussi importante que le choix du pasteur d'un aussi grand troupeau, il fallait qu'il connût bien la main à laquelle il remettait cette crosse dorée, qui peut devenir ou une houlette pastorale ou un bâton d'esclavage.

Il monta donc sur son cheval, et sans garde, sans suite et sans courtisans, vêtu de ses habits de chasse, il s'achemina vers la ville de Cologne.

Arrivé à moitié du chemin à peu près, il trouva au coin d'un bois une petite chapelle, et le son vif et clair d'une clochette lui annonça qu'on allait y dire la messe.

Le bon empereur, qui n'avait point eu le temps d'assister au service divin avant son départ d'Aix-la-Chapelle, profita avec empressement de cette circonstance que la Providence lui offrait de réparer sa faute ; et ayant mis pied à terre, il attacha son cheval à la porte, entra dans la chapelle, et alla s'agenouiller dans le chœur.

Le pauvre prêtre était tout seul, sans enfant de chœur ni bedeau, et le bon empereur était son unique assistant ; mais comme il connaissait par cœur les répons, il les dit aussi habilement qu'aurait pu le faire un sacristain.

Puis, quand vint l'offrande, il se leva pour aller baiser la patène, et après l'avoir baisée, il voulut y déposer un florin d'or.

Mais le vieux prêtre secoua la tête et retira sa patène en lui disant :

— Seigneur chasseur, gardez votre or, car je dis la messe pour gagner le chemin du ciel, et non pas celui de la fortune.

Alors l'empereur lui dit :

— Cependant, mon père, il faut que chacun vive de son métier : l'empereur de ses tributs et le prêtre de son offrande ; et il insistait pour qu'il

Ils arrivèrent à l'endroit où le combat avait eu lieu. — Page 27.

prit le florin d'or, mais le vieux prêtre répondit :

— Que Dieu nous garde longtemps notre bon empereur, car les tributs qu'il lève sont raisonnables; mais, quant à moi, j'ai fait vœu de pauvreté; et que deviendrait donc mon vœu si je touchais de l'or?

— Mais, lui dit l'empereur, n'est-il rien autre chose en quoi je puisse vous être agréable, mon père ?

— Si fait, répondit le vieux prêtre; vous êtes chasseur, du moins autant que j'en puis juger par votre habit?

— Oui, mon père.

— Eh bien, comme vous le voyez, mon fils, la reliure de mon missel est bien usée, car voilà près de quarante ans qu'il me sert à dire la messe; envoyez-moi donc la peau du premier daim que vous tuerez pour lui faire une couverture neuve.

Charlemagne le lui promit et remonta à cheval, et quand il fut à cheval, il demanda au vieux prêtre quel était son nom. Le vieux prêtre chercha un instant dans son souvenir, car il y avait bien longtemps que tous ceux qui lui parlaient ne l'appelaient plus que mon père; enfin il se souvint qu'il s'appelait Hildebold, et le bon empereur promit bien de ne pas oublier ce nom.

L'empereur arriva tout pensif à Cologne, car jamais il n'avait vu dans un prêtre une telle humilité et un pareil détachement des choses de la terre.

Et ces vertus cachées dans une petite chapelle, au coin d'un bois, lui parurent d'autant plus méritoires par le contraste que lui offrit les scandaleuses richesses des prélats de Cologne.

En effet, à peine était-il arrivé, que chacun, sachant que l'élection de l'évêque dépendait de lui, essaya de le corrompre. Les uns lui envoyèrent donc, chacun selon sa richesse, depuis cent jusqu'à mille florins d'or; et les autres des bijoux précieux, depuis des bagues jusqu'à une couronne.

Le bon empereur accepta tout : il fit mettre l'argent avec l'argent, l'or avec l'or, et les bijoux avec les bijoux; puis, ayant fait venir le trésorier du chapitre, il lui demanda si ses comptes étaient au courant; mais le trésorier lui répondit que, par les dilapidations des derniers évêques, non-seulement sa caisse était à sec, mais encore qu'il devait plus de cinquante mille florins d'or.

Alors le bon empereur versa dans la caisse du chapitre tout l'argent, tout l'or et tous les bijoux qu'on lui avait donnés pour le corrompre, ce qui faisait le double de cette somme; puis, comme, ce soin réglé, la nomination d'un évêque devenait de plus en plus urgente, il fit venir les deux prélats les plus connus par leurs désordres et par la mauvaise vie qu'ils menaient, et tous deux furent bien contents, car ils crurent qu'ils allaient recevoir la mitre des mains de l'empereur.

Mais alors l'empereur leur dit : — Prenez mon cheval chacun par un côté de la bride, allez-vous-en à la chapelle des Bois, et me ramenez un bon vieux prêtre nommé Hildebold.

Et quoique la mission leur fût on ne peut plus désagréable, les deux prélats obéirent, car ils savaient qu'il n'y avait point à plaisanter avec l'empereur.

Or, trois heures après qu'ils étaient partis, Charlemagne, qui était à sa fenêtre, les vit revenir tout couverts de sueur et de poussière, et ramenant à cheval le bon prêtre qui ne comprenait rien à son triomphe.

Alors le bon empereur descendit jusque dans la rue, et, s'étant approché du bon prêtre :

— Mon père, lui dit-il, je n'ai pas eu le temps de vous chercher une peau de daim; mais montez là-haut, ajouta-t-il en lui montrant de la main le palais épiscopal, vous y trouverez une peau d'hermine.

Et c'est ainsi que le bon prêtre Hildebold fut nommé évêque de Cologne.

VIII

Comment six des plus braves chevaliers de la cour de Charlemagne se mirent en quête du géant à l'Émeraude, et comment ce fut le petit Roland qui le combattit et le mit à mort.

En revenant de Cologne à Aix-la-Chapelle, le bon empereur apprit de nouveau que les infidèles avaient fait une invasion en Allemagne, et, ayant rassemblé son conseil, il fut décidé qu'il marcherait contre eux.

Mais après le conseil, comme l'empereur Charlemagne était un prince pieux, il prit à part l'archevêque Turpin, qui venait d'arriver de son archevêché de Reims, et lui demanda son avis sur cette guerre.

— Ah! dit l'archevêque Turpin, l'issue en serait certaine et tournerait à la plus grande gloire de Dieu, si Votre Majesté avait la fameuse émeraude qui renferme un morceau de bois de la vraie croix, et qui fut apportée par un ange au roi Pépin votre père.

— Mais, répondit Charlemagne, il est bien facile d'avoir cette émeraude; car, si elle a été perdue par le roi Pépin, elle a été retrouvée par le roi Étienne, et elle est dans une belle chapelle qu'il a fait bâtir.

— C'est-à-dire qu'elle y était, reprit l'évêque Turpin avec un gros soupir; mais la chapelle a été pillée par les païens, et l'émeraude est tombée entre les mains d'un géant terrible qui l'a fait enchâsser au milieu de son bouclier, et que depuis ce temps on n'appelle plus que le géant à l'émeraude.

— Et où est ce géant? demanda le bon empereur.

— La dernière fois qu'il a été vu, répondit Turpin, c'était dans la forêt des Ardennes.

— C'est bien, ajouta Charlemagne; d'ailleurs, où il sera, on ira le chercher.

Et le même jour, comme il était à table au milieu de sa chevalerie :

— Messeigneurs, dit-il, vous avez tous au cou et au doigt, en collier et en bagues, des pierres précieuses; mais une pierre plus précieuse que toutes celles que vous avez, car celle-là renferme un morceau de la vraie croix, c'est l'émeraude qu'un géant païen a prise dans la chapelle du roi Étienne, et qu'il porte au milieu de son bouclier. Or, à celui qui m'apportera cette émeraude, je lui donnerai un duché en échange.

A l'instant même six chevaliers se levèrent et demandèrent leurs chevaux et leurs armes, tant ils avaient hâte d'aller combattre le géant à l'émeraude. Les cinq premiers étaient le comte Richard, le duc Naymes de Bavière, messire Haymon, le comte Garin et Milon, beau-frère de Charlemagne.

Quant au sixième, c'était l'archevêque Turpin lui-même, car le vaillant prélat avait passé plus d'une fois son étole et son rochet par-dessus une cuirasse, et il ne maniait pas moins gracieusement la lance du chevalier que la crosse de l'évêque.

Alors le jeune Roland s'approcha de son père Milon, et lui dit :

— Cher père, je suis encore trop jeune, je le sais, pour combattre les géants, mais je suis déjà grand et assez fort pour vous suivre comme écuyer et pour porter votre épée et votre lance; laissez-moi donc vous suivre, et vous serez content de moi.

Comme la demande du jeune Roland s'accordait merveilleusement avec le désir de son père, qui espérait en faire un jour un brave chevalier, sa demande lui fut accordée, et, ayant monté son petit cheval, il suivit Milon par derrière.

Arrivés à la forêt des Ardennes, les six chevaliers se séparèrent afin de rencontrer plus sûrement celui qu'ils étaient venus chercher de si loin, et Milon ayant fait comme les autres et pris un sentier isolé, le jeune Roland le suivit portant sa lance et son épée.

Milon marcha ainsi depuis le matin jusqu'à l'heure de midi, et à l'heure de midi, comme il faisait très-chaud et qu'il était fatigué de sa marche, il descendit de cheval, se coucha sous l'ombre d'un pin, et s'endormit en recommandant au petit Roland de veiller.

Et le jeune Roland veillait ainsi depuis une heure à peu près, lorsqu'il vit précipitamment descendre de la montagne des daims et des cerfs qui fuyaient comme s'ils étaient vivement poursuivis. En effet, derrière eux il vit paraître un géant qui avait bien dix pieds de haut, et qu'aux éclairs que lançait son bouclier il reconnut pour le géant à l'émeraude.

Le premier mouvement du jeune Roland fut de réveiller Milon; mais aussitôt il s'arrêta en se disant à lui-même : Qu'est-ce que cette crainte, et pourquoi réveillerais-je mon bon père, qui dort d'un si excellent sommeil? Je n'ai pas besoin de lui, puisque son cheval veille et que j'ai son épée et sa lance.

Alors, comme il avait la longue épée toute ceinte à sa petite taille, il prit d'une main la lance, et de l'autre l'écu derrière lequel il pouvait se cacher tout entier, tant il était grand et lui petit; puis, ayant enfourché à grand'peine le lourd cheval de bataille, il s'éloigna doucement pour ne pas éveiller son père.

Puis, étant arrivé près du géant, qui ne daignait pas même regarder de son côté :

— Holà! monsieur le géant, lui cria-t-il; me voici venu de bien loin pour vous combattre et pour vous prendre votre émeraude; ne vous plairait-il point de vous tourner un peu de mon côté, afin que nous nous trouvions face à face?

— Qui m'appelle et qui me parle de combat? demanda en raillant le géant à l'émeraude. Est-ce le bambin que je vois devant moi avec son grand cheval et ses courtes jambes, avec sa longue épée et ses petits bras? Alors écarte un peu ton bouclier afin que je te voie.

— Eh bien, regarde-moi donc, dit Roland, puis, quand tu m'auras bien regardé, apprête-toi à combattre. Grand cheval et courtes jambes, petits bras et longue épée doivent s'aider l'un l'autre; et quant à mon bouclier, si je l'ai pris si grand, c'est afin qu'il me serve à la fois de bouclier, de casque et de cuirasse.

En effet, le jeune Roland n'avait ni casque sur sa tête ni cuirasse sur sa poitrine; mais il n'en était pas moins bien défendu, car il était caché derrière son écu comme une tortue derrière son écaille.

Il alla donc résolûment droit au géant à l'émeraude, et comme celui-ci vit que ce n'était point une plaisanterie et que l'enfant lui barrait le chemin, il mit sa lance en arrêt afin de le renverser en passant et sans même se couvrir de son bouclier, tant un pareil adversaire lui paraissait méprisable. Il courut sur lui en criant son cri de guerre.

Mais Roland ne s'épouvanta point; il mit de son côté son cheval au galop, et tandis que le géant visait en plein bouclier, il lui porta sa lance à la visière, si bien que, comme par paresse le géant l'avait mal attachée, la lance passa au-dessous du menton du géant et lui traversa la gorge.

Quant à la lance de celui-ci, elle glissa sur l'écu du jeune Roland sans lui faire aucun mal; de sorte qu'à peine fut-il même ébranlé sur son cheval, tandis qu'au contraire le géant tomba comme un arbre que l'on déracine et rendant le sang par la gorge et par la bouche, de telle sorte qu'on eût dit qu'il avait reçu deux blessures.

Le jeune Roland, le voyant tomber, commença par remercier Dieu de ce qu'il l'avait fait triompher comme autrefois David; puis, s'étant éloigné de quatre pas, il laissa le géant se tordre et se débattre, en lui tenant toujours cependant la lance au visage, afin de l'achever s'il se relevait.

Au bout d'un instant d'agonie, le géant poussa un grand soupir et cessa de remuer. Alors le vainqueur descendit de son cheval, et ayant quitté sa lance pour prendre son épée, il s'approcha du vaincu, lui tenant toujours prudemment la pointe de son épée au visage; il en fit trois ou quatre fois le tour en s'en rapprochant chaque fois, et il s'aperçut à la dernière fois qu'il était mort.

Alors, sans même lui tirer le bouclier du bras, il fit, avec la pointe de son épée, sauter l'émeraude précieuse qui en formait le milieu, et, l'ayant cachée dans son habit, il remonta à cheval, alla vers une source, lava la sueur et la poussière qui couvraient son visage, ainsi que la lance ensanglantée de Milon, puis s'en revint près de son père, qui dormait toujours sous le pin où il l'avait laissé, et, s'étant couché près de lui, il s'endormit à son tour.

Il dormit ainsi jusqu'à sept heures du soir, heure à laquelle Milon, s'étant enfin réveillé, le secoua par le bras en lui disant: « Allons, allons, Roland, mauvaise sentinelle, levons-nous, montons à cheval et cherchons le géant.

Et le jeune Roland obéit sans rien dire, monta sur son petit cheval, prit la lance et le bouclier de son père, et quand celui-ci se remit en quête du géant à l'émeraude, il marcha derrière lui, comme il était accoutumé de faire.

A peine avaient-ils fait cinq cents pas, qu'ils arrivèrent à l'endroit où le combat avait eu lieu et où le géant gisait encore; mais au grand étonnement de Roland, il n'avait plus ni cheval, ni lance, ni bouclier, ni épée, ni armure; le cadavre seul restait nu et sanglant.

— Hélas! hélas! s'écria Milon, nous arrivons trop tard, un autre de nos compagnons aura rencontré et combattu le géant pendant que je dormais. Maudit sommeil, qui me coûte mon honneur. Et le brave chevalier s'arrachait les cheveux de désespoir de ce qu'il avait été prévenu par un autre et de ce que ce n'était pas lui qui avait tué le géant.

Mais, à la fin, il lui fallut prendre son parti et s'en retourner à Aix-la-Chapelle les mains vides; ce qu'il fit, toujours suivi de son fils Roland, qui portait sa lance et son bouclier.

Et comme déjà deux mois s'étaient écoulés depuis leur départ, le bon empereur Charles, qui commençait à s'impatienter de ne pas avoir de leurs nouvelles, passait une partie de ses journées à sa fenêtre, par laquelle on découvrait toute la route de Liége; si bien qu'un matin il vit venir de loin un chevalier qui était monté sur un si gros cheval, qu'il semblait que ce fût un éléphant. L'empereur regarda avec plus d'attention et reconnut le duc Haymon. Aussitôt, ne doutant pas que ce ne fût lui qui eût tué le géant, puisqu'il était monté sur son cheval, l'empereur lui fit signe de se hâter, et descendit pour le recevoir.

— Hélas! oui, monseigneur, dit le duc Haymon en descendant à grand'peine de son énorme coursier, c'est bien le cheval du géant, mais ce n'est pas moi qui l'ai tué, et il était déjà mort quand je suis arrivé près de lui.

Et après le duc Haymon vint le duc Naymes qui apportait la lance du géant; mais il fit la même réponse que le duc Haymon, et il avait pris la lance au géant mort.

Après le duc Naymes vint le comte Garin; il avait l'épée du géant, mais pas autre chose.

Après le comte Garin vint le comte Richard. Il avait l'armure du géant, mais pas autre chose.

Alors l'empereur vit venir de loin l'archevêque Turpin, qui portait le bouclier. « Ah! pour cette fois, dit-il, voici le vainqueur. Dieu a été pour les siens. Honneur au brave archevêque!

— Hélas! sire, répondit le bon archevêque, vous avez raison, voilà bien le bouclier; mais au milieu du bouclier l'escarboucle manque, car le géant était déjà tué et l'escarboucle prise quand je suis arrivé près de lui.

— Alors, puisque vous voilà tous les cinq et

que ce n'est aucun de vous qui a tué le géant, il faut que ce soit mon beau-frère Milon qui l'ait occis, et nous allons bien le savoir, car le voilà qui arrive là-bas, avec mon neveu Roland qui porte sa lance et son bouclier.

En effet, Milon, s'avançait la tête basse, car il voyait de loin tout le trophée du géant et il croyait que c'était quelqu'un de ses compagnons qui l'avait tué; mais pendant qu'il s'avançait ainsi, Roland avait dévissé l'ornement qui faisait le milieu du bouclier de son père, et en sa place il avait mis l'émeraude qu'il avait prise au géant.

Et de loin le bon empereur, ayant vu les flammes que jetait le bouclier, s'écria tout joyeux :

— Avance donc, beau-frère, est-ce ainsi qu'il convient à un vainqueur de rentrer dans notre palais ?

Milon crut que l'empereur se voulait railler de lui, et il continua de marcher d'un pas aussi lent et la tête aussi basse. Les cris de Vive Milon ! ayant retenti de tous côtés, il se retourna et vit l'émeraude au milieu de son bouclier.

— Avance ici, Roland, petit drôle ! s'écria Milon, et dis-moi où tu as volé ce bijoux ?

— Excusez-moi, mon père, dit alors le jeune Roland ; mais pendant que vous dormiez, le géant est venu, je n'ai pas cru que c'était la peine de vous réveiller. Je l'ai combattu, je l'ai tué, et je lui ai pris son émeraude. Il ne faut pas m'en vouloir pour cela.

Et Milon prit le jeune Roland entre ses bras, et en pleurant de joie il le serra trois fois contre son cœur. Puis, se retournant vers le bon empereur Charlemagne :

— Sire, lui dit-il, voilà le vainqueur, et c'est lui qui a gagné le duché.

Alors il raconta à l'empereur la chose telle qu'elle s'était passée, et personne ne voulait le croire ; mais il fallut bien cependant en arriver là, car l'émeraude faisait preuve.

Mais comme Roland était encore trop jeune pour recevoir le duché, ce fut son père qui le reçut et qui le géra en son nom.

De là vient que monseigneur Milon fut, à compter de ce moment, appelé Milon d'Anglaure.

Le lendemain l'empereur Charles, portant l'émeraude à son cou, partit pour combattre les infidèles, et ainsi que le lui avait promis l'archevêque Turpin, grâce au talisman merveilleux, il fut vainqueur en toutes les rencontres.

Mais un grand malheur l'attendait à son retour. Le jour même où il rentra dans son palais, dans la chapelle, il apprit que la bonne princesse Hildegarde venait de mourir au château de Weihenstephan.

IX

Comment l'empereur Charlemagne, par l'effet d'un anneau magique, devint successivement amoureux de l'impératrice Falstrade, de l'archevêque Turpin et du lac du Frankenberg, si bien qu'il voulut mourir et être enterré à Aix-la-Chapelle.

Un jour que, pour se consoler de la perte de la bonne impératrice Hildegarde, Charlemagne se livrait à la chasse, son plaisir favori, il vit agenouillée, et priant sur le seuil d'une petite chapelle située au milieu du bois, une jeune fille si complètement absorbée dans sa méditation, qu'elle ne parut point l'apercevoir. Craignant de l'effrayer, car elle n'avait pour toute suite qu'une suivante, qui, assise sur une haquenée, en tenait une autre en main, il ordonna à sa suite de s'arrêter, et, descendant lui-même de cheval, il s'approcha d'elle. Au bruit de ses pas, la voyageuse se retourna, et Charlemagne, tout vieux qu'il était, demeura immobile à sa place, ébloui de cette réunion étrange des beautés les plus opposées. En effet, la jeune inconnue réunissait les longs cheveux blonds et la taille élancée des femmes du Nord aux yeux noirs et ardents de la race méridionale : quant à son costume, il était de la plus grande simplicité, se composant d'une longue robe blanche. Ses oreilles et son cou, contre l'habitude des femmes de cette époque, étaient sans aucun joyau, et le seul bijou que l'on vit briller sur elle était un anneau d'or, dans lequel étaient enchâssés un rubis, une opale et une escarboucle.

La rencontre était assez étrange pour que, même en ces temps de pudiques pérégrinations, le bon empereur s'informât des causes qui faisaient voyager ainsi, sans pages et sans valets, une de ses plus jolies sujettes. La belle pénitente lui répondit alors qu'elle se nommait Falstrade, qu'elle avait perdu son père au berceau, et que, comme sa mère, à son tour, venait de mourir la laissant sans fortune, elle avait pris la résolution de se retirer chez les Ursulines de Cologne et d'y prononcer ses vœux : qu'à cet effet, ayant réuni le peu de bijoux qu'elle possédait, elle avait tout vendu, à l'exception d'une bague qu'elle tenait de sa mère, afin de payer son voyage et sa dot. Elle s'était, en conséquence, mise en route pour accomplir ce projet, faisant ses dévotions à chaque chapelle qu'elle rencontrait sur sa route, afin que Dieu protégeât son voyage et la gardât de tout accident. C'était au moment où elle accomplissait le pieux devoir qu'elle s'était imposé, qu'elle avait été surprise par Charlemagne.

Le pieux empereur ne pouvait qu'applaudir à une si sainte résolution ; aussi, après avoir offert à la jeune fille de lui donner une escorte, qu'elle refusa, prit-il congé d'elle, en la priant de ne pas l'oublier dans ses prières. La belle pèlerine le promit. Charlemagne lui donna la main pour remonter sur sa haquenée, puis Falstrade reprit sa route vers Cologne. Charlemagne la suivit des yeux tant qu'il put, à travers les arbres, apercevoir sa robe blanche ; il resta quelque temps encore immobile après qu'elle eut disparu. Enfin, voyant que toute sa suite attendait son bon plaisir, il remonta à son tour à cheval ; mais, au lieu de continuer sa chasse, il revint vers Aix-la-Chapelle, où, à peine arrivé, il s'enferma tout seul dans la chambre la plus reculée de son palais.

Comme depuis la mort de la bonne impératrice Hildegarde, Charlemagne était sujet à ces accès de mélancolie, personne n'y fit trop attention, si ce n'est l'archevêque Turpin, qui commençait à s'inquiéter d'une douleur aussi prolongée. Cependant il résolut de lui laisser son libre cours, espérant qu'elle se détruirait par son excès même ; mais, loin de là, le vieux prélat apprit bientôt que les choses allaient en empirant. L'empereur ne mangeait plus, l'empereur ne dormait plus ; et quelquefois, quand il était seul et enfermé dans sa chambre, on en entendait sortir de grands sanglots et de profonds gémissements.

Un désespoir si violent inquiéta l'archevêque au point qu'il résolut d'entrer chez l'empereur et de lui offrir ses consolations ; il écouta donc à la porte, et au moment où il crut sa présence le plus nécessaire, il frappa. L'empereur demanda d'une voix lamentable qui frappait. Turpin se nomma ; Charlemagne vint lui ouvrir.

Le bon archevêque trouva l'empereur fort changé. Alors il s'assit près de lui, et usant de la liberté que lui donnait son saint ministère, il commença à reprocher à son pénitent de se laisser aller à un pareil excès d'affliction, disant que c'était un grand péché d'abandonner ainsi le Créateur pour la créature. Ce que Charlemagne écoutait en poussant de grands soupirs. Encouragé par ces signes de componction, Turpin continua, et, en arrivant à Hildegarde, il lui dit que, d'après la sainte vie qu'elle avait menée ici-bas, elle n'avait sans doute quitté la terre que pour le ciel ; qu'il ne fallait donc pas la regretter de cette façon, puisque c'était pour son bonheur éternel qu'elle avait échangé sa couronne périssable pour une couronne céleste.

— Hélas ! hélas ! mon père, dit le bon empereur, si ce n'était encore que le chagrin que j'ai de l'avoir perdue !

— Qu'est-ce donc alors ? s'écria le pieux archevêque.

— C'est que j'en aime une autre, murmura Charlemagne.

— Vraiment ! dit Turpin stupéfait.

Puis, après un moment de silence :

— Eh bien, tant mieux ! ajouta-t-il, cela me semble plus facile à arranger.

— Eh ! mon Dieu ! non, s'écria Charlemagne, car celle que j'aime va devenir l'épouse du Seigneur.

— Très-grand empereur, dit l'archevêque, si ses vœux ne sont pas prononcés, il faut qu'elle les rompe. Vous avez donné assez à Dieu dans votre vie pour qu'il vous rende quelque chose.

— Ah ! mon père, dit Charlemagne, s'il me rend Falstrade, je le tiens quitte du reste.

Le même soir, l'archevêque Turpin partit d'Aix-la-Chapelle pour Cologne avec les pleins pouvoirs de l'empereur, et trois mois après Falstrade était impératrice.

Ce nouveau mariage fit un grand changement dans la vie de Charlemagne, car autant la bonne Hildegarde était pieuse et charitable, visitant les saints lieux et passant son temps en prières, autant la jeune et belle Falstrade était joyeuse et dissipée, employant tout l'argent que lui donnait son impérial époux à acheter toutes sortes de joyaux, comme colliers, bracelets et boucles d'oreille.

Il n'y avait que des bagues qu'elle n'achetait pas, car on ne lui voyait jamais d'autre bijou au doigt que cet anneau d'or où étaient enchâssés un rubis, une opale et une escarboucle.

Et quoiqu'elle fût, comme nous l'avons dit, mondaine et coquette, qu'elle se plût aux romances d'amour des trouvères et qu'elle aimât à sourire en montrant ses dents plus blanches que des perles aux jeunes chevaliers, le vieil empereur l'aimait chaque jour davantage, et souvent il la faisait asseoir sur son trône, tandis que, posant sa couronne sur ses genoux, il se couchait à ses pieds comme un enfant.

Et comme cet amour allait toujours croissant et détachait peu à peu son âme du Seigneur, le Seigneur le frappa dans la créature même qu'il avait préférée à son Créateur; Falstrade mourut.

Oh! alors, ce fut un grand deuil au palais d'Aix-la-Chapelle. Le bon empereur s'assit près du lit de la trépassée, répétant sans cesse que sa bien-aimée Falstrade dormait, et ne voulant pas croire qu'elle était morte. Aussi, quand les prêtres vinrent pour chercher le cadavre, Charlemagne tira son épée, déclarant qu'il fendrait en deux le premier qui oserait s'approcher du lit où elle était étendue pâle et immobile, mais belle encore comme si elle vivait toujours.

Malheureusement le bon archevêque Turpin était à Mayence et ne devait revenir que dans trois jours, de sorte que pendant ces trois jours personne n'osa plus entrer dans la chambre de Falstrade, tant les menaces de l'empereur avaient épouvanté tout le monde; et pendant ces trois jours, Charlemagne resta au chevet du lit de la morte, sans dormir, sans boire ni manger, la regardant sans cesse, et croyant toujours qu'il allait la voir ouvrir les yeux et l'entendre respirer.

Au bout de trois jours, l'archevêque revint, et comme on lui dit ce qui se passait, et que depuis longtemps il se doutait qu'il y avait quelque sorcellerie sous cet amour étrange, il se retira dans son oratoire, en priant Dieu du plus profond de son cœur; de sorte que tout en priant il s'endormit, et qu'en dormant il eut une vision.

Un ange descendit du ciel et lui raconta comment la mère de Falstrade était devenue amoureuse d'un grand magicien arabe, lequel, au moment où la petite fille était venue, avait mis à son doigt un anneau magique qui devait la faire aimer, avait-il dit, du plus grand empereur de la terre.

Falstrade avait grandi, et, chose merveilleuse, l'anneau s'était toujours trouvé aller juste à son doigt, grandissant à mesure qu'elle grandissait; puis un jour sa mère était morte, et Falstrade s'était mise en route pour Cologne, cherchant non pas un monastère, comme elle l'avait dit, mais bien ce grand empereur qui la devait aimer. Enfin elle avait rencontré Charlemagne, et l'anneau avait produit son effet.

Or, comme elle connaissait la puissance de cet anneau, elle avait toujours porté celui-là et jamais d'autre; et lorsqu'elle s'était sentie mourir, ne voulant pas que jamais l'empereur aimât une femme comme il l'avait aimée, elle avait ôté l'anneau de son doigt et avait voulu l'avaler. Mais la mort l'avait frappée en ce moment, et l'anneau était resté dans sa bouche. Voilà pourquoi Charlemagne ne pouvait quitter le chevet du lit de Falstrade; car la puissance de l'anneau se prolongeait au delà de la vie.

A peine la vision fut-elle disparue, que Turpin se réveilla, et, se levant, car il s'était endormi à genoux; il se rendit aussitôt à la chambre où était Charlemagne, qu'il trouva désespéré et qui commença à lui soutenir, comme il avait fait à tout le monde, que Falstrade n'était pas morte. Le bon archevêque connaissait trop bien l'empereur pour essayer de le ramener à la raison; au contraire, il abonda dans son sens, et, s'approchant du lit comme pour écouter si elle respirait encore, il ouvrit la bouche de la trépassée, et en retira l'anneau magique, qu'il mit à son doigt.

Au même instant, le charme disparut: il sembla au pieux empereur qu'un bandeau lui tombait des yeux, et il vit dans Falstrade ce qui restait de Falstrade, seulement un cadavre. De sorte qu'au lieu que ce fût Turpin qui éprouvât de la peine à le faire sortir, ce fut Charlemagne qui l'entraîna avec lui.

Aussitôt il ordonna qu'un magnifique convoi fût fait à l'impératrice; mais cet ordre fut donné non plus avec les sanglots et les pleurs d'un enfant, mais avec la fermeté d'un homme.

Puis, comme il craignait que le voisinage de ce corps chéri ne lui rappelât de trop cruels souvenirs, il décida qu'elle serait enterrée, non pas à Aix-la-Chapelle, mais sur la colline de Saint-Alban.

Enfin, craignant que, s'il s'en remettait à un autre de ce soin, l'épitaphe de son épouse bien-aimée ne fût pas faite à son gré, il résolut de la composer lui-même, ce qui l'occupa jusqu'au soir et lui procura une salutaire distraction.

La voici, telle qu'on peut la lire sur son tombeau, dans la cathédrale de Mayence, où il fut transporté en 1577 :

« Sous ce marbre repose la pieuse Falstrade, épouse de Charles, bien-aimée du Christ; la muse ne permet pas de rendre en vers le nombre 794, année de sa mort : quoique sa dépouille mortelle soit ici réduite en poussière, veuillez, ô roi clément qu'une vierge a porté dans son sein! donner à son âme pour héritage la patrie céleste de laquelle toute tristesse est bannie. »

Ce dernier devoir accompli, Charlemagne jugea qu'une plus longue douleur serait nuisible aux intérêts de son peuple, et, appelant l'archevêque, il se remit aux affaires de l'État, qui s'étaient fort dérangées pendant les trois années qu'il avait été amoureux de Falstrade, et pendant les trois jours qu'il l'avait pleurée.

Cependant le pieux archevêque Turpin, que sa vocation n'appelait pas aux choses de ce monde, voulut rappeler au bon empereur qu'il y avait bien longtemps qu'il était absent de son archevêché de Reims ; mais Charlemagne se sentait pris d'une telle amitié pour lui, qu'il ne voulut entendre à rien, et lui ordonna de rester à la cour. Au bout de quelque temps, l'archevêque lui devint tellement indispensable, qu'il ne pouvait plus s'en passer, et que c'était à peine s'il pouvait consentir à s'en séparer, lorsque le soir, accablé de fatigue, le saint prélat demandait à se retirer chez lui. Bientôt Charlemagne lui proposa même de lui faire faire un lit tous les soirs dans sa chambre ; mais à cette proposition qui menaçait ses nuits dans leur repos, l'archevêque jeta les hauts cris, si bien que l'empereur, quelque regret qu'il en eût, fut obligé de céder. Il est vrai que Turpin n'y gagnait pas grand'chose, car au point du jour, l'empereur l'envoyait chercher, et, bon gré mal gré, il lui fallait venir trouver Charlemagne, ou Charlemagne l'allait chercher.

Une pareille faveur, si honorable qu'elle fût, déplaisait fort au bon archevêque, car elle le détournait de la voie du salut. Aussitôt qu'il disparaissait un instant, Charlemagne à son tour lui faisait une querelle ; de sorte que l'archevêque avait à peine le temps de faire ses dévotions, forcé qu'il était de suivre le roi au conseil, à la chasse, et même dans ses voyages à Worms, à Francfort et à Mayence. L'archevêque faisait bien tourner cette étrange amitié au profit de la religion, en obtenant de Charlemagne force dotations pour les monastères et les églises ; mais le bon archevêque n'en était pas moins, au fond de son âme, aussi inquiet de sa faveur qu'un autre l'eût été de sa disgrâce ; car cet amour que lui portait Charlemagne lui paraissait dépasser si fort ses mérites, qu'il commençait à croire qu'il y avait en lui quelque chose de surnaturel.

Tout à coup il se souvint de l'anneau magique qu'il avait ôté de la bouche de Falstrade et qu'il avait mis à son doigt ; et comme au moment où ce souvenir lui revint à l'esprit, il se promenait avec l'empereur sur le bord d'un petit lac, effrayé d'avoir été si longtemps sous le charme d'un pouvoir diabolique, il tira la bague de son doigt et la jeta dans l'eau.

Cinq minutes après, Turpin avança une opinion, et, pour la première fois depuis deux ans, Charlemagne ne fut point de son avis ; l'archevêque n'était point habitué à la contradiction et s'entêta. L'empereur, lassé de sa longue docilité, tint ferme, de sorte que les deux amis rentrèrent au palais en se disputant.

Le soir même Charlemagne rappela à Turpin qu'il y avait près de six ans qu'il était hors de son archevêché, ce qui avait dû compromettre le salut de bon nombre d'âmes. Turpin, ravi d'avoir congé, partit la nuit même.

Le lendemain, Charles se rappela avec un certain plaisir le joli petit lac sur les rives duquel il s'était promené la veille, et s'étonna de n'avoir pas remarqué plus tôt au milieu de quel délicieux paysage il était situé. En conséquence, aussitôt son déjeuner fini, il se mit en route et remonta le Vurm, passa le Felsimbac, et, suivant un sentier bordé de haies, il arriva à l'endroit où la veille l'archevêque, auquel il ne pensait déjà plus, avait jeté l'anneau. Là il demeura comme ravi en extase, tant le site lui parut délicieux. Jamais arbres ne lui avaient semblé si verts, jamais fleurs si fraîches, jamais eaux si belles ; il ne comprit pas qu'il eut passé vingt fois par ce chemin sans en remarquer toutes les merveilles ; et comme une expiation de son insouciance, il résolut le même jour de s'y faire bâtir un château.

Le bon empereur était l'homme des résolutions instantanées et des exécutions rapides. Le même soir il revint au bord du lac avec son architecte, qui la nuit même traça le plan du château de Frankenberg, dont les fondations furent jetées dès le lendemain. Pendant un an que dura la construction, Charlemagne ne s'occupa point d'autre chose, venant chaque jour dès le matin, ne s'en allant que le soir, et restant quelquefois des heures entières au pied d'un saule, dont les longs rameaux, pareils à une chevelure, trempaient leur extrémité dans le lac. Là, les yeux fixés sur l'eau, il semblait y suivre des fantaisies de sa création ; c'étaient tous les doux fantômes dont l'amour avait peuplé son souvenir, et qui glissaient sous l'eau, légers et insaisissables comme des Ondines.

Enfin le château fut bâti, et de ce jour Charlemagne le préféra à tous ses beaux palais d'Ingelheim, de Worms et de Francfort; aussi résolut-il d'y fixer son séjour habituel et de faire d'Aix sa capitale. Dès lors il accumula tous les bienfaits sur cette ville qu'il ne quitta plus, et où il mourut chrétiennement l'an 814, après avoir fait ouvrir la fenêtre, afin de voir une fois encore le lac où était enseveli le magique anneau. C'était à la troisième heure du jour, dans la soixante-douzième année de son âge, et dans la quarante-septième de son règne.

Comme il l'avait désiré, le bon empereur fut enterré dans la cathédrale d'Aix-la-Chapelle. On le descendit dans un caveau préparé d'avance pour être son dernier et éternel palais, revêtu du cilice qu'il portait habituellement, et par-dessus le cilice de ses habits impériaux. On lui ceignit aux flancs Joyeuse, cette bonne épée avec laquelle il avait tant pourfendu d'infidèles; on l'assit sur un trône de marbre; on lui mit sa couronne sur sa tête et son livre d'évangile sur ses genoux; on appuya ses deux pieds sur le bouclier d'or que lui avait donné son frère Léon III; on lui suspendit au cou une chaîne précieuse à laquelle pendait l'émeraude conquise par son neveu Roland; on lui posa sur les épaules son manteau royal; on agrafa à sa ceinture la grande bourse de pèlerin qu'il avait l'habitude de porter dans ses voyages de Rome; puis enfin, lorsqu'on eut parfumé le sépulcre, qu'on l'eut tapissé de drapeaux, qu'on l'eut pavé de pièces d'or, on ferma la porte de bronze que l'on scella dans le mur, et sur le tombeau on éleva un arc triomphal où l'on grava cette épitaphe :

« Sous cette pierre gît le corps de Charles, grand et orthodoxe empereur, qui agrandit noblement le royaume des Francs, régna glorieusement quarante-sept années, et mourut septuagénaire le 5 des calendes de février, la huit cent quatorzième année de l'incarnation du Seigneur à la septième indiction. — Dieu ait son âme! »

Le comte de Barcelone.

PRAXÈDE

PAR

ALEXANDRE DUMAS

I

LE SACRE.

a veille du saint jour de Pâques de l'an 1099, c'était grande fête dans la noble cité de Barcelone. C'est que le jeune comte Raymond Bérenger III, qui, depuis un an, venait d'hériter du pouvoir souverain, avait pensé que ses sujets ayant été, comme les disciples et apôtres de Notre-Seigneur Jésus-Christ, plongés dans une longue et profonde tristesse à propos de la mort du seigneur comte son père, il devait, la Pâques arrivant, choisir ce saint jour pour faire ressusciter en sa personne la royauté défunte. En conséquence, il avait, pour le jour dit, convoqué par lettres scellées, dans sa bonne ville de Barcelone, les prélats, les barons, les chevaliers et les messager

des cours étrangères, leur annonçant qu'en leur présence il se ferait armer chevalier, et prendrait sur l'autel et poserait sur sa tête la guirlande de roses d'or, qui était la couronne des comtes d'Aragon.

Aussi, au jour dit, non-seulement tous les prélats, barons et chevaliers d'Espagne, mais encore un grand nombre de princes et de seigneurs étrangers s'étaient-ils rendus à cette fête. Le juge et l'archevêque d'Arborée y étaient venus de Sardaigne; le roi d'Aragon, de Saragosse; le roi de Castille, de Madrid. Les rois maures de Tlemcen et de Grenade, n'y pouvant assister eux-mêmes, y avaient envoyé de riches présents, comme leurs ancêtres, les rois Mages, l'avaient fait à l'occasion de la naissance de Notre-Seigneur Jésus-Christ. Enfin, l'assemblée était si nombreuse, comme nous l'avons dit, la veille du saint jour de Pâques, que l'on comptait bien trente mille chevaucheurs de la première noblesse du monde en la ville de Barcelone et ses environs.

Dès le matin, le seigneur comte Raymond Bérenger III avait fait publier à son de trompe, dans la ville, qu'à l'heure de midi, aussitôt après l'*Alleluia* chanté, et au premier coup des cloches qui annonceraient leur retour, tout le monde devait quitter le deuil, couper sa barbe et se disposer à la fête. Aussi, dès que l'*Alleluia* fut repris et qu'on entendit frémir le branle joyeux des cloches, chacun se disposa, ainsi que le roi avait ordonné; si bien que les rues, qui, une heure auparavant, étaient tristes et silencieuses, se trouvèrent, une heure après, pleines de monde et de rumeurs; car on avait ouvert à la fois les barrières et les portes, et les chevaliers étrangers étaient entrés dans la ville, et les bourgeois étaient sortis de leurs maisons.

Et cependant il n'y avait à Barcelone que ceux qui n'avaient pu être invités au palais de l'Aljaferia; et, comme nous l'avons dit, leur affluence était grande; car le seigneur comte avait été obligé de décider qu'il ne recevrait à sa table et dans son château que quiconque serait roi ou envoyé de roi, gouverneur de province, archevêque, prince, duc ou comte; et, rien que de ceux-ci et de leur suite, il y avait quatre mille personnes qui s'étaient trouvées le droit d'être hôtes et convives du seigneur comte de Barcelone.

Tout le jour, cette multitude parcourut la ville, visitant les églises, s'arrêtant devant les bateleurs, et passant de la prière aux jeux profanes, et des jeux profanes à la prière; mais, quand le soir vint, chacun s'achemina vers le palais du comte, situé à deux grands milles de la cité; car le comte, le soir même, devait faire la veillée des armes dans l'église de Saint-Sauveur. Tout le long de la route, des torches et des brandons avaient été placés pour éclairer le cortège, et, de peur que ces torches et ces brandons ne fussent déplacés et ne laissassent des intervalles sans lumière, leurs places avaient été fixées d'avance, et il était défendu, sous aucun prétexte, de les déplacer.

Au moment où sonna l'heure de vêpres, on alluma tous ces brandons, quoiqu'il fît encore jour; de sorte qu'en un instant une longue ligne de flamme s'étendit du palais de l'Aljaferia jusqu'à l'église de Saint-Sauveur; puis, au même moment, des hérauts d'armes, portant les bannières du comte, parcoururent tout le chemin pour que le peuple se rangeât aux deux côtés de la route, et n'empêchât aucunement le cortège de s'avancer.

Au dernier coup de la cloche de vêpres, la porte du palais s'ouvrit, aux grands cris de joie de la multitude, qui attendait depuis l'heure de midi.

Les premiers qui parurent furent les fils des plus nobles chevaliers de la Catalogne; ils étaient à cheval et portaient les épées de leurs pères, et c'étaient de vaillantes épées, tout ébréchées dans les tournois ou dans les batailles, dont chacune avait un nom, comme l'épée de Charlemagne, de Renaud et de Roland.

Derrière eux venaient les écuyers des chevaliers qui devaient être armés dans la journée du lendemain; ils portaient, nues, les épées de leurs maîtres : celles-là, au contraire des premières, étaient vierges et brillantes; mais on savait qu'aux mains qui devaient les recevoir elles perdraient bientôt leur virginité dans le sang et leur lustre dans la bataille.

Puis venait l'épée du seigneur comte, faite en forme de croix, pour lui rappeler toujours qu'il était soldat de Dieu avant d'être prince de la terre : c'était l'épée la plus riche et la mieux garnie qu'ait peut-être jamais portée comte, roi, ni empereur; et cette épée, en attendant qu'elle passât aux mains de son maître, était dans la main du vieux don Juan Ximénès de la Roca, l'un des plus vaillants chevaliers du monde, lequel marchait lui-même entre d'autres chevaliers, qui étaient, l'un, le baron Guillaume de Cervallo, et l'autre, sir Otho de Moncada.

Après l'épée du seigneur comte venaient deux chariots de ses écuries, chargés de torches, et portant chacun plus de dix quintaux de cire qu'il offrait en don à l'église de Saint-Sauveur, ayant fait vœu d'un cierge qui faisait le tour de la ville de Barcelone; et cela, parce que, retenu dans ses États par la maladie du roi son père, il n'était point parti pour la croisade; ce qui lui était une douleur comme chevalier et un remords comme chrétien. Ces torches étaient allumées; quoiqu'il n'y en eût aucun besoin, tant les autres luminaires jetaient de clarté.

Après ces deux chariots venait le seigneur comte lui-même, chevauchant sur un cheval caparaçonné d'un magnifique harnais : c'était un beau jeune homme de dix-huit à dix-neuf ans, portant de longs cheveux qui tombaient, de chaque côté, sur ses épaules, et maintenus sur son front par un fil d'or. Il était vêtu de son justaucorps de guerre; car, pendant la veillée, il devait revêtir sa cuirasse. Mais ce justaucorps était caché par un grand manteau de drap d'or qui tombait jusqu'à ses étriers. Derrière lui venaient ses armes, portées par deux nobles : c'était un casque à visière fermante, une cotte de mailles d'acier et d'or, et un bouclier sur lequel était gravée la guirlande de roses, signe du souverain pouvoir chez les comtes de Barcelone. Le noble qui portait ces armes était accompagné de deux autres nobles qui avaient nom, l'un, Roger, comte de Pallars, et l'autre, Alphonse Ferdinand, seigneur d'Ixer; et tous deux tenaient leur épée nue, comme pour défendre ces armes royales, ainsi qu'ils eussent fait un jour de bataille, si elles eussent couvert la tête et la poitrine de leur noble maître et seigneur.

Après les armes du seigneur comte venaient, deux par deux, les nobles qu'il allait armer chevaliers; ils étaient au nombre de douze, et devaient, à leur tour, aussitôt qu'ils auraient reçu l'ordre, armer chacun dix chevaliers; et ces cent vingt les suivaient, chevauchant aussi deux par deux, sur leurs beaux chevaux tout couverts de drap d'or et de magnifiques harnais.

Puis, derrière eux, car ils avaient pris le pas sur tous, comme héros de la fête, venaient, suivant leur rang, et quatre par quatre, d'abord les prélats, puis les rois et envoyés des rois, puis les ducs, puis les comtes, puis les simples chevaliers, séparés les uns des autres par des musiciens, qui faisaient retentir l'air du bruit de leurs trompettes, de leurs timbales et de leurs flûtes. Ce dernier groupe était suivi d'une multitude de jongleurs, vêtus en sauvages, courant à pied ou montés sur des petits chevaux sans selle et sans bride, dont ils se servaient pour leurs tours, et qu'ils faisaient manœuvrer à la voix : tous faisant un tel bruit et poussant de telles clameurs, qu'il eût semblé à quelqu'un qui les eût entendues sans en connaître la cause, que le ciel et la terre s'abîmaient comme à la dernière heure du dernier jour.

Ainsi, et par la grâce de Dieu, à la lueur des brandons qui changeaient la nuit en jour et les ténèbres en lumière, au bruit le plus éclatant des tambours, des timbales, des trompettes et autres instruments, aux cris des jongleurs et des hérauts, qui criaient tous : « Barcelone! Barcelone! » on vint à l'église de Saint-Sauveur. Quoiqu'il n'y eût eu, comme nous l'avons dit, que deux milles à faire, le cortége avait marché si lentement, afin que chacun eût tout le temps de le voir, que minuit sonnait au moment où le comte mettait pied à terre sous le portail, où l'attendait, avec tout son clergé, l'archevêque de Barcelone, qui devait le sacrer le lendemain.

Alors tous les nobles qui devaient être armés le lendemain, le seigneur comte en tête, entrèrent dans l'église, et firent ensemble la veillée des armes, récitant des oraisons, se réjouissant et chantant les cantiques de Notre-Seigneur Jésus-Christ. Ils passèrent ainsi toute cette bienheureuse nuit, pendant laquelle ils entendirent très-dévotement les matines, auxquelles assistèrent les archevêques, évêques, prieurs et abbés, qui dirent tous leurs heures avec un si grand recueillement, que ce fut une édification pour tous les assistants.

Quand le jour fut venu, on ouvrit l'église aux fidèles, et elle se remplit que c'était merveille comment tant de créatures humaines pouvaient tenir sans être suffoquées dans un pareil espace. Alors l'archevêque se revêtit pour dire la messe, et le seigneur comte, à son tour, passa un surplis comme s'il allait la servir; puis, par-dessus le surplis, il mit la dalmatique la plus riche dont jamais empereur ou roi ait été revêtu, ensuite il passa à son cou une étole si magnifique et si surchargée de perles et de pierres précieuses, qu'il est impossible de dire ce qu'elle valait; enfin, il prit le manipule, qui était aussi très-splendide, et, à chaque vêtement qu'il prenait, l'archevêque répétait une oraison. Puis, tout cela fait, il commença de dire la messe : et, lorsque l'épître fut achevée, il s'arrêta un instant, tandis qu'au son grave et sonore de l'orgue les deux parrains du comte, qui étaient, l'un, don Juan Ximénès de la Roca, et l'autre, Alphonse Ferdinand, seigneur d'Ixer, s'approchèrent de lui, et l'un lui chaussa l'éperon droit, et l'autre l'éperon gauche. Alors le comte s'approcha de l'autel, se prosterna devant le tabernacle, et dit tout bas une oraison, tandis que l'archevêque, debout à côté de lui, priait tout haut. Enfin, cette prière finie, il se retira, prit l'épée sur l'autel, baisa humblement la croix qui en faisait la poignée, la ceignit autour de ses reins, et lorsqu'il l'eut ceinte, la tirant du fourreau, il la brandit trois fois. A la première fois qu'il la brandit, il défia tous les ennemis de la sainte foi catholique; à la seconde, il jura de secourir tous les orphelins, les pupilles et les veuves; à la troisième, il promit de rendre justice, pendant toute sa vie, aussi bien aux plus grands qu'aux plus petits, aussi bien aux étrangers qu'à ses propres sujets.

A ce dernier serment, une voix pleine et sonore répondit : « Amen; » et chacun se retourna pour voir d'où venait cette voix : c'était celle d'un jongleur provençal qui s'était introduit dans l'église, et qu'on voulut chasser comme n'étant pas digne de se trouver en si bonne compagnie; mais le comte, ayant demandé ce que c'était et l'ayant appris, ordonna qu'on le laissât à sa place, disant qu'en un pareil moment il ne devait repousser aucune prière, de noble ou de vilain, de riche ou de pauvre, de fort ou de faible, pourvu qu'elle sortît d'un cœur droit et bien intentionné. Le jongleur fut donc laissé à sa place, et le seigneur comte, ayant remis son épée au fourreau, offrit sa personne et son glaive à Dieu, le priant de le tenir toujours en sa sainte garde, et de lui accorder la victoire contre tous ses ennemis. Alors l'archevêque l'oignit du saint chrême sur l'épaule et au bras droit. Aussitôt il prit la couronne sur l'autel, et la posa sur sa tête, où ses deux parrains l'affermirent. Au même instant, les archevêques, les évêques, les abbés, les princes et les deux parrains du comte s'écrièrent à haute voix : « Te Deum laudamus, » et, tandis qu'ils entonnaient ce chant, le seigneur comte prit le sceptre d'or dans sa main gauche et le globe dans sa main droite, et les porta ainsi tant que dura le Te Deum et l'Évangile. Il les reposa ensuite sur l'autel et alla s'asseoir sur le siège comtal, où passèrent devant lui les douze nobles, qu'il arma l'un après l'autre chevaliers, et qui se rendirent aussitôt chacun dans une des douze chapelles, où ils armèrent, à leur tour, chacun dix chevaliers.

La cérémonie terminée, le comte, couronne en tête, reprit de nouveau le globe dans sa main droite et le sceptre dans sa main gauche, et, ainsi couronné et portant les insignes du pouvoir, il sortit de l'église et remonta sur son cheval, revêtu de la dalmatique, de l'étole et du manipule. Mais, comme il ne pouvait conduire lui-même sa monture, à la courbure du frein étaient attachées deux paires de rênes; une paire, et c'était celle qui s'attachait au côté gauche, était tenue par les deux parrains; les autres rênes, qui étaient de soie blanche, et qui avaient bien quarante pieds de long chacune, étaient tenues par les barons, les chevaliers et les plus notables citoyens de la Catalogne; et après ceux-ci venaient les six députés de Valence, les six députés de Saragosse et les quatre députés de Tortose; tous ceux qui tenaient les rênes, soit à droite, soit à gauche, marchaient à pied en signe de respect et d'infériorité. Ce fut ainsi, et en suivant le même ordre et la même route, que le seigneur comte, toujours accompagné du même cortége, et au milieu des cris et des fanfares, rentra vers none dans son palais d'Aljaferia, dont il était sorti la veille après vêpres. Arrivé là, il mit pied à terre, et entra dans la salle à manger, où on lui avait préparé un trône très-élevé au milieu de deux siéges d'or, sur lesquels il déposa le sceptre et la couronne. Alors ses deux parrains s'assirent à une petite distance de lui, et à côté d'eux les rois d'Aragon et de Castille, l'archevêque de Barcelone, l'archevêque de Saragosse et l'archevêque d'Arboise; puis, à une autre table, s'assirent, à leur tour, les évêques, les ducs et tous les nobles qui avaient été faits chevaliers ce jour-là; enfin prirent place les barons, les envoyés des différentes provinces et les plus notables citoyens de Barcelone, tous en fort bon ordre, car leurs places leur étaient assignées selon leurs rangs, et ils avaient, pour les servir, des serviteurs nobles et des fils de chevaliers.

Quant au seigneur comte, il était servi par douze nobles, et son majordome était le baron Guillaume de Cervallo, lequel vint, apportant un plat et chantant une ronde, accompagné des douze nobles, qui apportaient chacun un mets différent, et répondaient tous en chantant. La ronde achevée, il posa le plat devant le comte, et en tailla un morceau qu'il lui servit; puis, quittant son manteau et sa cotte de drap d'or à fourrure d'hermine et ornée de perles, il les donna à un jongleur. Aussitôt on lui apporta d'autres riches vêtements qu'il mit sur lui, et il alla avec les douze nobles chercher le second service. Un instant après il revint, chantant une nouvelle ronde et apportant d'autres mets; et, cette fois comme l'autre, après avoir taillé et servi, il donna de nouveau les vêtements qu'il portait à un autre jongleur; et il y eut dix services, et, à chaque service, il fit ainsi largesse; ce qui fut grandement approuvé de toute la noble assemblée.

Après être resté trois heures à table, à peu près, le comte se leva, reprit le globe et le sceptre, et, passant dans la chambre voisine, il alla s'asseoir sur un siége élevé sur des gradins. A côté de lui s'assirent les deux rois, et tout autour d'eux, sur les degrés du trône, tous les barons, chevaliers et notables citoyens. Alors un jongleur s'approcha, et chanta une nouvelle sirvente qu'il avait composée; elle était intitulée la *Couronne, le Sceptre et le Globe*, voilà ce qu'elle disait :

« La couronne étant toute ronde, et le rond n'ayant ni commencement ni fin, cela signifie : Notre-Seigneur vrai Dieu tout-puissant, qui n'a point eu de commencement et n'aura pas de fin; et parce que cette couronne signifie Dieu tout-puissant, on vous l'a placée sur la tête, et non au milieu du corps ou aux pieds, mais bien sur la tête, signe de l'intelligence; et parce qu'on vous l'a placée sur la tête, vous devez toujours vous souvenir de Dieu tout-puissant. Puissiez-vous, avec cette couronne humaine et périssable, gagner la couronne de la gloire céleste dont le royaume est éternel.

« Le sceptre signifie la justice, que vous devez exercer entre tous; et comme le sceptre est une verge longue et tendue, et frappe et châtie, ainsi la justice châtie, afin que les méchants ne fassent plus le mal et que les bons deviennent encore meilleurs.

« Le globe signifie que, comme vous tenez le globe en votre main, vous tenez aussi dans votre main votre comté et votre pouvoir; et puisque Dieu vous les a confiés, il faut que vous les gouverniez avec vérité, justice et clémence, et que vous ne souffriez point que qui que ce soit leur cause du dommage, ou par vous ou par autrui. »

Cette sirvente, que le comte parut entendre avec plaisir, et en prince qui, en comprenant bien le sens, se promet de le mettre en œuvre, fut suivie d'une chanson nouvelle que chanta un second jongleur, et d'un poëme que récita un troisième; puis, tout cela étant chanté et dit, le *roi* reprit le globe et le sceptre, et monta dans sa chambre pour se reposer, car il en avait bien besoin; mais, au moment où il venait d'ôter son manteau royal, on vint lui annoncer qu'un jongleur voulait absolument lui parler, ayant, disait-il, à lui annoncer une nouvelle du plus haut intérêt, et qui ne souffrait pas le moindre retard. Le comte ordonna qu'on le fît entrer.

Le jongleur entra, et, ayant fait deux pas dans la chambre, il mit un genou en terre. « Parle, lui dit le comte. — Qu'il plaise d'abord à Votre Seigneurie, répondit le jongleur, d'ordonner qu'on nous laisse seuls. » Raymond Bérenger fit un signe, et chacun se retira. « Qui es-tu ? demanda le comte, lorsque la porte se fut refermée derrière le dernier de ses serviteurs. — Je suis, dit le jongleur, celui qui a répondu *Amen*, lorsque aujourd'hui, dans l'église Saint-Sauveur, vous avez, cette épée à la main, promis de rendre justice pendant toute votre vie, aussi bien aux plus grands qu'aux plus petits, aussi bien aux forts qu'aux faibles, aussi bien aux étrangers qu'à vos propres sujets. — Et au nom de qui demandes-tu justice ? — Au nom de l'impératrice Praxède, injustement accusée d'adultère, par Gunthram de Falkembourg et Walther de Than, et condamnée par son mari, l'empereur Henri IV, à mourir dans le délai d'un an et un jour, s'il ne se présente pas un champion pour la défendre. — Et comment a-t-elle choisi, pour une pareille mission, un aussi étrange messager ? — Parce que nul que moi peut-être, pauvre jongleur, ne se fût exposé à la colère d'un aussi puissant empereur que l'empereur Henri IV et à la vengeance de deux chevaliers aussi redoutables que Gunthram de Falkembourg et Walther de Than; et, certes, je ne l'eusse point fait moi-même, si je n'y eusse été convié par ma jeune maîtresse, la marquise Douce de Provence, qui a de si beaux yeux et une si douce voix, que nul ne peut lui refuser ce qu'elle demande, et qui m'a demandé de me mettre en quête d'un chevalier assez brave et assez quêteur de renommée pour venir défendre sa noble souveraine. Alors je suis parti, allant de ville en ville et de château en château; mais, à cette heure, toute la plus vaillante chevalerie est en Terre-Sainte, de sorte que j'ai vainement parcouru l'Italie et la France, toujours cherchant un champion à cette infortune impériale et n'en trouvant nulle part. J'ai entendu parler de vous, monseigneur, comme d'un brave et aventureux chevalier, et je me suis mis en route pour Barcelone, où je suis arrivé aujourd'hui même. J'ai demandé où vous étiez, on m'a répondu que vous étiez dans l'église; j'y suis entré, monseigneur, comme vous teniez cette noble épée à la main, jurant de rendre justice aussi bien aux grands qu'aux petits, aussi bien aux forts qu'aux faibles, aussi bien aux étrangers qu'à vos propres sujets, et il m'a semblé que c'était la main de Dieu qui me conduisait à vous dans un pareil moment, et j'ai crié : Ainsi soit-il. — Ainsi soit donc, répondit le comte; car pour l'honneur de mon nom et l'agrandissement de ma renommée, au nom de Dieu, j'entreprendrai cette aventure. — Grâces vous soient rendues, monseigneur, répondit le jongleur; mais, sauf votre bon plaisir, le temps presse, car déjà dix mois se sont écoulés depuis le jugement porté par l'empereur, et il ne reste plus à l'accusée que deux mois et un jour, ce qui est à peine ce qu'il nous faut de temps pour nous rendre à Cologne. — Eh bien, dit le comte, laissons achever les fêtes, qui doivent finir jeudi soir; vendredi nous rendrons grâces à Dieu, et samedi nous nous mettrons en voyage. — Qu'il soit fait à votre volonté, monseigneur, » dit le jongleur en se retirant.

Mais, avant qu'il sortît, le comte Raymond détacha de ses épaules et lui mit autour du cou une magnifique chaîne d'or qui valait bien cinq cents livres; car le seigneur comte était un prince aussi magnifique que brave, à telle preuve que ses contemporains l'ont surnommé le Grand, et que la postérité lui a laissé le nom que lui avaient donné ses contemporains. Et encore, c'était un homme religieux; car ces fêtes, dont il demandait au jongleur d'attendre la fin, avaient été données, comme nous l'avons dit, en imitation de Notre-Seigneur Jésus-Christ, qui, en ce bienheureux jour de Pâques, réconforta, par sa résurrection, la Vierge, madame sainte Marie, ses apôtres, ses évangélistes et ses autres disciples, qui étaient auparavant tristes et affligés à cause de sa passion; aussi, dit le chroniqueur auquel nous empruntons ces détails, le vendredi au matin il survint, par la grâce de Dieu, une bonne pluie qui enveloppa toute la Catalogne, l'Aragon, le royaume de Valence et de Murcie, et qui dura jusqu'à la fin du jour. Ainsi la terre, qui en avait grand besoin, eut aussi son complément de joie, afin que rien ne manquât aux présages d'un règne qui fut l'un des plus grands et des plus heureux dont la noble cité de Barcelone ait gardé le souvenir.

II

LE CHAMPION.

L'empereur Henri IV d'Allemagne était, à cette époque, l'un des plus malheureux princes qui fût sur le trône. L'an 1056, à l'âge de six ans, il avait succédé à son père, Henri le Noir, et la diète avait donné à Agnès d'Aquitaine l'administration des affaires publiques pendant sa minorité; mais les princes et barons d'Allemagne, humiliés d'obéir à une femme étrangère, s'étaient révoltés contre l'empire, et Othon, margrave de Saxe, avait commencé cette série de guerres civiles, au milieu desquelles Henri, toujours armé, soit contre ses vassaux, soit contre ses oncles, soit contre son fils, devait consumer sa vie, tantôt empereur, tantôt fugitif, aujourd'hui proscripteur, demain proscrit. Après avoir déposé le pape Grégoire VII; après avoir, en expiation de ce sacrilége, traversé, en plein hiver, les Apennins à pied, un bâton à la main, et comme un mendiant; après avoir attendu trois jours dans la cour du château de Canossa, sans habits, sans feu, sans pain, qu'il plût à Sa Sainteté de lui en ouvrir la porte, il avait enfin été admis en sa présence, lui avait baisé les pieds, et avait fait serment, sur la croix, de se soumettre à sa décision. A ce prix, le pape l'avait absous de sacrilége; mais alors les seigneurs lombards l'avaient accusé de lâcheté. Menacé par eux d'être déposé à son tour, s'il ne rompait le honteux traité auquel il venait de se soumettre, il avait accepté leur alliance; mais, tandis qu'il faisait ce pacte, les barons allemands avaient élu empereur Rodolphe de Souabe. Henri, qui était venu vers l'Italie en suppliant, était retourné vers l'Allemagne en soldat; et, tout excommunié qu'il était, et quoique Rodolphe son rival eût reçu de Grégoire VII une couronne d'or, en signe d'investiture temporelle, et une bulle qui appelait la malédiction du ciel sur son ennemi, il l'avait battu et tué à la bataille de Wolskeim, près de Gera. Alors il se retourne vainqueur et furieux contre l'Italie, conduisant avec lui l'évêque Guibert, qu'il avait fait élire pape. Cette fois, c'était à Grégoire de trembler; car il ne devait pas attendre plus de miséricorde qu'il n'avait accordé de merci : aussi, à son approche, s'était-il enfermé dans Rome; et, lorsque Henri arriva en vue des murailles de la ville éternelle, trouva-t-il un envoyé de Grégoire, qui lui faisait proposer l'absolution et la couronne. Henri répond en s'emparant de Rome. Alors, le pape se réfugie dans le château Saint-Ange. Henri l'y poursuit, établit le blocus, et, sûr que son ennemi ne peut lui échapper, il établit sur le trône de saint Pierre l'antipape Guibert, et reçoit de sa main la couronne impériale. C'est alors qu'il apprend la nouvelle que les Saxons ont élu empereur Hermann, comte de Luxembourg. Henri repasse les Apennins, bat les Saxons, soumet la Thuringe, et s'empare d'Hermann, à qui il permet de vivre et de mourir ignoré dans un coin de l'empire. Il rentre aussitôt en Italie, où il fait élire son fils Conrad roi des Romains. Croyant la paix bien assurée de ce côté, il revient tourner ses armes contre la Bavière et une partie de la Souabe, restées insoumises et rebelles. Son fils, qu'il vient de faire roi, et qui rêve l'empire, se révolte, lève des troupes, et fait excommunier une seconde fois son père par le pape Urbain II. Henri convoque une diète à Aix-la-Chapelle, met à nu son cœur paternel, tout déchiré de la rébellion de Conrad, et demande que Henri, son second fils, soit élu, à la place de son frère, roi des Romains. Au milieu d'une séance, il reçoit un avis mystérieux. Sa présence est nécessaire à Cologne, où l'on a, dit-on, un grand secret à lui révéler. Henri quitte la diète. Deux des plus nobles barons de l'empire, Gunthram de Falkembourg et Walther de Than, l'attendaient à la porte de son palais. Henri les invite à entrer avec lui, les conduit dans sa chambre, et, leur voyant le visage sombre et sévère, il leur demande pourquoi ils sont ainsi tristes et soucieux. « Parce que la majesté du trône est en péril, répondit Gunthram. — Et qui l'y a mise? demanda Henri. — L'impératrice Praxède, votre épouse, » dit Gunthram.

A ces mots, Henri pâlit davantage qu'il ne l'eût fait à toute autre nouvelle qu'il eût pu apprendre; car cette impératrice Praxède, qu'il avait épousée depuis deux ans seulement, et pour laquelle il avait à la fois un amour d'époux et de père, était le seul ange auquel il eût dû les quelques heures de repos et de bonheur qu'il avait goûtées au milieu de cette vie fatale et maudite que nous avons racontée; aussi eut-il besoin d'un moment pour rappeler les forces de son cœur et demander ce qu'elle avait fait.

« Elle a fait des choses que nous ne pouvons souffrir pour l'honneur du trône impérial, répondit Gunthram, et qui nous mériteraient le nom de traîtres envers notre seigneur si nous hésitions à les lui dire. — Mais, enfin, qu'a-t-elle donc fait? demanda une seconde fois Henri. — Elle a, en votre absence, reprit Gunthram, encouragé l'amour d'un jeune cavalier, et cela si publiquement, que, s'il vous naissait un fils à cette heure, cet événement, qui mettrait le peuple en joie, mettrait la noblesse en deuil; car tout maître est bon pour le peuple, tandis que la noblesse de l'empire, étant la première de toutes les noblesses, ne peut et ne veut recevoir d'ordres que d'un fils d'empereur. »

Henri s'appuya au dossier d'un fauteuil pour ne pas tomber; car il avait, un mois auparavant, reçu une lettre de l'impératrice, dans laquelle elle lui annonçait avec une joie d'enfant qu'elle avait l'espoir d'être mère. « Et qu'est devenu ce chevalier? demanda Henri. — Il a quitté Cologne comme il y était venu, tout à coup et sans qu'on sache où il est allé. Quant à son pays et à son nom, il ne l'a dit à personne, mais vous pourrez le demander à l'impératrice; car, si quelqu'un peut le savoir, elle le sait. — C'est bien, dit Henri; entrez dans ce cabinet. »

Les deux seigneurs obéirent. Alors l'empereur appela un chambellan, et lui donna l'ordre de faire venir l'impératrice. Puis, resté seul, cet élu du malheur, qui avait tant souffert et à qui il restait tant à souffrir encore, manqua de force, et se laissa tomber dans un fauteuil. Lui qui avait supporté sans plier la guerre civile, la guerre étrangère, l'excommunication romaine et la révolte filiale, se sentit briser par un doute Sa tête, qui avait porté quarante-cinq ans la couronne, et qui ne s'était pas courbée sous ce fardeau, faiblit sous le poids d'un soupçon, et s'inclina sur sa position comme si la main d'un géant avait pesé sur elle. Un instant le vieillard oublia tout, empire, guerre, malédiction, révolte, pour ne penser plus qu'à cette femme, qui était le seul être humain à qui il eût conservé sa confiance, et qui l'avait trompé plus indignement encore que les autres, et une larme coula de sa paupière et roula sur ses joues creusées. La verge du malheur avait frappé si profondément le rocher, que, comme celle de Moïse, elle en avait fait jaillir une source cachée et inconnue.

L'impératrice entra, ignorant quelle cause

Le vieillard tressaillit, car il n'avait pas perdu tout espoir. — Page 9.

avait ramené Henri, et s'avança d'un pas si léger, qu'il ne l'entendit point venir. C'était une belle fille du Nord, aux yeux bleus et au teint de neige, blonde et élancée comme une vierge d'Holbein ou d'Overbeeck. Elle s'arrêta devant le vieillard, sourit d'un sourire chaste, et s'inclina pour l'embrasser d'un baiser moitié de fille, moitié d'épouse; mais alors ses cheveux touchèrent le front de l'empereur, et il tressaillit comme si un serpent l'avait piqué. « Qu'avez-vous, monseigneur? dit Praxède. — Femme, répondit le vieillard en relevant la tête et en lui montrant ses yeux humides, vous m'avez, depuis quatre ans, vu porter des peines plus lourdes que la croix du Christ, et ma couronne impériale se changer en couronne d'épines; vous avez vu ruisseler la sueur sur mes joues et le sang sur mon front, mais vous n'avez pas vu tomber de mes yeux une larme. Eh bien, regardez-moi, voilà que je pleure. — Et pourquoi pleurez-vous, monseigneur bien-aimé? répondit l'impératrice. — Parce que, abandonné par mes peuples, renié par mes vassaux, proscrit par mon fils, maudit par Dieu, je n'avais plus dans le monde entier que vous, et que vous m'avez trahi. »

Praxède se releva pâle et roide comme une

statue. « Monseigneur, dit-elle, sauf votre grâce, cela n'est point vrai. Vous êtes mon empereur et mon maître, et vous avez le droit de dire ce que vous voudrez; mais, si tout autre homme que vous répétait ces mêmes paroles, je répondrais que cet homme ment, ou par envie ou par mauvais vouloir. — Entrez, » dit Henri d'une voix forte, en se retournant vers le cabinet.

Aussitôt la porte s'ouvrit, et Gunthram de Falkembourg et Walther de Than parurent. A leur vue, l'impératrice frissonna par tous ses membres, car elle les avait toujours instinctivement regardés comme ses ennemis. Ils s'avancèrent lentement de l'autre côté du fauteuil de l'empereur, et, étendant la main : « Seigneur, dirent-ils, la chose que nous avons dite est vraie, et nous la soutiendrons au péril de notre corps et de notre âme, en combattant, deux contre deux, tous chevaliers qui oseraient nous démentir. — Écoutez bien ce qu'ils disent, madame, répondit l'empereur; car il sera fait ainsi qu'ils le demandent, et sachez que, si d'ici à un an et un jour, vous n'avez pas trouvé de chevaliers qui vous disculpent par bataille, vous serez brûlée vive sur la grande place de Cologne, en face du peuple et par la torche du bourreau. — Seigneur, dit l'impératrice, je prie Dieu qu'il me soit en aide, et j'espère que, par sa grâce, la vérité et l'innocence seront reconnues. — Ainsi soit-il. » dit Henri; et, appelant des gardes, il fit conduire l'impératrice dans une salle basse du château, qui ressemblait fort à une prison. Et elle y était renfermée depuis trois cent soixante-quatre jours, sans avoir pu, malgré les promesses qu'elle avait faites et les dons qu'elle avait votés, trouver un seul chevalier qui voulût s'armer pour sa défense, tant la crainte qu'inspirait la renommée de ses accusateurs était grande. Dans cette retraite, Praxède, qui, ainsi qu'elle l'avait écrit à l'empereur, se trouvait enceinte lors de l'accusation portée contre elle, était accouchée d'un fils, et elle nourrissait de son lait et elle élevait de ses mains, comme eût fait une femme du peuple, son pauvre enfant, condamné comme elle à la honte et au bûcher. Seule entre toutes ses femmes, Douce de Provence, qui, depuis trois ans, avait abandonné son beau pays, tout plein de guerres en ce moment, pour venir chercher un asile à la cour de sa suzeraine, lui était restée fidèle au plus profond de son malheur. Mais il n'y avait plus que trois jours pour que le délai accordé par l'empereur fût écoulé, et elle ne voyait pas revenir son envoyé, et elle n'en

entendait point parler. Elle commençait à désespérer elle-même, elle qui avait jusqu'alors soutenu l'impératrice de son espérance.

Quant à Henri, nulle douleur ne pouvait se comparer à la sienne. Frappé à la fois comme empereur, comme père et comme époux, il avait fait vœu public, pour détourner la colère de Dieu, d'aller rejoindre les croisés en Terre-Sainte; et ce jour qu'il avait fixé lui-même pour le supplice de l'impératrice lui était, à cette heure, d'une attente aussi cruelle qu'à Praxède elle-même. Aussi avait-il tout abandonné à la garde du Seigneur, intérêts politiques, affaires privées; et, retiré au plus profond de son palais de Cologne, il attendait, n'ayant plus de force que pour attendre; car, ainsi que nous l'avons dit, trois cent soixante-quatre jours s'étaient déjà écoulés, et le soleil venait de se lever sur le trois cent soixante-cinquième.

Ce jour-là, après none, et comme Henri sortait de son oratoire, on lui annonça qu'un chevalier étranger, arrivant d'un pays fort distant de l'Allemagne, demandait à lui parler à l'instant même. Le vieillard tressaillit; car, au fond du cœur, il n'avait pas perdu tout espoir; il ordonna qu'il fût introduit.

Henri le reçut dans la même chambre et assis sur le même fauteuil où il avait rendu l'arrêt contre l'impératrice. Le chevalier entra et mit un genou en terre. L'empereur, lui ayant fait signe de se relever, lui demanda quelle cause l'amenait. « Seigneur, dit le chevalier inconnu, je suis un comte d'Espagne; j'ai entendu dire en matines que l'impératrice votre épouse était accusée par deux chevaliers de votre cour, et que, si dans l'espace d'un an et un jour elle n'avait pas trouvé un champion qui la défendît en bataille, elle serait brûlée devant le peuple. Or, par le grand bien que j'ai entendu dire d'elle, et pour la sainte renommée de vertu qu'elle a dans le monde, je suis venu de ma terre afin de demander le combat à ses deux accusateurs. — Comte, s'écria l'empereur, soyez le bienvenu; certes, c'est un grand honneur et un grand amour que vous lui faites, et vous arrivez à temps, car il n'y avait plus que trois jours avant qu'elle subît la peine des adultères, selon la coutume de l'empire. — Seigneur, reprit le comte, maintenant j'ai une grâce à vous demander, c'est de me laisser parler avec l'impératrice; car, dans cet entretien, je saurai bien si elle est innocente ou coupable; si elle est coupable, je n'exposerai ni ma vie ni mon âme pour elle, soyez-en certain; mais, si elle est innocente, je combattrai, non pas contre un, non pas contre deux, mais, s'il le faut, contre tous les chevaliers de l'Allemagne. — Il sera fait ainsi que vous désirez, car c'est justice, » répondit l'empereur.

Le chevalier inconnu salua et fit quelques pas vers la porte; mais Henri le rappela.

« Seigneur comte, lui dit-il, avez-vous fait vœu de rester le visage couvert ? — Non, monseigneur, répondit le chevalier. — Alors, continua l'empereur, faites-moi la grâce de lever votre casque, que je puisse graver dans ma mémoire les traits de celui qui se met en pareil péril pour sauver mon honneur. »

Le chevalier détacha son casque, et Henri vit apparaître une tête brune et fortement accentuée, mais qui paraissait appartenir à un jeune homme de dix-huit à vingt ans. L'empereur le regarda un instant en silence et avec tristesse; puis, soupirant malgré lui en pensant que Gunthram de Falkembourg et Walther de Than étaient tous les deux dans la force de l'âge :

« Que Dieu vous ait en sa sainte garde, dit-il, seigneur comte, car vous me paraissez bien jeune pour mettre à bonne fin l'aventure que vous avez entreprise. Réfléchissez donc, car il est encore temps de retirer votre parole. — Faites-moi conduire vers l'impératrice, répondit le chevalier. — Allez donc, dit l'empereur en lui présentant une bague, car voilà mon sceau, et devant lui toute porte s'ouvrira. »

Le chevalier mit un genou en terre, baisa la main qui lui présentait l'anneau, le passa à son doigt, et, s'étant relevé, salua l'empereur et sortit.

Ainsi que l'avait dit Henri, le sceau impérial ouvrit toutes les portes au chevalier inconnu, si bien que dix minutes après avoir quitté le juge il se trouva en face de l'accusée.

L'impératrice était assise sur son lit, allaitant son enfant, et, comme depuis longtemps elle ne recevait d'autres visites que celles de ses geôliers, car il lui était défendu de communiquer même avec ses femmes, elle ne leva pas même la tête lorsque la porte s'ouvrit; seulement, par un mouvement de pudeur instinctive, elle ramena son manteau sur sa poitrine, berçant son fils d'un mouvement lent d'épaules et d'un chant triste et doux. Le chevalier contempla un instant en silence ce tableau éloquent des misères royales; puis enfin, voyant que l'impératrice ne paraissait pas songer à lui : « Madame, lui dit-il, ne daignerez-vous pas lever les yeux sur un homme qui est venu d'un bien lointain pays pour l'amour de votre renommée ? Vous êtes accusée, et j'offre de vous défendre; mais, auparavant, répondez-moi comme vous répondriez à Dieu, et songez que, dans l'aventure que j'ai entreprise, j'ai non-seulement besoin de la force de mon bras, mais encore de la conviction de ma conscience. Au nom du ciel, dites-moi donc toute la vérité; car, s'il m'est démontré, comme je l'espère, que vous êtes innocente, je vous jure, par la chevalerie que j'ai reçue, que vous serez défendue par moi, et que je ne vous faillirai pas au moment de la bataille. — Et d'abord grand merci, dit l'impératrice; mais ne puis-je savoir à qui je vais raconter les choses que j'ai à dire, et avez-vous fait vœu de cacher votre nom et votre visage? — Mon visage, madame, répondit le chevalier en ôtant son casque, peut être vu de tout le monde, car il est, je le crois, bien inconnu dans l'empire; quant à mon nom, c'est autre chose, car j'ai juré qu'il ne serait su que de vous. — Alors dites-le-moi, reprit l'impératrice. — Madame, continua le chevalier, je suis un prince d'Espagne qu'on appelle Raymond Berenger, comte de Barcelone. »

A ce nom, si célèbre de père en fils, l'impératrice, qui avait souvent entendu parler de la grande noblesse et du grand courage de cette famille, joignit les mains, joyeuse et consolée; puis, regardant le comte à travers le nuage de larmes qui voilait ses beaux yeux : « Seigneur, lui dit-elle, jamais, en aucune occasion, je ne pourrai vous rendre la centième partie de ce que vous faites aujourd'hui pour moi ; mais, comme vous l'avez dit, je dois tout vous dire, et vais vous dire tout.

« Il est vrai qu'il est venu, en l'absence de monseigneur Henri, un jeune et beau chevalier en cette cour de Cologne; mais, soit qu'il eût fait un vœu à sa dame ou à son roi, il y vint sans dire son nom, et nul ne le sait, pas plus moi que les autres; mais l'on disait que c'était quelque fils de prince, tant il était magnifique et généreux; or il est encore vrai que je le rencontrais partout sur mon passage, mais toujours si respectueusement placé, et se tenant à une telle distance, que je n'en pouvais rien dire, sans que ce fût moi qui eût l'air de faire attention à lui. Cela dura ainsi quelque temps, sans que le chevalier de l'Emeraude, car on l'appelait ainsi, ne sachant pas son nom, d'une bague précieuse qu'il portait au doigt, fît rien autre que me suivre ou me précéder ainsi partout où j'allais. Donc, un jour il advint que j'étais sortie avec mes femmes et les deux méchants chevaliers qui m'ont accusée, pour chasser à l'oiseau le long du Rhin; et comme nous étions venus jusqu'à Lusdorf sans rencontrer de gibier, il arriva que là seulement un héron se leva et que je déchaperonnai mon faucon, qui prit son vol dessus. Comme c'était un faucon de fine race norwégienne, il eut bientôt rejoint le fuyard, et je mis ma haquenée au galop, pour arriver à la mort. J'étais tellement emportée d'ardeur, que mon cheval sauta par-dessus une petite rivière. Arrivées au bord, mes femmes n'osèrent faire le même saut que moi; de sorte qu'il n'y eut que Douce qui me suivit, parce que, où j'allais, disait-elle, elle devait y aller aussi. Mes femmes prirent donc un long détour pour chercher un endroit moins escarpé, et les deux chevaliers les suivirent; car ils étaient montés sur de lourds chevaux qui ne pouvaient sauter qu'un espace beaucoup moins grand que celui que j'avais franchi. Nous continuâmes donc notre route sans nous inquiéter d'eux, et, lorsque nous arrivâmes à l'endroit où étaient tombés les combattants, il nous sembla voir, à travers un bois qui descendait jusqu'à la rive, fuir un cavalier sur un cheval si rapide, que nous ne sûmes si c'était une vision; d'ailleurs, nous étions trop occupées de la chasse pour prendre attention à autre chose. Nous piquâmes droit au vaincu que nous voyions se débattre, tandis que le vainqueur lui rongeait déjà la cervelle. Mais nous fûmes bien étonnées lorsque, mettant pied à terre, nous vîmes que l'on avait passé au long bec du héron une magnifique émeraude enchaînée dans un anneau d'or. Douce et moi nous nous regardâmes, ne comprenant rien à cette aventure, mais soupçonnant que cette ombre que nous avions vue disparaître était le chevalier inconnu; puis, et ce fut un tort de ma part, je l'avoue, mais vous savez notre vanité à nous autres femmes, au lieu de jeter la bague dans le fleuve, comme j'aurais dû le faire peut-être, je la pris et la mis à mon doigt; et, comme en ce moment ma suite arrivait, je racontai ce qui s'était passé et je montrai l'émeraude. Chacun s'émerveilla de cet événement; car nul, excepté les chevaliers, ne pensa à soupçonner que je ne disais pas la vérité; mais Gunthram et Walther sourirent d'un air de doute. Leur donner des explications, c'était leur reconnaître le droit de me soupçonner. Je passai mon gant, je repris mon faucon sur le poing, et nous continuâmes notre chasse sans qu'il nous arrivât rien autre chose d'extraordinaire. Le lendemain, je rencontrai à l'église le chevalier inconnu. Mes yeux se portèrent sur sa main; il n'avait plus sa bague. Dès ce moment, je n'eus plus de doute que mon émeraude ne fût la sienne, et je résolus de la lui rendre.

« C'était huit jours après la fête de Cologne; vous savez combien cette fête est célèbre par toute l'Allemagne : les ménestrels, les baladins et les jongleurs y abondent. Parmi ces derniers, il y avait un montreur de bêtes féroces qui, ayant été en Barbarie, en avait ramené un lion et un tigre; il avait bâti son cirque sur la grande place, et l'on pouvait voir ces deux magnifiques animaux d'une galerie élevée de douze ou quinze pieds au-dessus d'eux. J'y allai avec toutes mes femmes, et là, comme partout, je rencontrai l'étranger mystérieux dont je portais la bague au doigt. Ce moment me parut favorable pour la lui rendre. Je tirai la bague de ma main, et j'allais charger Douce d'aller la lui rendre, lorsque le tigre, excité par le bateleur qui le piquait avec une lance, fit un bond si prodigieux et poussa un cri si terrible, que je laissai tomber la bague, qui roula jusque dans la cage du lion. Au même moment, et avant que j'eusse eu le temps de prononcer une seule parole, le chevalier était dans le cirque, l'épée à la main. Le tigre resta un instant comme étonné d'une pareille audace; puis, d'un seul bond, il s'élance sur le chevalier. Alors on vit comme une espèce d'éclair, et la tête du monstre alla rouler d'un côté, ouvrant sa gueule ensanglantée, tandis que le corps tomba de l'autre, se cramponnant hideusement de ses quatre pattes sur le sable. Le chevalier prit sa toque, en arracha une agrafe de diamant, la jeta au bateleur, puis, passant son bras à travers les barreaux de la cage, il alla, entre les griffes du lion, prendre la bague que j'avais laissé tomber et me l'apporta au milieu des applaudissements de la multitude. Mais, comme j'avais résolu de la lui rendre, je profitai de cette occasion; et, repoussant sa main : « Non, lui dis-je, « seigneur chevalier, cette bague a failli vous « coûter trop cher pour que je vous la reprenne; « gardez-la donc en souvenir de moi. »

« Ce sont les seules paroles que je lui aie jamais adressées, car le soir même, et comme cette aventure avait fait du bruit, je chargeai Douce d'aller trouver le chevalier de l'Émeraude et de le prier, en mon nom, de quitter Cologne; ce qu'il fit dans la même soirée, sans que je sache moi-même ce qu'il est devenu depuis. Voilà tout ce qu'il y a eu entre nous, seigneur comte, et, si j'ai été imprudente, j'ai payé cette imprudence d'une année de prison et d'une accusation mortelle. »

Alors, tirant son épée, et l'étendant vers la reine : « Jurez-moi, dit le comte, sur cette épée, que tout ce que vous m'avez dit est vrai, madame. — Je le jure, s'écria la reine. — Eh bien, par cette épée, reprit le comte, vous sortirez de cette prison où vous êtes restée un an, et vous serez lavée de l'accusation mortelle qui pèse sur vous. — Dieu vous entende, dit l'impératrice. — Et maintenant, continua le comte, je vous prie, madame, de me donner un de vos joyaux en signe que vous m'acceptez pour votre chevalier. — Seigneur comte, dit-elle, voici une chaîne d'or, c'est le seul témoin qui me reste de mon ancienne puissance; prenez-la comme preuve que je remets ma cause entre vos mains. — Grand merci, madame, » dit le comte. Et, à ces mots, ayant remis son épée dans le fourreau, et son casque sur sa tête, il salua la prisonnière et retourna vers l'empereur, qui l'attendait avec anxiété. « Sire, lui dit-il, j'ai vu madame l'impératrice. Faites savoir à ceux qui l'ont accusée qu'ils se tiennent prêts à me combattre, soit ensemble, soit séparément. — Seigneur comte, répondit l'empereur, ils vous combattront l'un après l'autre; car il ne sera pas dit qu'un chevalier défendant une aussi noble cause n'aura pas trouvé de nobles ennemis. »

III

LE JUGEMENT DE DIEU.

Au jour dit, le comte de Barcelone, qui avait passé la veille en messes et en prières, se présenta à la porte du camp, monté sur son bon cheval de Séville, qui semblait plutôt, tant ses jambes étaient fines et sa marche légère, un coursier de fête et de chasse qu'un destrier de bataille. Il était vêtu d'une cotte de mailles d'or et d'acier, travaillée par les Maures de Cordoue, au milieu de laquelle brillait un soleil de diamants qui jetait autant de rayons que s'il eût été de flammes, et portait au cou la chaîne d'or que lui avait donnée l'impératrice. Il frappa trois fois à la barrière, trois fois on lui demanda qui il était, et chaque fois il répondit, en se signant, qu'il était le champion de Dieu. A la troisième fois la porte s'ouvrit, et le comte de Barcelone fut introduit dans la lice.

C'était une grande arène ovale, à peu près élevée sur le modèle des cirques antiques et entourée comme eux de gradins, surchargés à cette heure de monde, tant la noblesse des bords du Rhin s'était empressée d'accourir à ce spectacle. A l'une de ses extrémités, Henri, revêtu des habits impériaux, était placé sur un trône, tandis qu'à l'autre, dans une loge de charpente brute et sans ornement aucun, se tenait l'impératrice, vêtue de noir et portant son enfant dans ses bras. De l'autre côté de la porte de la lice, et formant le pendant de la case où elle était enfermée, s'élevait le bûcher sur lequel elle devait être brûlée, au cas où son chevalier serait vaincu, et près du bûcher se tenait debout le bourreau, vêtu d'une tunique rouge, ayant les jambes et les bras nus, tenant à la main une torche, et ayant près de lui un réchaud. Vers le milieu de la courbe que formait la lice, s'élevait un autel sur lequel étaient les saints Évangiles, sur lesquels était posé un crucifix. De l'autre côté était un cercueil ouvert.

Le comte de Barcelone entra dans la lice, et en fit le tour au son des fanfares qui annonçaient à ses adversaires que le champion de Dieu était à son poste; puis, s'arrêtant devant l'empereur, il le salua en abaissant jusqu'à terre le fer de sa lance. Alors il força son cheval de reculer en piétinant, la tête toujours tournée vers Henri, et, arrivé au milieu, il lui fit faire, sur ses pieds de derrière seulement, une volte si habile, que chacun reconnut bien que c'était un bon et expert cavalier. Puis, il s'avança à petits pas, toujours malgré l'ardeur que montrait son bon coursier, vers la loge de l'impératrice. Arrivé là, il sauta à bas de son cheval, qui demeura aussi immobile dans la lice que s'il eût été de marbre; monta les degrés qui conduisaient à l'accusée; et, pour indiquer que si tout le monde avait encore quelque doute, lui était convaincu de son innocence, il mit un genou en terre et lui demanda si elle l'acceptait toujours pour son chevalier. L'impératrice était si émue, qu'elle ne put lui répondre qu'en étendant la main vers lui. Aussitôt le comte de Barcelone détacha son casque, et baisa respectueusement la main impériale qui lui était offerte; puis, se relevant les yeux pleins de flamme, il attacha son casque à l'arçon, se remit en selle d'un seul saut et sans plus se servir de ses étriers que s'il eût été vêtu d'un simple justaucorps de soie. Reconnaissant en face de l'autel et de l'autre côté de la lice le jongleur qui l'était venu chercher, assis aux pieds d'une belle et noble jeune fille, il pensa que cette jeune fille était l'héritière du marquisat de Provence. Il s'avança vers elle au milieu des applaudissements de la multitude, qui, surprise de sa jeunesse et émerveillée de sa belle figure, faisait dans son cœur des vœux d'autant plus ardents, qu'il paraissait bien jeune et bien faible de corps pour entreprendre un combat mortel contre deux si terribles chevaliers.

Arrivé devant la galerie où était assise la belle Provençale, il s'inclina jusque sur le cou de son cheval, de manière que ses cheveux lui voilaient le visage, puis se relevant en secouant la tête pour les écarter : « Noble damoiselle, lui dit-il dans la langue d'oc et avec un sourire plein de reconnaissance, mille grâces vous soient rendues de la bonne entreprise que vous me valez; car, sans vous et sans votre message, je serais aujourd'hui en ma terre et je n'aurais pas eu cette occasion de mettre au jour mon amour pour les dames et ma confiance en Dieu. — Beau seigneur, répondit la jeune fille dans la même langue, toute reconnaissance est à moi; car sur la parole que vous a donnée, en mon nom, un pauvre jongleur, vous avez traversé mers, rivières et montagnes, et vous êtes venu, si bien que j'ignore comment je reconnaîtrai jamais une aussi grande courtoisie. — Il n'y a pas de voyage si long ni d'entreprise si dangereuse, madame, reprit le comte, qui ne soient payés, et bien au delà, par un sourire de vos lèvres et par un regard de vos yeux. Ainsi donc, si vous me voyez faiblir, madame, regardez et souriez-moi, et vous me rendrez force et courage. »

A ces mots, qui firent rougir la belle marquise, le comte de Barcelone s'inclina une seconde fois; et, comme en ce moment les trompettes annonçaient que l'on ouvrait la porte à son adversaire, il remit son casque, et, en trois élans de son merveilleux cheval, il se trouva à l'extrémité opposée du camp, en face de l'impératrice et du bûcher : le champion de Dieu était toujours placé de cette manière, afin qu'il pût être encouragé par les gestes de l'accusée.

Gunthram de Falkembourg entra alors à son tour. Il était vêtu d'une armure de couleur sombre, et monté sur un de ces lourds chevaux allemands qui semblent de race homérique. Un écuyer portait devant lui sa lance, sa hache et son épée. A la porte de la lice, il mit pied à terre et s'avança vers l'autel. Arrivé sur les degrés, il leva la visière de son casque, étendit sa main nue sur le crucifix, et jura sur sa foi de baptême, sa vie, son âme et son honneur qu'il croyait avoir bonne et juste querelle, ajoutant, par serment encore, qu'il n'avait ni sur son cheval, ni en ses armes, herbes, charmes, paroles, prières, conjurations, pactes ou incantations dont il veuille se servir. Puis, ayant fait le signe de la croix, il alla s'agenouiller à la tête du cercueil afin d'y faire sa prière.

Le comte de Barcelone mit pied à terre à son tour, s'avança vers l'autel, comme avait fait son adversaire, prononça les mêmes serments, et, après avoir aussi fait le signe de la croix, il alla s'agenouiller à l'autre bout de la bière. En ce moment le *Libera* se fit entendre, chanté par des voix invisibles, qui semblaient un appel des anges. Les assistants, s'agenouillant chacun à sa place, répétèrent tout bas les prières des agonisants. Il n'y eut que le bourreau qui resta debout, comme si sa voix n'avait pas le droit de se mêler à la voix des hommes et n'avait pas de chance d'arriver aux pieds de Dieu.

A la dernière note du *Libera*, les trompettes sonnèrent de nouveau, les assistants reprirent leurs places, et les deux champions se retirèrent; puis, retournant à leurs chevaux, se remirent en selle et semblèrent un instant deux statues équestres, tant ils restèrent immobiles, leurs lances en arrêt et leurs boucliers leur couvrant toute la poitrine. Enfin les fanfares cessèrent, et l'empereur, se levant, étendit son sceptre, et dit d'une voix forte : « Laissez aller ! »

Les deux adversaires s'élancèrent l'un contre l'autre avec un même courage, mais avec une fortune bien différente. A peine Gunthram de Falkembourg, porté sur son lourd cheval, parcourut-il le tiers de la carrière, tandis que, franchissant en trois élans un espace double, le comte de Barcelone fut sur lui. Il y eut un instant pendant lequel on ne vit rien qu'un choc effroyable, des tronçons de lance, des milliers d'étincelles, une confusion d'hommes et de chevaux; mais, presque au même moment, le destrier de Gunthram se releva sans cavalier, tandis que le cadavre de son maître, percé de part en part par la lance de son ennemi, restait gisant sur la poussière teinte de sang. Le comte de Barcelone courut aussitôt au cheval de son adversaire, le saisit par les rênes et le força de toucher, en reculant, les barrières du camp avec la croupe, ce qui était signe que son maître, se relevât-il, était vaincu ; mais la précaution était inutile, Gunthram de Falkembourg ne devait plus se relever qu'à la voix de Dieu.

Il y eut un grand cri de joie dans toute cette multitude ; car les vœux les plus ardents étaient pour le jeune et beau chevalier. L'empereur se leva debout en criant : « Bien frappé ! » Douce agita son écharpe ; l'impératrice tomba à genoux.

Alors le bourreau descendit lentement de son estrade, dénoua le casque de Gunthram, qu'il jeta par le camp, traîna jusqu'auprès de la bière le cadavre par les cheveux, et, retournant vers l'extrémité de la lice, remonta sur son bûcher.

Aussitôt le comte de Barcelone alla de nouveau saluer l'empereur, l'impératrice et la marquise de Provence ; puis, étant revenu à sa place : « Sauf votre plaisir, sire empereur, dit-il d'une voix forte, veuillez ordonner que Walther de Than soit introduit à son tour. » Et il sortit de la lice. « Que Walther de Than soit introduit, » dit l'empereur.

La barrière s'ouvrit une seconde fois, et Walther de Than fut introduit ; mais, lorsqu'il vit Gunthram couché près de la bière, qu'il apprit qu'un seul coup avait suffi pour le porter à terre et le mettre à mort, au lieu de s'avancer vers l'autel pour faire le serment, il alla droit à l'empereur, et là, descendant de cheval et s'agenouillant devant lui : « Sire empereur, lui dit-il, ç'a été peine inutile à vous d'ordonner que je fusse introduit, car pour rien au monde, je ne combattrai pour la cause que j'avais embrassée : c'est une cause fausse et mauvaise, ainsi que Dieu l'a bien prouvé par son jugement. Qu'il vous plaise donc que je me mette à votre merci, à celle de madame l'impératrice et à celle du chevalier inconnu, qui doit être un noble chevalier, je le proclame devant toute la cour ; car ce que nous avons dit de madame l'impératrice est faux, de toute fausseté, et nous l'avons dit, poussés que nous étions par les dons et les promesses du prince Henri, votre fils, qui craignait que vous ne le privassiez de son héritage en faveur de l'enfant que madame l'impératrice portait dans son sein. Encore une fois, monseigneur, en faveur de mon aveu, je vous demande grâce et merci. — Vous n'aurez d'autre merci, répondit l'empereur, que celle que voudra bien vous accorder l'impératrice ; allez donc la lui demander, car d'elle seule maintenant dépendent votre vie et votre honneur. »

Walther de Than se releva, traversa la lice au milieu des murmures et des huées de la multitude, et alla s'agenouiller en face de l'impératrice, qui, tenant tendrement son fils dans ses bras, semblait une madone caressant l'enfant Jésus. « Madame, lui dit-il, je viens à vous par ordre de l'empereur pour que vous ayez merci de moi, car je vous ai faussement et déloyalement accusée ; ordonnez donc de moi tout ce qu'il vous plaira. — Ami, dit l'impératrice, allez-vous-en sain et sauf ; je ne prendrai ni ferai prendre vengeance de vous ; car Dieu saura bien la prendre à son plaisir et à sa justice. Allez donc, et que je ne vous revoie jamais. » Le chevalier se releva et sortit. Jamais, depuis ce jour, on ne le revit en Allemagne.

Alors l'empereur ordonna que la porte fût rouverte pour le vainqueur ; et comme il vit que celui-ci, après être entré, cherchait avec étonnement son adversaire : « Seigneur chevalier, lui dit-il, Walther de Than ne veut pas vous combattre ; il est venu à moi demandant merci, et je l'ai renvoyé à l'impératrice, qui la lui a accordée, toute joyeuse qu'elle est de l'honneur que Dieu et vous lui avez accordé. — Puisqu'il en est ainsi, dit le comte de Barcelone, tout est bien, et je n'en demande pas davantage. »

Alors l'empereur descendit de son trône, et, prenant le cheval du vainqueur par le frein, il le conduisit en face de l'impératrice : « Madame, lui dit-il, voici le chevalier qui vous a si vaillamment défendue ; il va vous donner une main et moi l'autre, et nous vous conduirons à mon trône où nous resterons en vue de tous, jusqu'à ce que justice soit faite au cadavre de Gunthram de Falkembourg ; puis vous l'emmènerez à votre palais où vous lui ferez tout l'honneur que vous pourrez, afin qu'il reste le plus longtemps possible auprès de nous. »

L'impératrice descendit de son échafaud et voulut s'agenouiller devant l'empereur ; mais il la releva aussitôt, et, l'embrassant comme preuve qu'il lui rendait tout son amour, il la prit par une main et le comte de Barcelone par l'autre, puis il la ramena vers le trône, où elle s'assit à sa droite, tandis que le vainqueur s'asseyait à sa gauche.

Lorsqu'ils furent assis, le bourreau descendit une seconde fois dans la lice, et, s'avançant vers le cadavre de Gunthram, il coupa avec un couteau toutes les attaches de son armure, qu'il lui arracha pièce par pièce, et qu'il jeta çà et là par le camp, en disant, à mesure qu'il les jetait : « Ceci est le casque d'un lâche, ceci est la cuirasse d'un lâche, ceci est le bouclier d'un lâche; » enfin, lorsqu'il l'eut mis tout à fait à nu, les deux valets du bourreau firent entrer un cheval traînant une claie, puis le cadavre fut attaché sur cette claie et traîné par les rues de Cologne jusqu'au gibet public, où il fut pendu par les pieds, et où chacun put voir l'affreuse blessure par laquelle son âme maudite s'était envolée.

Et chacun dit que c'était bien véritablement le jugement de Dieu; car nul ne pouvait comprendre comment un si jeune et si gentil damoiseau avait pu mettre à mort un si terrible chevalier.

IV

CONCLUSION.

L'empereur et l'impératrice emmenèrent le chevalier à leur palais, et là ils lui firent grande fête et grand honneur, le retenant à dîner, et disant qu'ils ne voulaient plus qu'il les quittât; mais le soir il sortit du palais sans que personne le vît; et, rentrant à son hôtel, il fit donner l'avoine à son cheval, et, ayant ordonné à son écuyer de s'appareiller, il partit en grand mystère, et chemina toute la nuit pour retourner en sa terre de Barcelone, qu'il avait quittée avec plus de chevalerie que de prudence, et dont il n'avait reçu aucune nouvelle depuis deux mois.

Mais quand vint le lendemain et que l'empereur vit que le chevalier ne venait pas au palais, il envoya un chevalier à son hôtel pour lui faire dire qu'il l'attendait. On répondit au messager que le chevalier était parti dans la nuit, et qu'à cette heure il devait être au moins à douze ou quinze lieues de Cologne. Alors le messager retourna devers l'empereur, et lui dit : « Seigneur, le chevalier qui a combattu pour madame l'impératrice est parti cette nuit, et l'on ne sait point où il est allé. » A cette nouvelle inattendue, Henri se tourna vers l'impératrice, et d'une voix altérée par la colère : « Madame, lui dit-il, vous avez entendu ce que me rapporte cet homme, c'est-à-dire que votre chevalier a quitté Cologne cette nuit sans prendre congé de nous, ce qui me déplaît fort. — Oh! monseigneur, répondit l'impératrice, vous serez bien autrement courroucé encore lorsque vous saurez quel était ce chevalier; car vous ne le savez pas, je présume. — Non, reprit l'empereur; il ne m'a rien dit, si ce n'est qu'il était un comte d'Espagne. — Seigneur, ce chevalier, que vous avez vu et qui s'est battu pour moi, c'est le gentil comte de Barcelone, dont la renommée est déjà si grande, que l'on ne saurait dire laquelle l'emporte de sa réputation ou de sa noblesse. — Comment! s'écria l'empereur, il serait vrai que ce chevalier était le seigneur Raymond Berenger. Alors Dieu me soit en aide, madame, car la couronne de l'Empire n'a jamais reçu un si grand honneur que celui qu'elle vient de recevoir aujourd'hui; mais, merci Dieu! il me le fait bien payer par la honte dont me couvre un si prompt départ. C'est pourquoi je vous dis, madame, que jamais vous ne rentrerez dans ma grâce ni dans mon amour que vous ne l'ayez cherché, jusqu'à ce que vous le trouviez et ameniez avec vous. Appareillez-vous donc le plus vite que vous pourrez, et que je ne vous revoie pas ou que je vous revoie avec lui. — Il sera fait ainsi que vous désirez, monseigneur, » répondit l'impératrice en se retirant.

Comme elle avait vu que le gentil comte de Barcelone n'avait point été insensible à la beauté de la marquise Douce de Provence, elle emmena celle-ci avec elle, pensant qu'elle serait la chaîne qui lierait le plus sûrement le fugitif; et, s'étant fait accompagner, comme il convient à une reine, de cent chevaliers, de cent dames et de cent damoiselles, elle chevaucha tant par jour et par nuit, qu'elle arriva, deux mois après son départ, dans la noble cité de Barcelone. Qui fut fort étonné lorsqu'il apprit que madame l'impératrice d'Allemagne était arrivée dans sa ville? Ce fut le comte, je vous assure. Aussitôt qu'il eut certitude que cette nouvelle était vraie, il monta à cheval et se rendit à l'hôtel où elle était descendue. Là, il n'eut plus de doute; car, à peine l'eut-il aperçue, qu'il reconnut parfaitement celle pour laquelle il avait combattu. Tous deux eurent grande joie de se revoir. Après qu'il se fut agenouillé devant elle et lui eut baisé la main, le comte lui demanda courtoisement par quelle aventure elle était venue en sa terre. « Seigneur comte, lui répondit Praxède, il m'est défendu de retourner vers l'empereur mon époux avant que je ne vous ramène; car c'est votre seule vue, dont il a été trop tôt privé, qui peut me rendre son amour et sa grâce. Lorsqu'il a su que c'était le gentil comte de Barcelone qui lui avait fait l'honneur de venir d'un si lointain pays pour me défendre, et qu'il était parti le même soir, il a dit qu'il n'aurait pas un instant de fête jusqu'au jour où il l'aurait remercié du grand honneur qu'il avait fait à la couronne de l'Empire. Voilà pourquoi, monseigneur, je viens à vous, non plus comme impératrice d'Allemagne, mais comme votre servante, pour vous supplier humblement de m'accompagner devant l'empereur, si vous voulez que je sois appelée encore impératrice. — Madame, répondit le comte, c'est à vous de commander et à moi d'obéir; je suis prêt à vous suivre partout où vous me voudrez conduire : faites de moi comme d'un vaincu et d'un prisonnier. »

A ces mots, le comte mit un genou en terre en lui présentant ses mains comme pour les enchaîner; ce que voyant l'impératrice, elle détacha une magnifique chaîne d'or, qui faisait huit fois le tour de son cou, et, en attachant un bout au poignet du comte de Barcelone, elle remit l'autre aux mains de la marquise de Provence. Alors, en se voyant au pouvoir d'un si gentil gardien, le comte Raymond jura qu'il ne romprait ni détacherait une si douce chaîne que du consentement de la marquise, qui lui donna aussitôt congé d'aller tout préparer pour son départ.

Trois jours après, l'impératrice d'Allemagne repartit pour Cologne, accompagnée de ses cent chevaliers, de ses cent dames et de ses cent damoiselles, emmenant le seigneur comte enchaîné par une chaîne d'or que tenait la jolie fille d'honneur, et ils traversèrent ainsi le Roussillon, le Languedoc, le Dauphiné, la Suisse et le Luxembourg. Le seigneur comte, ainsi qu'il l'avait juré, ne dénoua sa chaîne qu'avec le congé de son gardien.

A cinq lieues en avant de Cologne, le cortége rencontra l'empereur, qui, ayant appris l'arrivée du seigneur comte, venait au-devant de lui. En apercevant le brave chevalier qui avait sauvé l'honneur de sa femme bien-aimée, Henri mit pied à terre; ce que voyant Raymond Berenger, il se hâta d'en faire autant; et, toujours conduit par la marquise de Provence, il s'avança vers l'empereur, qui l'embrassa tendrement, lui demandant quel don il pouvait lui accorder pour le remercier du grand et honorable service qu'il lui avait rendu. « Seigneur, répondit le comte, je demande qu'il vous plaise ordonner, qu'ainsi que je ne pouvais rompre ni délier ma chaîne sans le congé de la marquise, elle ne puisse plus, dès aujourd'hui, la rompre ni délier sans le mien, et par ainsi, monseigneur, nous serons enchaînés à toujours, et, s'il plaît à Dieu, non-seulement dans ce monde-ci, mais encore dans l'autre. »

Douce de Provence rougit et voulut se défendre; mais elle relevait de l'empereur, et, à tout ce qu'il lui plaisait ordonner, il lui fallait obéir. Or l'empereur ordonna que le mariage serait fait dans les huit jours. Douce de Provence était une vassale si fidèle, qu'elle ne songea pas même à demander une heure de retard.

Ce fut ainsi que Raymond Berenger III, déjà comte de Barcelone, devint marquis de la terre de Provence.

www.ingramcontent.com/pod-product-compliance
Lightning Source LLC
Chambersburg PA
CBHW060143100426
42744CB00007B/877